Das
Reichs-Hypothekenbankgesetz
in seiner wirtschaftlichen Bedeutung

von

Paul Ehrlich,

Doktor der Staatswissenschaften.

Berlin 1909.

J. Guttentag, Verlagsbuchhandlung,

G. m. b. H.

Inhalts-Verzeichnis.

Einleitung.

I. Abschnitt.

Der Schutz der Pfandbriefgläubiger.

I. Unterabschnitt.

1. Kapitel.

2. Kapitel.

Einleitung.

Erörterung über Begriff und Wesen der Hypothekenbanken sowie deren historische Entwicklung in Deutschland.

Ich habe es mir in der vorliegenden Arbeit zur Aufgabe gestellt, die Regelung des Hypothekenbankwesens in Deutschland, wie sie durch das Reichsgesetz vom 13. Juli 1899 erfolgt ist, vom volkswirtschaftlichen Standpunkte aus einer eingehenden kritischen Würdigung zu unterziehen.

Ich habe mich hierbei von zwei Grundprinzipien leiten lassen. Mein höchstes Bestreben ist es gewesen, bei meiner Untersuchung mit der grössten wissenschaftlichen Objektivität zu Werke zu gehen, was leider nicht immer auf diesem Gebiete geschehen ist. Ferner aber habe ich es für unerlässlich gehalten, den meines Erachtens für die vorliegende Materie besonders wichtigen Forderungen des praktischen Lebens, welchem ich selbst lange Jahre hindurch angehört habe, in einer möglichst weitgehenden Weise gerecht zu werden.

Um in meinen Erörterungen nach jeder Richtung hin klar zu sein, halte ich es für geboten, ihnen eine kurze Darstellung des Begriffs und des Wesens der Hypothekenbanken, sowie ihrer historischen Entwicklung in Deutschland vorauszuschicken.

Welche Art von Anstalten sind im Sinne des Reichshypothekenbankgesetzes als Hypothekenbanken anzusehen?

Es ist hier zunächst hervorzuheben, dass aus der Bezeichnung »Hypothekenbanken« der spezielle Charakter der in Frage kommenden Institute nicht genügend hervorgeht, wiewohl anknüpfend an den allgemeinen Sprachgebrauch auch das Reichsgesetz diese für unsere Anstalten adoptiert hat. Zutreffender wäre für sie der Name »Hypotheken-Aktien banken« gewesen. Es handelt sich nämlich, wie ich später noch näher erörtern werde, bei den unter das Gesetz fallenden Instituten ausschliesslich um Aktiengesellschaften und Kommanditgesellschaften auf Aktien. Dagegen hätte sich der Ausdruck »Hypothekenbanken« besser als Kollektivbegriff für sämtliche dem Immobiliarkredit dienenden Anstalten geeignet. Noch schärfer aber als durch eine andere Bezeichnung vermögen wir den Begriff herauszuarbeiten, wenn wir diejenigen Institute hervorheben, welche, obwohl auf dem gleichen Gebiete tätig, nicht Hypothekenbanken im Sinne des Reichs-Hypothekengesetzes sind.

Es sind dieses 2 Kategorien:

1) Genossenschaften, also Institute, bei welchen die Mitglieder beschränkt oder unbeschränkt für die Verbindlichkeiten haften und dagegen ein Recht auf Gewährung von Kredit auf hypothekarischer Grundlage haben. Ich werde noch Gelegenheit haben, auf die wichtigsten Anstalten dieser Art bei der Entwicklungsgeschichte der Hypothekenbanken näher zurückzukommen.

2) Oeffentliche, d. h. staatliche, provinziale und kommunale Anstalten, also solche, bei denen eine Teilnahme von Privatpersonen hinsichtlich der Leitung und der Organisation ausgeschlossen ist.

Staatliche Institute dieser Art bestehen im Grossherzogtum Hessen, in Oldenburg, in Braunschweig sowie in einigen thüringischen Staaten. Provinziale Anstalten finden sich nur in Preussen und zwar in den Provinzen Hannover, Hessen-Nassau und der Rheinprovinz. Sehr selten haben Kommunen derartige Institute errichtet, so Dresden, Berlin und Düsseldorf (sogenannte »Städtische Pfandbriefämter«). Es ist hier auch wohl der Württembergische Kreditverein in Stuttgart, wiewohl dieses keine reine Staatsanstalt ist, mit aufzuführen.

Ausser dem Umstande, dass es sich bei obigen beiden Kategorien nicht um Aktienunternehmungen handelt, ist ein weiteres gemeinsames unterscheidendes Merkmal für sie gegenüber den Hypothekenbanken, dass sie im Gegensatze zu den letzteren überhaupt keine Erwerbsgesellschaften im eigentlichen Sinne des Wortes sind, sondern Zwecke anderer Art verfolgen.

Auf die Gründe, weshalb die erstgenannten Institute nicht unter das Reichs-Hypothekenbankgesetz gestellt sind, werde ich an anderer Stelle eingehen.

Allen drei Arten von Kreditanstalten ist, wie schon berührt, eigentümlich, dass sie die Bestimmung haben dem Immobiliarkredit zu dienen. Die Wissenschaft gebraucht daher für sie auch den Kollektivausdruck »Grundkreditbanken« und rechnet sie zu den »Banken im weiteren Sinne«, die den sogenannten »Banken im engeren Sinne« gegenüberstehen, unter welcher Bezeichnung dann Noten-, Depositen- und Spekulationsbanken zusammengefasst werden.

Ich will an dieser Stelle auch die Legaldefinition anführen, welche das Reichs-Hypothekenbankgesetz für Hypothekenbanken im Sinne des Gesetzes gibt. Dieselbe ist in § 1 enthalten und lautet: Hypothekenbanken sind »Aktiengesellschaften und Kommanditgesellschaften auf Aktien, bei welchen der Gegenstand des Unternehmens in der hypothekarischen Beleihung von Grundstücken uud der Ausgabe von Schuldverschreibungen auf Grund der erworbenen Hypotheken besteht.«

Der Gesetzgeber hat hier einen Zusatz hinsichtlich der Form dieser Papiere nicht gemacht, da den Banken die Möglichkeit, neben Inhaberpapieren auch auf den Namen lautende Obligationen auszugeben, nicht verschlossen sein sollte.

Ich wende mich nunmehr folgenden Fragen zu: Welches ist das Wesen sämtlicher Grundkreditbanken einschliesslich der Hypothekenbanken? Welches sind die allgemeinen Gesichtspunkte, die zur Gründung von Kreditanstalten für den Immobiliarverkehr geführt haben und welches sind die Vorteile, die der Volkswirtschaft aus der Existenz derartiger Institute erwachsen?

Ich habe die Antworten auf diese Fragen vereinigt und in folgenden sieben Thesen zusammengestellt.

1) Schon vor der Gründung von Grundkreditbanken haben sowohl Privatpersonen als auch Institute verschiedener Art verfügbare Kapitalien gegen hypothekarische Sicherheit ausgeliehen. Es lag und liegt jedoch auch noch jetzt für diese Kreditoren eine grosse Schwierigkeit in dem Umstande, zu gegebener Zeit die geeigneten Objekte zu finden. Noch viel grösser aber ist hier die Kalamität für den kreditbedürftigen Grundbesitz. Seine Unkenntnis über das Vorhandensein zweckdienlicher Kapitalien hat ihn in früherer Zeit zweifellos in zahlreichen Fällen in äusserst kritische Situationen versetzt, die Grundbesitzer Wucherern in die Hände geliefert, sie zur Subhastation getrieben u. a. m. Diesem schweren Uebelstande ist unbedingt zu einem grossen Teile durch die Errichtung von Grundkreditbanken abgeholfen worden. Diese können das Bedürfnis nach sicheren hypothekarischen Darlehen zu jeder Zeit und in jeder Höhe befriedigen.

2) In der Regel wollen Privatkapitalisten ihre Gelder nicht auf längere Zeit, sondern nur gegen relativ kurze Kündigungsfristen ausleihen, insbesondere, um die Kapitalien gegebenenfalls günstiger anlegen zu können. Sparkassen und andere Anstalten sind schon infolge der Eventualität, Gelder schnell und in grossem Umfange realisieren zu müssen, meistens auf Grund ihrer Statuten verhindert, Darlehen zu erteilen, welche auf längere Zeit unkündbar sind. Aus einer solchen, ihnen stets drohenden Gefahr der Kündigung können den Darlehensnehmern andauernd grosse Verlegenheiten, zum mindesten aber erhebliche Kosten entstehen. Grundkreditbanken können aber derartige Darlehen auf viele Jahre hinaus fest erteilen, und hierdurch wird auch diesen Uebelständen durch dieselben in starkem Masse gesteuert.

Im Zusammenhange hiermit steht der Umstand, dass Grundkreditinstitute in der Lage sind, auch den so überaus wichtigen und später näher zu besprechenden Amortisationskredit gewähren zu können, wozu sich gleichfalls andere Geldgeber selten oder nie verstehen werden.

3) Anstalten für den Immobiliarkredit leihen Kapitalien zwar zu einem je nach ihrer Organisation verschiedenen, durchschnitttlich aber für die Schuldner relativ günstigen Zinsfusse aus. Dieser wird sich vielfach mit dem landesüblichen Zinsfusse decken, teils wird er sogar, wie bei manchen genossenschaftlichen Instituten, etwas niedriger, teils vielleicht auch — aber nur um ein Geringes — höher als dieser sein. — Bei dem Fehlen derartiger Institute sind die Grundbesitzer nicht selten bezüglich der Höhe des Zinsfusses grosser Willkür seitens der Kapitalisten ausgesetzt, was zu schweren Schädigungen der ersteren führen kann.

4) Durch das jederzeitige Vorhandensein von Kapitalien sind die Grundkreditbanken auch in der Lage, die Produktion zu fördern sowohl auf dem Gebiete der Landwirtschaft wie auf dem des Handels und der Industrie. Der solide Landwirt erhält durch den langfristigen Immobiliarkredit die Möglichkeit, sein Gut in zeitgemässer Weise zu bewirtschaften; der sichere Geschäftsmann, sei es Fabrikant, Kaufmann oder Handwerker, kann Kapitalien zur Ausdehnung und Verbesserung seiner Unternehmung anwenden, welche er sonst in vielen Fällen in sein Grundstück stecken müsste, wo sie sowohl ihm selbst wie auch der Produktion weniger nutzbringend sein würden.

5) Durch die Emission von Pfandbriefen werden daher auch indirekt Kapitalien der Produktion überhaupt erst dienstbar gemacht, welche sonst vielfach der Volkswirtschaft in einem weit geringeren Masse Vorteil gebracht hätten.

6) Es bleiben die in Pfandbriefen angelegten Kapitalien unter allen Umständen dem Nationalvermögen erhalten, während sie sonst häufig, z. B. durch Ankauf fremdländischer Effekten, in das Ausland fliessen würden.

7) Die Grundkreditbanken, insbesondere die Hypothekenbanken sind befähigt, dem besonders häufig uud intensiv in den Grossstädten herrschenden Wohnungsmangel durch Gewährung geeigneter Kredite abzuhelfen und hierdurch gleichzeitig dem immer stärker werdenden Steigen der Wohnungsmieten ein Halt zu gebieten. Es ist dies bekanntlich ein überaus grosses Uebel, unter welchem ganz besonders schwer die wirtschaftlich schwächsten Elemente der Bevölkerung zu leiden haben.

Dieses sind die unleugbar grossen Vorzüge, welche in einem mehr oder minder hohen Grade allen Grundkreditbanken gemeinsam sind. Diese Lichtseiten sind so bedeutungsvoll, dass die Institute als geradezu unentbehrliche Faktoren in der heutigen Volkswirtschaft angesehen werden müssen. Andererseits dürfen wir uns nicht verhehlen, dass unsere Anstalten auch grosse Nachteile und Gefahren im Gefolge haben können. Diese können sich in folgenden Wirkungen äussern, die gleichfalls überaus schwerwiegend sind und leicht zu Tage treten können, wenn man ihnen nicht die genügende Beachtung schenkt:

1) in einer grossen Schädigung der Pfandbriefgläubiger, welche dann eintreten kann, wenn bei der Auswahl der als Grundlage der Pfandbriefe dienenden Hypotheken nicht mit der genügenden Sorgfalt und Vorsicht zu Werke gegangen wird und auch die sonstige Geschäftsführung der Banken keine korrekte ist.

2) in der Begünstigung einer volkswirtschaftlich äusserst schädlichen Spekulation in Grundstücken. Es sind hierin eigentlich zwei Gefahren enthalten, welche auch völlig isoliert auftreten können, die ich aber wegen des ihnen beiden gemeinsamen spekulativen Charakters hier unter einer Ziffer zusammengefasst habe. Es ist dieses auf der einen Seite die Möglichkeit des Eintretens einer Ueberspekulation in Grundstücken durch die Beförderung von zu starker und unsolider Bautätigkeit, besonders infolge der Unterstützung kreditunwürdiger Unternehmer durch die Banken und auf der anderen Seite die Gefahr der Begünstigung

einer wohl noch bedenklicheren und folgenschwereren Spekulation, welche insbesondere in den Grossstädten in grossem Massstabe betrieben wird. Diese besteht darin, dass die Preise der Grundstücke in den Aussenbezirken in ganz unverhältnismässiger Weise gesteigert werden. Eine Folge hiervon ist, dass auch die Wohnungsmieten ganz besonders zum Schaden der wenig Bemittelten auch ausserhalb, wo sie erträglicher als im Zentrum sein sollten, relativ viel zu hoch sind. Ich beziehe mich hinsichtlich der letzterwähnten Art der Spekulation auf die Ausführungen von R. Eberstadt über Kasernierungsrente und Lückenbau.[1])

3) in der Gefahr zunehmender und zwar übermässiger hypothekarischer Verschuldung des Grundbesitzes infolge der Tätigkeit der Grundkreditbanken, ein Umstand, welcher die verschiedenartigsten nachteiligen Folgen zu zeitigen imstande ist.

4) in der Gefahr einer mehr oder minder grossen systematischen Ausbeutung der Darlehensnehmer, welche ohne entsprechende Kautelen auch nicht von vornherein als ausgeschlossen gelten kann.

In Deutschland können wir allerdings wohl a priori die staatlichen, provinzialen und kommunalen Institute sämtlich als über diesen Gefahren stehend ansehen.

Dagegen verdienen die letzteren bei den genossenschaftlichen Anstalten und bei den Hypothekenbanken die ernsteste Beachtung. Es ist hier zweifellos die Aufgabe des Gesetzgebers, die Augen offen zu halten, um schwere Schädigungen für die Volkswirtschaft zu verhüten.

Meine Hauptaufgabe in der vorliegenden Arbeit wird es sein, festzustellen, ob und wie weit, dieses bei den Hypothekenbanken durch das Reichs-Hypothekenbankgesetz gelungen ist.

Aber auch bezüglich der Genossenschaften werde ich die Frage, wenn auch in wesentlich kürzerer Form, zu beantworten versuchen.

---

[1]) Prof. Dr. Rud. Eberstadt, »Die Spekulation im neuzeitlichen Städtebau.« Jena 1907. Seite 193 ff.

Was nun die Geschichte der heutigen Hypothekenbanken angeht, so waren die unmittelbaren Vorläufer derselben genossenschaftliche Institute und zwar gerade diejenigen, welche sich bis auf den heutigen Tag als die bedeutendsten dieser Gattung erhalten haben, nämlich die preussischen Landschaften.

Es war ein Berliner Kaufmann, namens Bühring, der angesichts der schweren Wunden, welche die schlesischen Kriege besonders der Landwirtschaft in Preussen geschlagen hatten, im Jahre 1767 einen Plan entwarf, um den Grundbesitz aus seinen Schwierigkeiten zu befreien. Es wurde dieses Projekt[1]) zwar nicht in vollem Umfange in die Praxis übersetzt, aber jedenfalls finden wir hier schon die Grundzüge vorgezeichnet, welche nur 2 Jahre später den grossen König bei seinem Entwurfe geleitet haben, der dann im Juli 1770 zur Gründung der ersten preussischen Landschaft, nämlich der schlesischen, führte.

Dem Beispiele der Provinz Schlesien folgte in mehr oder minder grossen Zwischenräumen der Grundbesitz fast aller übrigen Provinzen Preussens. Diesen sog. alten Landschaften, welche ausschliesslich die adeligen Besitzer umfassten, da diese zur Zeit der Gründung derselben fast alleinige Eigentümer des landwirtschaftlichen Grund und Bodens waren, wurde nach der Durchführung der Stein-Hardenbergschen Reformgesetzgebung mehr und mehr auch der bäuerliche Besitz, allerdings meist in etwas veränderter Form, angegliedert.

Es ist hier nicht der Ort, die Entwicklungsgeschichte der Landschaften ausführlicher zu behandeln; erst vor einigen Jahren hat dieselbe Robert Franz in einer Monographie[2]) in extenso geschildert. Ich will nur einige charakteristische Eigentümlichkeiten der Anstalten hervorheben, besonders zu dem Zwecke, um die rechtliche Sonderstellung motivieren zu können,

---

[1]) Es ist abgedruckt worden vom „Deutschen Oekonomist" in Jahrgang 1894 auf S. 325 ff.

[2]) Robert Franz, „Die landschaftlichen Kreditinstitute in Preussen." Berlin 1902.

welche die Landschaften auch heute noch gegenüber den Hypothekenbanken einnehmen.

Wir finden bei diesen Genossenschaften von Anfang an eines der wichtigsten Prinzipien der Hypothekenbanken, wenn auch in unvollkommenerer Form, bereits ausgebildet, nämlich die Ausgabe von Pfandbriefen zum Zwecke der Kapitalbeschaffung.

Im übrigen charakterisiert Franz[1]) die Stellung der Landschaften kurz mit folgenden Worten: »Die sämtlichen preussischen Landschaften bezw. ritterschaftlichen Kreditinstitute sind mit Korporationsrechten ausgestattete Verbände unter Staatsaufsicht, welche in erster Instanz von einem besonders bestellten königlichen Kommissar (regelmässig vom Oberpräsidenten), in zweiter Instanz seit dem Allerhöchsten Erlass vom 10. September 1874 (Gesetzsammlung S. 310) vom Minister für Landwirtschaft, Domänen und Forsten gehandhabt wird. — Die Direktionen dieser Landschaften haben den Charakter von öffentlichen Behörden; als solche leiten sie nach Massgabe der Statuten gegen säumige Schuldner die Zwangsverwaltung ein und beantragen sie den gerichtlichen Zwangsverkauf.« »Die Beamten der Landschaften haben die Stellung der mittelbaren Staatsbeamten, sie werden vereidigt, unterstehen dem Disziplinargesetz und geniessen das Kommunalabgabenprivilegium der Staatsbeamten. — Die höheren Beamten werden von den Kreditverbänden gewählt und vom Könige bezw. dem Minister in ihren Aemtern bestätigt; nur bei der Posener Landschaft findet eine staatliche Ernennung der Direktionsmitglieder statt.«

Die Geschäftsführung der Landschaften ist eine äusserst vorsichtige. Sie haben aber auch, dem Zuge der Zeit folgend, manches, was an ihren ursprünglichen Einrichtungen antiquiert war, über Bord werfen müssen. Sie nehmen heute eine durchaus gesicherte finanzielle Position ein. Es war

---

[1]) a. a. O., Seite 40.

dieses allerdings nicht immer der Fall, da sie die Zeiten schwersten wirtschaftlichen und politischen Niedergangs — ich erinnere nur an die Jahre 1806—1813 — mit durchmachen mussten. In solchen Perioden ist ihre Stellung erklärlicherweise ebenfalls erschüttert worden, doch sind diese Krisen seit vielen Dezennien völlig überwunden.

Ausser den preussischen Instituten wurden in Deutschland nur ganz wenige Anstalten auf genossenschaftlicher Basis errichtet.

Bis auf ein derartiges Institut, die National-Hypotheken-Kredit-Gesellschaft in Stettin, welche inzwischen eingegangen ist, und auf deren Schicksal ich noch an anderer Stelle einzugehen haben werde, standen bezw. stehen die übrigen Genossenschaften gleichfalls unter staatlicher Aufsicht und tragen den gleichen oder ähnlichen öffentlich-rechtlichen Charakter, wie die preussischen Landschaften.

Nach dem Gesagten können wir auch die Frage beantworten, ob Gewähr dafür geboten ist, dass die von mir genannten grossen Gefahren für die Volkswirtschaft, welche Grundkreditbanken im Gefolge haben können, bei diesen genossenschaftlichen Instituten nicht zu befürchten sind bezw. ob diese hier hintangehalten werden.

Diese Frage ist auch von der Reichsgesetzgebung erwogen worden[1]) und zwar bei Ventilierung des Punktes, welche Arten von Instituten dem Reichs-Hypothekengesetze zu unterstellen wären. Der Gesetzgeber glaubte die genossenschaftlichen Anstalten nach Art der Landschaften von dieser gesetzlichen Regelung unter Hinweis auf den von mir bereits dargestellten Charakter derselben als Körperschaften des öffentlichen Rechts eximieren zu können.

Auch ich glaube mich auf Grund der geschilderten Verhältnisse zu der Ansicht berechtigt, dass diese Entscheidung eine durchaus zutreffende ist.

---

[1]) Vergleiche Begründung zum Entwurf eines Hypothekenbankgesetzes, Aktenstück Nr. 106 der Drucksachen des Reichstags, 10. Legislaturperiode, I. Session, Seite 934.

Ich komme nunmehr zu der Periode der Gründung der Hypothekenbanken.

Die Errichtung des Instituts, welches vielfach als die erste Hypothekenbank angesehen wird, fällt in das Jahr 1835. Es war dieses die »Bayerische Hypotheken- und Wechselbank« in München. Diese Anstalt war aber zu jener Zeit noch keine r e i n e Hypothekenbank. Sie trägt zwar bereits damals jenen besonderen Charakter der letzteren an sich, der diese schon äusserlich von den Landschaften scheidet, sie ist nämlich eine Erwerbsgesellschaft; dagegen ging sie zu der Ausgabe von Pfandbriefen erst wesentlich später, nämlich im Jahre 1875, über. Anfangs befasste sie sich — und zwar auf Veranlassung der Regierung — mit dem Immobiliarkredit nur als Gegenleistung für das ihr verliehene und bis zum Jahre 1875 auch ausgeübte Recht der Notenausgabe.

Erst als sich anfangs der sechziger Jahre des vorigen Jahrhunderts mit dem wirtschaftlichen Aufschwung auf allen Gebieten auch ein gewaltiges Aufblühen von Handel und Industrie geltend machte, erwachte neben einem erhöhten Kreditbedürfnis der Landwirtschaft ganz besonders auch ein solches des s t ä d t i s c h e n G r u n d b e s i t z e s. Vor allem dieses letztere führte nun zu der Errichtung von Hypothekenbanken in dem vollen heutigen Sinne des Wortes.

Nachdem im Jahre 1856 eine Bank in Leipzig gegründet war, wurden in dem Zeitraum von 1862—1873 nicht weniger als 28 derartige Institute in den verschiedensten Gegenden Deutschlands errichtet.

Schon vorher, nämlich im Jahre 1852, war in Frankreich in dem Pariser Crédit foneier eine Aktiengesellschaft als e r s t e r e i n e Hypothekenbank überhaupt gegründet worden.

Eine zweite Gründungsperiode erfolgte in Deutschland in dem Zeitraum von 1894—1896, in welchem weitere 9 Banken in das Leben gerufen wurden.

Alle diese Institute fussten zwar auf dem von den Genossenschaften inaugurierten Prinzipien der Gewährung hypothekarischer Darlehen und der Beschaffung der erforderlichen

Mittel durch Ausgabe von Pfandbriefen. Sie waren aber im Gegensatze zu den Landschaften, welche nur den Zweck verfolgten, ihren Mitgliedern Kredit, und zwar so niedrig wie möglich zu verschaffen, reine Erwerbsgesellschaften in der Form von Aktienunternehmungen. Hiermit fehlten ihnen aber auch zwei sehr wesentliche Eigentümlichkeiten der Landschaften, nämlich die Solidarhaft und die starke staatliche Korperation.

Die Stellung, welche die einzelnen Landesregierungen den neuen Banken gegenüber bezüglich deren Kontrolle einnahmen, war äusserst verschiedenartig. Mit grossem Misstrauen trat den Instituten die preussische Regierung entgegen, indem sie ihnen zum weitaus grössten Teile für Preussen in den Jahren 1863 und 1867 äusserst scharfe Normativbestimmungen auferlegte, welche erst im Jahre 1893 gemildert wurden. Erst vor kurzem hat Carl Fränken[1]) ausführlich geschildert, wie sehr die betreffenden preussischen Hypothekenbanken unter diesen einseitigen Beschränkungen zu leiden hatten. Der Grund hierfür war insbesondere, wie schon angedeutet, der, dass die übrigen Staaten, soweit sie den Banken überhaupt rechtliche Beschränkungen auferlegten, sie wesentlich milder gestaltet hatten.

Die in den Jahren 1879 und 1880 angestellten und von den preussischen Instituten naturgemäss eifrig befürworteten Versuche, zu einer einheitlichen Gesetzgebung für das ganze Reich zu gelangen, scheiterten zu jener Zeit vor allem an dem Mangel eines gleichartigen deutschen Hypothekenrechtes.

Eine bei der Gothaer Bank im Jahre 1885 eingetretene Erschütterung liess nunmehr auch einige andere Staaten zu einer Verschärfung der gesetzlichen Regelung übergehen bezw. eine solche überhaupt erst neu schaffen.

---

[1]) Carl Fränken »Der Staat und die Hypothekenbanken in Preussen.« 1905.

Für eine Reichsgesetzgebung war aber erst der Zeitpunkt mit der Inangriffnahme eines gemeinsamen Bürgerlichen Gesetzbuches gekommen. Zu gleicher Zeit mit diesem wurde auch ein Reichsgesetz für die Hypothekenbanken geschaffen. Dieses liegt uns vor in dem Hypothekenbankgesetze vom 13. Juli 1899, welches auch gleichzeitig mit dem Bürgerlichen Gesetzbuche am 1. Januar 1900 in Kraft getreten ist. Der Gesetzgeber hat es selbst klar ausgesprochen,[1]) dass neben dem dringenden Bedürfnisse nach einer einheitlichen Regelung für alle deutschen Hypothekenbanken die Rücksichtnahme auf die schwerwiegenden Gefahren für die Volkswirtschaft dieselbe zu einer geradezu gebieterischen Notwendigkeit machte.

Diese Gefahren erschienen ihm in umso ernsterem Lichte mit Hinblick auf die geradezu rapide Entwicklung, welche die Banken genommen hatten und unter Berücksichtigung der grossen Quote des Nationalvermögens, die in den Pfandbriefen investiert war. In welchem Masse dieses der Fall ist, beweist die nachstehende Tabelle, welche ich den Zusammenstellungen entnommen habe, die der »Deutsche Oekonomist« über diese Materie geliefert hat.[2])

Ich habe auch die betreffenden Ziffern angegeben, welche sich nach der vom Gesetzgeber berücksichtigten Periode herausgestellt haben, um zu beweisen, dass dieselben auch weiterhin eine wachsende Tendenz gezeigt haben.

Der Pfandbriefumlauf incl. Kommunalobligationen hat betragen für den Zeitraum von 1883—1906 in Millionen Mark für sämtliche 40 Banken zusammengerechnet:

---

[1]) Begründung, a. a. O., S. 932.

[2]) »Deutscher Oekonomist,« Jahrgang 1906, Seite 473, Jahrgang 1907, Seite 434 und Jahrgang 1908, 25. April, 2. Beilage.

	Pfandbriefe.	Gegen das Vorjahr **mehr:**
Im Jahre 1883:	1739,2	—
1884:	1857,4	128,2
1885:	1941,6	84,2
1886:	2124,5	182,9
1887:	2268,0	143,9
1888:	2523,1	254,7
1889:	2859,3	336,2
1890:	3081,7	224,4
1891:	3353,4	271,7
1892:	3721,3	367,9
1893:	4001,1	279,8
1894:	4490,8	489,7
1895:	4878,8	388,0
1896:	5293,2	414,4
1897:	5706,5	413,3
1898:	6001,3	294,8
1899;	6378,4	370,1
1900:	6504,5	126,1
1901:	6715,0	210,5
1902:	7026,0	311,0
1903:	7490,7	464,7
1904:	7952,1	461,7
1905:	8461,6	509,5
1906:	8821,1	359,5
1907:	9085,7	264,5

Aus dieser Tabelle geht hervor, dass Ende 1907 für weit über 9 Milliarden Mark Kapitalien in Hypothekenpfandbriefen angelegt waren.

Meine Aufgabe wird es nunmehr sein, eingehend zu untersuchen, ob bei den Hypothekenbanken durch das Reichs-Hypothekenbankgesetz genügende Kautelen gegen die von mir beschriebenen Gefahren für die Volkswirtschaft getroffen sind. Es haben sich also diese Massnahmen in kurzen Worten zu richten:

I. auf den Schutz der Pfandbriefgläubiger,

II. auf den Schutz vor schädlicher Spekulation in Grundstücken,

III. auf den Schutz vor übermässiger Verschuldung des Grundsbesitzes,

IV. auf den Schutz der Darlehensnehmer.

Was die Behandlung der vorgenannten Gegenstände anbetrifft, so liegt es in der ganzen Materie begründet, dass, da im wesentlichen die sub II und III angeführten Punkte auch mit einer durchgreifenden gesetzlichen Regelung zu Gunsten der Pfandbriefgläubiger zur Erledigung gelangen, sich in dieser Hinsicht ausführliche Sonderbetrachtungen erübrigen. Ich werde daher auf Punkt II und III lediglich mit kurzen entsprechenden Hinweisen am Schlusse des I. Abschnittes zurückkommen.

Ich wende mich jetzt diesem Teile meiner Arbeit zu, welcher also der Betrachtung gewidmet sein wird, ob die Pfandbriefgläubiger gegen die ihnen drohenden Gefahren durch das Reichs-Hypothekenbankgesetz in genügender Weise gesichert sind, soweit dieses im Interesse der Volkswirtschaft erforderlich ist.

Diese Materie wird bei weitem den grössten Teil meiner Gesamtkritik in Anspruch nehmen.

Hieran wird sich in einem zweiten Abschnitte die Besprechung der zum Schutze der Darlehensnehmer getroffenen Massregeln anschliessen.

I. Abschnitt.

Der Schutz der Pfandbriefgläubiger.

I. Unterabschnitt.

Beantwortung der Frage, ob im Reichs-Hypothekenbankgesetz genügende Vorkehrungen gegen die Wiederkehr der in den Katastrophen des Jahres 1900 hervorgetretenen Gefahren für die Sicherheit der Pfandbriefe getroffen sind.

I. Kapitel.

Kurzes Referat über die Hypothekenbank-Krisen des Jahres 1900.

Wie überaus notwendig eine gesetzliche Regelung des Hypothekenbankwesens gewesen war, zeigte sich in den Katastrophen, welche im Jahre 1900 über vier Hypothekenbanken hereinbrachen und welche schwere Schädigungen besonders der an diesen Instituten unmittelbar beteiligten Pfandbriefgläubiger zur Folge hatten.

Es liegt daher nichts näher, als zunächst an der Hand dieser Ereignisse zu untersuchen, ob in dem Reichs-Hypothekenbankgesetz gegen eine Wiederkehr von ähnlichen Vorkommnissen genügende Vorkehrungen getroffen sind, da der Gesetzgeber nicht darüber unterrichtet sein konnte, dass etwas und vor allem wie vieles faul bei den betreffenden Instituten war, indem die Ereignisse erst erfolgten, nachdem das Reichs-Hypothekenbankgesetz bereits einige Zeit hindurch in Kraft befindlich war.

In einem zweiten Unterabschnitte werde ich dann eine Anzahl von Gegenständen behandeln, welche nicht in jenen Krisen hervorgetreten sind, die aber ebenfalls die grösste Beachtung im Interesse der Pfandbriefgläubiger verdienen.

Ich beginne damit, in einem kurzen Referat die Ereignisse von 1900 in das Gedächtnis zurückzurufen.

Noch, bevor das Reichs-Hypothekenbankgesetz verabschiedet wurde, im Jahre 1898, war der Zusammenbruch einer Grundkreditbank erfolgt, nämlich jener schon kurz erwähnten National-Hypotheken-Kredit-Gesellschaft in Stettin (zuletzt mit dem Sitze in Berlin). Dieses war zwar, wie wir wissen, keine Aktiengesellschaft, sondern eine Genossenschaft und zwar eine solche mit unbeschränkter Haftpflicht; sie unterstand aber ebenfalls den Normativbestimmungen, wie sie in Preussen dem grösseren Teile der Aktienunternehmungen auferlegt waren.[1])

Es zeigte sich hier so recht deutlich, wie wenig wirksam diese Bestimmungen trotz ihrer unnötigen Schärfe gewesen waren, da sie eben nicht den Kern der Sache erfassten und daher gleichfalls dringend der Remedur bedurften.

Es erübrigt sich jedoch, auf diesen Fall näher einzugehen, da sich der Gesetzgeber die hier gemachten Erfahrungen ohne Zweifel noch zu nutze gemacht hat.

An den Krisen des Jahres 1900 waren, wie schon be-

---

[1]) Th. Müller-Führer »Die Hypothekenbanken und die Sicherheit der Hypothekenpfandbriefe.« Berlin 1902. Seite 82.

rührt, vier Hypothekenbanken beteiligt, von denen immer je zwei in engstem Konnex standen.

Es waren dieses einerseits die Preussische Hypotheken-Aktien-Bank und die Deutsche Grundschuldbank, beide in Berlin, und andererseits die Pommersche Hypotheken-Aktien-Bank in Berlin nebst der Mecklenburg-Strelitzschen Hypothekenbank in Neu-Strelitz. — Alle diese Institute erfreuten sich schon seit geraumer Zeit in manchen Kreisen keines rechten Vertrauens mehr, da bezüglich der Hauptbanken jeder Gruppe, der sog. Pommernbank und der sog. Preussenbank, von Zeit zu Zeit gewisse dunkle Gerüchte in Umlauf kamen. Trotzdem fanden die Pfandbriefe der Banken regelmässigen Absatz; es war dieses zweifellos eine unliebsame Folge des an anderer Stelle näher zu besprechenden Vertriebs dieser Papiere in kleinen Posten durch viele einzelne Bankhäuser und unter Zuwendung hoher Provisionen an die letzteren. Es ist das Verdienst der »Frankfurter Zeitung,« in einer im August 1900 veröffentlichten Artikelserie auf die geradezu skandalösen Zustände hingewiesen zu haben, welche bei den beiden Banken der zuerst genannten Gruppe herrschten.[1])

Diese Warnungsrufe erwiesen sich auf Grund der behördlich angeordneten Untersuchnngen als nur zu richtig, trotzdem die sog. Treuhänder des Reichs-Hypothekenbank gesetzes auf das äusserlich richtige Deckungsverhältnis von Hypotheken und Pfandbriefen hinweisen konnten, und trotzdem der »Deutsche Oekonomist« in einem Artikel vom 15. Dezember 1900 die Verfehlungen der verantwortlichen Direktoren Sanden und Schmidt, die »in 30jährigem Dienste im Hypothekenbankwesen ergraut seien,« für kaum denkbar erklärte.

Ich kann hier nicht auf alle Einzelheiten der an das Licht gezogenen Vorgänge eingehen, vielmehr hebe

---

1) Schriften des »Vereins für Sozialpolitik,« Bd. 111, Seite 4.

ich nur das für unsere Untersuchung Wichtigste hervor.[1])

Die beiden ersten Banken bildeten den sog. Spielhagen-Konzern (genannt nach einem langjährigen gemeinschaftlichen Direktor der beiden Institute) und standen in engster Verbindung mit 8 verschiedenen Firmen, meist Terrain- und Bank-Instituten, ihren sog. Tochtergesellschaften.

Die oben genannten Direktoren, welche an der Spitze beider Hypothekenbanken standen, hatten es durch unerhörte Schiebungen verstanden, sich nicht nur zu geistigen Leitern des Ganzen zu machen, sondern sich auch in den Besitz des grösseren Teils des gesamten Aktienkapitals zu setzen, so dass sie völlig nach Gutdünken schalten und walten konnten.

Sie handhabten ein sog. Schachtelsystem,[2]) dessen Ziel natürlich in erster Linie war, ihre Taschen zu füllen. Zur Erreichung ihrer Zwecke bedienten sie sich vor allem des Taxwesens mit Hilfe einiger sog. »vereidigter Taxatoren.« — Auf Grund der von diesen ausgeführten Taxen wurden seitens der beiden genannten Hypothekenbanken Terrains und Häuser der »Tochtergesellschaften« in einer Höhe beliehen, welche auch nicht annähernd dem wahren Werte entsprach. Da die Direktoren bei den anderen Firmen gleichfalls stark beteiligt waren, so wurden von diesen die Hypothekenzinsen in einer grossen Zahl von Fällen überhaupt nicht bezahlt, diese Firmen wurden vielmehr statt dessen nur belastet, ohne jemals an die Begleichung dieser Verpflichtungen erinnert zu werden.

Die Beleihungen der Preussenbank an die Tochtergesell-

---

[1]) Näheres ist über die Ereignisse nachzulesen in den vom „Verein für Sozialpolitik" im Jahre 1903 veröffentlichten Abhandlungen, in welchen dieselben unter dem Titel »Die Sanierung notleidender Hypothekenbanken« von Ernst Kritzler und Felix Hecht ausführlich behandelt sind. Jahrgang 1903, Band 110., Seite 3 ff.

[2]) Schriften des »Vereins für Sozialpolitik,« Band 111, Seite 5 und 6.

schaften erstreckten sich auf 231 Grundstücke in Höhe von 39,47 Millionen Mark oder etwa 10% aller Beleihungen dieser Bank;[1]) bei der Grundschuldbank erreichten dieselben bei ca. 300 Grundstücken die Höhe von 61,3 Mill., d. h., nicht weniger als ca. 60% aller von diesem Institut erteilten Darlehen.[2])

Nicht sehr verschieden hiervon lagen die Dinge bei den beiden Banken der zweiten Gruppe, bei denen die Katastrophe noch in dem gleichen Jahre erfolgte, der Pommernbank und der Mecklenburg-Strelitzer Bank.

Diese waren ebenfalls durch ihre gemeinsamen Direktoren Schultz und Romeick auf das Engste miteinander verknüpft. Dieselben hatten ähnliche Manöver wie bei der ersten Gruppe mit Hilfe der mit ihnen liierten »Immobilien- und Verkehrsbank« ausgeführt. — In welchem Umfange und in welcher Weise dieses geschehen war, geht aus folgendem hervor. Der Terrainbesitz des letztgenannten Institutes war von der Pommernbank mit ca. 43 Millionen und hinter dieser von der Mecklenburger Bank mit ca. 29 Millionen Mark, also insgesamt mit ca. 72 Millionen Mark beliehen. Den wirklichen Wert schätzten später die gerichtlichen Sachverständigen mit 35,8 Millionen, also noch nicht der Hälfte der von den Banken vorgenommenen Beleihung ein.[3])

Ein besonders prägnantes Beispiel mag uns erläutern, wie diese Geschäfte insceniert und gemacht wurden. Es ist dieses die Hypothezierung des sogenannten Wollankschen Terrains in Pankow[4]) (im Norden Berlins). Dieses Areal wurde von der Immobilien-Verkehrsbank im Jahre 1898 für 2,8 Millionen Mark erstanden, noch in dem gleichen Jahre wurde sein Wert auf 10,35 Millionen taxiert und darauf

---

[1]) Schriften des »Vereins für Sozialpolitik,« Bd. 111 S. 32.

[2]) " " " " " Bd. 111 S. 17.

[3]) Kritzler, a. a. O., S. 71 in Schriften des »Vereins für Sozialpolitik,« Bd. 111.

[4]) Die Zahlen über die Beleihung des Wollankschen Terrains habe ich den Mitteilungen von Direktor Budde entlehnt. Budde, „Beiträge zum Reichs-Hypothekenbankgesetz," 1905, Bd. 1, Seite 36.

von der Pommernbank ein Darlehen von 3,6 Millionen Mark gewährt. Durch eine neue Taxe wurde dann sein Wert auf 21,7 Millionen Mark veranschlagt, und hierauf erhöhte die Pommernbank ihre Beleihung auf $12^1/_2$ Millionen Mark. Dahinter wurden für die Mecklenburg-Strelitzer Bank noch weitere $8^1/_2$ Millionen Mark eineingetragen, so dass das Grundstück von beiden Banken zusammen mit 21 Millionen Mark beliehen war, während es bei der Immobilien-Verkehrsbank selbst mit nur 4,9 Millionen Mark zu Buche stand. Von den gerichtlichen Sachverständigen wurde es später auf M 4,876,000.— geschätzt und ist tatsächlich nach den Angaben des Direktors Budde[1]) nach Aufwendung von ca. 1 Million Mark für Ablösung der Lasten, Regulierungskosten und Abgaben zum Preise von $5^1/_2$ Millionen Mark veräussert worden. Der Reinerlös betrug also ca. $4^1/_2$ Millionen Mark. Es belief sich daher der Ausfall der beiden Banken nur bei diesem einen Objekt zusammen auf rund $16^1/_2$ Millionen Mark.

Wie aber, so fragen wir mit Recht, wurde es möglich, dass derartige und ähnliche Machinationen bei den vier Banken vorgenommen werden konnten?

Die Aufklärung hierüber sollten die den Katastrophen folgenden Gerichtsverhandlungen geben, welche ein überaus trübes Bild entrollten. Die Ursachen lagen in dem Taxationsverfahren, für dessen gewissenhafte Ausübung die Verantwortung allein in den Händen der Direktoren geruht hatte. Die vereidigten Taxatoren entpuppten sich als völlig gefügige Organe dieser Mäuner.

Golodetz berichtet darüber u. a. wörtlich folgendes:[2]) »Die Taxen der vereidigten Sachverständigen waren nur Dekorationstaxen, welche dieselben erst aufgenommen hatten, nachdem die Darlehen schon bewilligt waren. Ein Bank-

---

[1]) Budde, a, a. O. Bd. 1, 1905, Seite 37.

[2]) M. Golodetz: „Staatsaufsicht über die Hypothekenbanken," in Schmollers Jahrbuch, 1905, S. 204.

qeamter, welcher die Sachen unter sich hatte, sagte in dem Pommernbankprozesse aus, dass die Taxen von den Privattaxatoren der Bank aufgenommen, dann in grösserer Zahl vierteljährlich an die vereidigten Taxatoren gesandt wurden und nur zur Vervollständigung der Akten dienten! Andere Zeugen bekundeten, dass Taxen oft durch Vorspiegelung falscher Tatsachen und durch Beeinflussung von sog. Sachverständigen erlangt wären. In dem Sandenprozess zeigte es sich, dass die Taxatoren oft nicht nach dem Werte des Objektes, sondern nach der Höhe der gewünschten Summe taxiert hatten.«

Durch die Mitteilungen von Cohnitz, des Liquidators der Deutschen Grundschuldbank, erfahren wir,[1]) dass »Taxen von der Deutschen Grundschuldbank selbst gemacht und dann von den Taxatoren einfach unterschrieben worden seien.« Ein Taxator habe von den Spielhagenbanken vom 5. Mai 1900 bis Ende des gleichen Jahres für solche und ähnliche Taxen nicht weniger als M 23000.— erhalten.

In welcher Weise die im Pommernbankprozesse mitangeklagten Taxatoren Hanel und Bohl, auf deren Schätzungen sich die Direktoren in ihrer Verteidigung beriefen, ihr Verfahren zu motivieren versuchten, geht aus einem Aufsatz hervor, welchen der Verwalter der Mecklenburg-Strelitzschen Hypothekenbank, Regierungs-Rat a. D. Guttmann, in der »Ostsee-Zeitung« im Juli 1903 veröffentlicht hat.[2]) Ich entnehme der Arbeit das folgende und zwar aus dem Grunde, weil die sog. »Hanelsche Taxmethode« durch diesen Prozess eine traurige Berühmtheit erlangt hat: »Hanel zerlegt die von ihm behufs Beleihung durch eine Hypothekenbank zu schätzenden Terrains auf dem Papiere in Baustellen, konstruiert sich Häuser darauf, berechnet nach den in der Zukunft erhofften Mieten bezw. Reinerträgen durch

---

[1]) Wiedergabe bei Müller-Führer »Die Hypothekenbanken und die Sicherheit der Hypothekenpfandbriefe.« 1902, S. 106.

[2]) Abgedruckt im »Deutschen Oekonomist,« Jahrgang 1903, Seite 443.

20fache Kapitalisierung derselben den Ertragswert und deklariert denselben nach Abzug der Baukosten als Bodenwert. Sofern nach jener Berechnung die Bebauung erst nach Jahren eintreten dürfte, macht er einen Diskontabzug von jährlich 5%. Wenn also das auf einer Baustelle nach fünf Jahren zu errichtende Haus einen Reinertrag von M 11000 verspricht, so wird der Ertragswert mit M 220000 und der Bodenwert, da der Bau 120000 M kosten soll, mit M 220000 minus M 120000, also mit M 100000 bezw. nach Abzug eines 5jährigen Diskonts mit M 75000 angenommen. Ob Baustellen dieser Art und Grösse in derselben Lage mit M 30—40000 tatsächlich verkauft werden, so dass die Beleihungsgrenze der Hypothekenbanken über den vollen Wert des Grundstücks hinausgeht, danach fragt Herr Hanel nichts.«

Leider fand dieser Taxator, so unglaublich es klingen mag, bei einem der hinzugezogenen gerichtlichen Sachverständigen, dem Professor Dietrich von der technischen Hochschule in Charlottenburg, zu allgemeiner Ueberraschung bezüglich seiner Taxmethode völlige Zustimmung.[1]) Hieraus ersieht man deutlich, wie notwendig die Fixierung von richtigen und einheitlichen Grundsätzen für das bei der Taxierung einzuschlagende Verfahren ist. Ueberaus treffend und bezeichnend war dagegen das Urteil eines anderen Sachverständigen, nämlich des Geh. Hofrats Dr. Felix Hecht, eines langjährigen, bewährten Leiters von Hypothekenbanken und eines der besten Kenner auf diesem Gebiete. Dieses Gutachten wurde in der gleichen Gerichtsverhandlung (am 11. Mai 1903) abgegeben und lautete dahin, dass man in Berlin jede Taxe haben könne, wie man sie wünsche, und dass daher die Taxationsfrage wesentlich eine Personenfrage sei.[2])

---

[1]) „Deutscher Oekonomist," Jahrgang 1903, Seite 443.
[2]) ebendort, Seite 443.

Zu den Verfehlungen auf dem Gebiete des Schätzungsverfahrens kamen aber noch andere, welche kaum minder schwerwiegend waren. — Ueber eines derselben berichtet Emil Salomon, der Vertreter der Pfandbriefgläubiger der »Preussischen Hypotheken-Aktien-Bank« in der »Berliner Börsen-Zeitung.«[1])

Nach seinen Angaben waren bei dem letztgenannten Institut dem Treuhänder bis zum 1. Dezember 1900 für ca. M 26 500 000 Deckungshypotheken von den Direktoren zu dem gesetzlich zulässigen »vorübergehenden Gebrauche« abverlangt worden. Hiervon waren für rund M 7 600 000 von diesen teils lombardiert, teils zediert worden, ohne dass sie dem Treuhänder die Lombard- bezw. Zessionsvaluten zurückerstatten konnten. Es befanden sich hierunter für M 974 000 Hypotheken, für welche den Darlehensnehmern überhaupt noch keine Valuta gezahlt worden war. Unter den betrügerischen Manipulationen erscheint ferner besonders signifikant diejenige, zu deren Feststellung die von den Aktionären der Preussenbank gewählte Kommission gelangte. Diese konstatierte nämlich, dass die Bilanzen der Bank von 1896—1900 im wesentlichen falsch und verschleiert gewesen waren.[2])

Es liegt auf der Hand, dass nach allen den von mir aufgeführten Tatsachen sich sehr erhebliche Verluste für die Pfandbriefgläubiger herausstellen mussten, trotzdem es der Geschicklichkeit einer Sanierungsfirma, der »Treuhandgesellschaft«[3],) in Berlin gelang, noch relativ recht günstige Lösungen zu finden, und trotzdem diese Bestrebungen durch das Eingreifen einiger anderer Hypotheken- sowie einiger Spekulationsbanken tatkräftig unterstützt wurden.

Adolf Wagner hat in seinem Aufsatz »Bankbrüche und Bankkontrolen«[4]) den Verlust der Pfandbriefgläubiger der 4

---

[1]) »Berliner Börsen-Zeitung,« Jahrgang 1900, Nr. 609.

[2]) Kritzler, a. a. O., S. 28, Schriften des „Vereins f. Sozialpolitik," Bd. 111.

[3]) Schriften des „Vereins für Sozialpolitik," Bd. 111, Seite 25.

[4]) Adolf Wagner, „Bankbrüche und Bankkontrolen," in der „Deutschen Monatsschrift für das gesamte Leben der Gegenwart," 1901, Seite 77.

Banken am Kurswerte der bezüglichen Papiere auf M 171 600 000 berechnet. Da der Gesamtumlauf der Pfandbriefe der fraglichen Institute sich, auf den 31. Dezember 1900 berechnet, auf M 656 882 050 belief, so würde sich demnach ein durchschnittlicher Verlust von ca. 26 % des Gesamtkapitals ergeben haben. Dieser präsumtiven Einbusse am Kurse der Effekten liegt allerdings die Voraussetzung zu Grunde, dass die Besitzer dieselben unter dem ersten Eindruck der Panik losgeschlagen haben, was zweifellos in einer grossen Anzahl von Fällen geschehen ist.

Aber auch für diejenigen, welche es vorgezogen hatten, eine abwartende Stellung einzunehmen, waren die Ausfälle recht erheblich. Abgesehen davon, dass ihnen die Zinsen für mehrere Jahre verloren gingen, taxiert der »Deutsche Oekonomist« die effektiven Kapitalverluste auf Grund der Reorganisationspläne folgendermassen.[1])

Am schwersten betroffen seien die Inhaber der sog. Realobligationen der Grundschuldbank, welche vor einer Konkurserklärung, die bei den anderen 3 Banken vermieden wurde, aus gewissen Gründen nicht habe bewahrt werden können.

Diese würden nach Ansicht des »Oekonomisten« 30—40 % des nicht viel weniger als 100 Millionen Mark[2]) betragenden Kapitals eingebüsst haben. Bei den übrigen Banken würden neben den ganz erheblichen Zinsverlusten die Kapitalausfälle eine Quote von 5—10 % ausgemacht haben.

Ich glaube nunmehr in genügender bezw. meinen Zwecken entsprechender Weise die Hauptmomente charakterisiert zu haben, durch welche jene argen Schädigungen der Pfandbriefgläubiger möglich wurden. Hervorzuheben sind nur noch einige Tatsachen, welche das Aktienkapital und die Reserven der Banken betreffen. Doch liegt es nicht etwa in

---

1) „Deutscher Oekonomist," Jahrgang 1902, S. 319.

2) Die genaue Summe beträgt M 98 582 700, a. a. O., S. 319.

dem Rahmen dieser Arbeit, auf die Gefahren für die Aktionäre einzugehen, da diese Materie bei einer Besprechung des Hypothekenbankwesens eine besondere Berücksichtigung nicht verdient.

Vielmehr müsste es die Aufgabe eines neuen Spezialgesetzes für Aktiengesellschaften sein, eine etwa notwendige Besserung der Lage der Aktionäre herbeizuführen, da letztere hinsichtlich der Aktionäre der Hypothekenbanken keine andere ist als die Lage der bei den übrigen Aktienunternehmungen beteiligten Kapitalisten. Das Aktienkapital und die Reserven interessieren uns hier nur insoweit, als sie dazu dienen sollen, die Sicherstellung der Pfandbriefgläubiger zu erhöhen, und mit Rücksicht hierauf sind die nachfolgenden Umstände anzuführen. Der weitaus grösste Teil dieser Fonds war durch die bei den Banken herrschende Misswirtschaft absorbiert worden,[1]) und nur ein ganz minimaler Rest konnte mit auf die Befriedigung der Pfandbriefgläubiger verwandt werden, während die Aktionäre erklärlicherweise völlig leer ausgingen und nur durch gewisse Vorzugsrechte an den Aktien der reorganisierten Institute ein freilich recht schwaches Aequivalent erhalten konnten. Bei 2 Banken waren diese Fonds gänzlich verschwunden.

Diese fast völlige Vernichtung des Aktienkapitals und der Reserven muss gleichfalls vom Standpunkt der Pfandbriefgläubiger aus als ein äusserst bedenkliches Symptom der Krisis angesehen werden.

Wir sind nunmehr in der Lage, das Fazit zu ziehen, welches sich aus dem Ganzen ergibt, um die Resultate desselben für unsere kritische Betrachtung verwerten zu können. Ich werde mit möglichster Präzision die Hauptpunkte zusammenzufassen suchen, um an Hand derselben im einzelnen feststellen zu können, ob durch die Massnahmen des Reichs-Hypothekenbankgesetzes im Interesse der Pfandbriefgläubiger ähnlichen Vorkommnissen für die Folge ein Riegel vorgeschoben ist. Ich habe daher diese wesentlichen Momente

---

[1]) Schriften des „Vereins für Sozialpolitik", Band 111, S. 63.

nach den folgenden drei Gesichtspunkten geordnet und mir die bezüglichen Fragen zur Beantwortung vorgelegt:

1) Ist im Reichs-Hypothekenbankgesetz das Taxationsverfahren bezüglich der zur Pfandbriefdeckung dienenden Beleihungsobjekte genügend geregelt worden sowohl hinsichtlich der Personen, welche die Schätzuug auszuführen haben, als auch hinsichtlich der Prinzipien, die bei der Taxierung als leitende zu beobachten sind? Diese Frage erscheint mir als die im eigentlichen Sinne grundlegende, da aus den Katastrophen des Jahres 1900 unwiderleglich hervorgeht, dass nur durch das Vorhandensein und die strikte Beobachtung von zwingenden Vorschriften dieser Art für die Höhe des materiellen Wertes der Deckungshypotheken und damit auch der Pfandbriefe eine einigermassen sichere Gewähr geschaffen werden kann.

2) Genügen die Anordnungen des Reichs-Hypothekenbankgesetzes um eine Entwendung bezw. illegale Benutzung der Pfandbriefunterlagen wirksam zu verhindern?

3) Sind im Reichs-Hypothekenbankgesetze hinreichende Vorkehrungen getroffen worden, um eine ordnungs- oder gar rechtswidrige Geschäftsführung der Bankleitungen zu verhüten, welcher die zur Verstärkung der Sicherheit der Pfandbriefgläubiger dienenden Fonds, nämlich Aktienkapitalien und Reserven, zum Opfer fallen können?

Es wird versucht werden, die Antworten hierauf in der gleichen Folge in den nachfolgenden drei Kapiteln zu erteilen.

2. Kapitel.

Die Regelung des Taxationsverfahrens.

Es wird mich zunächst jene erste Kardinalfrage zu beschäftigen haben. Eine wie geartete Regelung hat das Taxationsverfahren im Reichs-Hypothekenbankgesetz gefunden und zwar nach den zwei Richtungen hin, die, wie wir gesehen haben, in engstem Zusammenhang stehen: Welches sind die Personen, denen es obliegt, die Schätzungen von Grundstücken vorzunehmen, und welches sind die leitenden Grundsätze, die die Taxatoren bei der Abschätzung zu befolgen haben?

I. Die Personenfrage.

Wir haben uns davon überzeugt, dass die Unzuverlässigkeit der Taxatoren als eine der Hauptursachen der Krisen anzusehen ist. Allerdings ist hier einzuschalten, dass auch, wenn das Gesetz schon in dieser Hinsicht radikale Abhilfe gebracht hätte, es in jenen Katastrophen selbst bei der kurzen Zeit seines Bestehens noch nicht voll seine Wirkung hätte ausüben können, da sich die Beleihungen der Grundstücke ja auf eine längere Reihe von Jahren zurück erstreckten.

Es handelt sich aber hier darum, die allgemeine Tragweite des Gesetzes festzustellen.

Ich habe bereits in der Einleitung darauf hingewiesen, dass ebenso wie bei den übrigen Anstalten für den Immobiliarkredit auch bei den Hypothekenbanken die Gewährung von Darlehen auf Grundstücke das Hauptaktivgeschäft bildet. Es ist dieses auch mit vollster Deutlichkeit in der von mir schon angeführten Legaldefinition des § 1 des Reichs-Hypothekenbankgesetzes zum Ausdrucke gebracht worden.

In demselben Paragraphen wird als Hauptpassivgeschäft die Ausgabe von Schuldverschreibungen bezeichnet mit der ausdrücklichen Betonung, dass dieselbe auf Grund der erworbenen Hypotheken zu erfolgen hat.

Es geht also hieraus klar hervor, dass die Sicherheit dieser Schuldverschreibungen, der sog. Pfandbriefe, ihre Hauptunterlage in den bezüglichen Hypotheken finden soll, und dass daher die Qualität dieser hier von ausschlaggebender Bedeutung ist.

Man sollte daher auch meinen, dass es der Gesetzgeber als seine vornehmste Aufgabe betrachtet hätte, für die Schätzung der zu beleihenden Grundstücke die jedesmalige Hinzuziehung von ihm als unbedingt zuverlässig bekannten Organen zu der ersten und obligatorischen Vorbedingung zu machen. Und doch müssen wir die Wahrnehmung machen, dass gerade in diesem Punkte das Gesetz gänzlich versagt. Der § 12, Absatz 1 des Reichs-Hypothekenbankgesetzes lässt in der Wahl der Taxatoren den Banken völlige Freiheit. Es heisst hier nur ganz allgemein: »Der bei der Beleihung angenommene Wert des Grundstücks darf den durch sorgfältige Ermittelung festgestellten Verkaufswert nicht übersteigen.« Nur eine geringe Abschwächung erhält diese weitgehende Lizenz durch den Absatz 2 desselben Paragraphen, welcher lautet: »Soweit vor der Beleihung die Grundstücke durch eine öffentliche Behörde des Gebiets, in welchem sie liegen, abgeschätzt werden, kann der Bundesrat bestimmen, dass der bei der Beleihung angenommene Wert auch den durch eine solche Abschätzung festgestellten Wert nicht übersteigen darf.«

Ueber die Personen, welche die Schätzungen vorzunehmen haben, schweigt sich also das Gesetz selbst völlig aus.

Es dürfte wohl nicht dem geringsten Zweifel unterliegen, dass diese Bestimmungen wesentlich anders gelautet haben würden, wenn der Gesetzgeber über die — gelinde gesagt — völlige Untauglichkeit eines grossen Teils der Taxatoren voll unterrichtet gewesen wäre, wie sie bei den von jenen vier Banken »mit der sorgfältigen Ermittelung« betrauten Personen in den Krisen zutage getreten ist.

Jedenfalls wäre es aber nach dem Eintritt jener Katastrophen bezw. nach der Feststellung ihrer Ursachen dringend erforderlich gewesen, in erster Linie auf diesem Gebiete Remedur zu schaffen.

Leider ist eine solche aber auch bis heute noch nicht erfolgt.

Es ist hier nun vor allem zu berücksichtigen, dass sich ein starres Festhalten an den bisherigen Bestimmungen des Gesetzes und der mit ihnen bezüglich der Taxierung gegebenen völligen Bewegungsfreiheit der Bankleitungen einst sehr bitter rächen könnte, besonders wenn erst einmal wieder recht reichlich Gras über jene Ereignisse gewachsen ist. Es würde aber dann die Verantwortlichkeit des Gesetzgebers eine weit grössere wie damals sein, weil er sich nicht mehr auf jene scheinbar im ganzen makellose Vergangenheit aller Direktoren berufen könnte, in deren Hände er ausschliesslich die Auswahl der Taxatoren gelegt hat. Es war dieses ein Moment, welches ihm zu jenem schrankenlosen Vertrauen damals immerhin eine gewisse Berechtigung zu geben vermochte.

Es soll mir natürlich völlig fernliegen, mit meinem Postulate, auf diesem Gebiete eine durchgreifende Aenderung herbeizuführen, ein Misstrauensvotum gegen die jetzigen Bankleitungen aussprechen zu wollen Ich bin im Gegenteil davon überzeugt, dass an der Spitze sämtlicher Institute heute eine nahezu lückenlose Anzahl von Ehrenmännern steht. Aber ist es denn absolut ausgeschlossen, dass nicht einmal wieder weniger zuverlässige Persönlichkeiten an das Ruder gelangen, oder dass auch bisher bewährte Kräfte auf eine schiefe Bahn geraten? Auch Sanden hat ca. 27 Jahre lang die Leitung der Preussischen Hypotheken-Aktien-Bank in Händen gehabt und wurde noch bei der Vorbereitung zum Reichs-Hypothekenbankgesetz von der preussischen Regierung zu dem Vertrauensposten eines Sachverständigen herangezogen.[1])

Es sind m. E. zur Erreichung einer Abhilfe vor allem 2 Gesichtspunkte ganz allgemein in den Vordergrund zu stellen:

1) Es muss das Taxationsverfahren in die Hände von völlig unabhängigen und als zuverlässig bewährten Organen gelegt werden und

2) diese Organe dürfen nicht mehr Einzelpersönlichkeiten sein, sondern müssen eine kollegiale Form erhalten.

Ich gehe hiernach zu der näheren Behandlung des Gegenstandes über.

Auch der Gesetzgeber ist sich, wie aus der Begründung zum Entwurfe deutlich hervorgeht,[2]) nicht im Unklaren darüber gewesen, dass, wie es dort heisst, »die Sicherheit der zur Deckung der Pfandbriefe bestimmten Hypotheken davon abhängig ist, dass bei der Abschätzung selbst mit Umsicht und Gewissenhaftigkeit verfahren wird. Er ist aber dennoch der Ansicht, dass der Schwerpunkt immer auf die »sachgemäse Prüfung und Würdigung des einzelnen Falles durch die Verwaltungsorgane der Bank und die von den letzteren beauftragten Taxatoren gelegt werden müsse.« Als Grund hiefür gibt er an anderer Stelle[3]) die Befürchtung an, dass, falls eine anderweitige Regelung vor-

---

[1]) Hiermit glaube ich auch in hinreichender Weise dem Hinweise von Dr. Josef Löhr auf die Ehrenhaftigkeit der bayerischen Hypothekenbankdirektoren Rechnung getragen zu haben. Dr. Josef Löhr, »Die volkswirtschaftliche Bedeutung der Hypothekenbanken.« Leipzig 1908, Seite 51 und 52.

[2]) Begründung zum Entwurfe, a. a. O. S. 940.

[3]) a. a. O., S. 941.

genommen würde »durch alllzuweit eingreifende Vorschriften, den verantwortlichen Entschliessungen der Bankverwaltungen der nötige Spielraum entzogen werden könnte.«

So anerkennenswert der Standpunkt an sich ist, einer zu weitgehenden Intervention des Staates keinen Raum zu gewähren, so wenig darf dieser an einer Stelle massgebend sein, bei welcher es sich im vollen Umfange des Wortes um den Grundpfeiler des gesamten Hypothekenbankwesens handelt.

Ich werde überdies noch Gelegenheit haben zu beweisen, dass den Bankleitungen noch reichlich Möglichkeiten verbleiben, bei welchen sie ihre Selbständigkeit und Tüchtigkeit voll betätigen können.

Es fehlte auch schon zur Zeit der Beratung des Gesetzes nicht an Warnern, welche auf das Nachdrücklichste auf die Tragweite und die Bedeutung der Schätzungsfrage hinwiesen. Der bekannte nationalliberale Abgeordnete Geh. Finanzrat Büsing bezeichnete diese in einer Rede in der entscheidenden Sitzung des Reichstags vom 7. März 1899 als das »punctum saliens der ganzen Vorlage.«[1]) Er setzte ferner hinzu »die Güte und Sicherheit der Pfandbriefe hängt einzig und allein von der Güte und Sicherheit der Hypotheken ab, welche als Grundlage der Pfandbriefe dienen.«

Aber leider blieben seine Worte ohne Erfolg — ein von ihm eingebrachtes Amendement fand nicht die Zustimmung bei der Mehrheit des Hauses.

Nach dem Eintritt der Katastrophen blieben naturgemäss die Regierungen nicht völlig müssig. Vor allem glaubte Preussen, dessen Landeshoheit die drei grössten der beteiligten Banken angehörten, nach Klarstellung des Sachverhalts sofort Schritte zur Herbeiführung von Reformen tun zu müssen. Für einige der grösseren süddeutschen Staaten war die Frage um so weniger dringend, als in ihnen, nämlich in

---

[1]) a. a. O., Hauptverhandlung, S. 1391.

Württemberg, Baden und Hessen, öffentliche Taxämter bestanden, nach deren Schätzungen sich die Hypothekenbanken auch nach Einführung des Reichs-Hypothekenbankgesetzes zu richten hatten.[1])

In Preussen fand also bereits am 28. Oktober 1901, und zwar in Berlin, eine Konferenz statt, an welcher ausser dem Vertreter des Landwirtschaftsministers, dessen Ressort dort die Hypothekenbanken unterstehen, noch solche aus den Ministerien der Finanzen, der Justiz und des Innern teilnahmen.

Zu dieser waren ferner die Direktoren der sämtlichen preussischen Hypothekenbanken sowie je zwei Aufsichtsratsmitglieder derselben hinzugezogen worden.

Als einer der wichtigsten Punkte stand die Diskussion über eine Aenderung des Taxwesens auf der Tagesordnung. Es handelte sich hiebei vornehmlich um die Verhältnisse, welche den städtischen Grundbesitz betrafen, da nur diese bei den notleidenden Banken in betracht gekommen waren.

Auch wir werden uns, wie ich hier einschalten will, für die Folge mit den letzteren besonders eingehend zu beschäftigen haben, da die Hypothekenbanken, worauf ich schon hingedeutet habe, sich fast sämtlich in einem stark überwiegenden Masse der Beleihung von städtischen Grundstücken widmen. Nur zwei der ältesten Institute, die Bayerische Hypotheken- und Wechselbank und die sog. Preussische Zentralbank pflegen in nennenswerter Weise auch den landwirtschaftlichen Immobiliarkredit.

Die Richtigkeit dieser Tatsachen wird durch folgende Zahlen bewiesen:[2]) Ende 1897 gab es bei den deutschen Hypothekenbanken für 5123 Millionen Mark städtische und

[1]) Vergl. den bereits zitierten § 12, Absatz 1 des Reichs-Hypothekenbankgesetzes.

[2]) Diese sind entnommen der Anlage 1 zu dem Entwurfe. Drucksachen des Reichstags, Nr. 106, S. 958/959.

nur für 723 Millionen Mark ländliche Darlehen. Die Quote der ländlichen Darlehen betrug nur etwa 8 Prozent.[1])

Im Verlaufe der Konferenz betonte der Dezernent im Landwirtschaftsministerium, Geheimrat Holtermann, dass das Taxwesen auf dem Gebiete des städtischen Immobiliarbesitzes zweifellos im Argen liege und reorganisiert werden müsse. Aus den Debatten selbst aber ergab sich das wichtige Resultat, dass sich die Direktoren damit einverstanden erklärten. dass die Hypothekenbanken an die Taxen von Gemeindeschätzungsämtern gebunden würden, unter der Voraussetzung, dass die gleiche Massregel auch gegenüber den Sparkassen und den Versicherungsanstalten zur Anwendung gelangte.[2]) —

Ich will hier nun sogleich der Ansicht Ausdruck geben, dass diese Forderung der Banken als eine durchaus berechtigte anzuerkennen ist und zwar nicht nur von dem für die Hypothekenbanken massgebenden rein geschäftlichen Standpunkte aus sondern auch aus wichtigen volkswirtschaftlichen Gründen. Was den ersten Punkt, also die Motive der Hypothekeninstitute anbetrifft, so konnten die letzteren mit Recht darauf hinweisen, dass, wenn jene Anstalten nicht den gleichen Bestimmungen wie sie selbst unterworfen würden, die Konkurrenz derselben sich bald für sie zu einer geradezu unerträglichen gestalten würde. Diese seien, so betonten sie, schon an und für sich in der Lage, ihre verfügbaren Kapitalien zu einem günstigeren Zinsfusse auszuleihen und sich hierdurch eine leichtere Auswahl unter den besten Objekten zn verschaffen, weil ihnen ja aus dem Darlehensgeschäft nicht wie den Hypothekenbanken besondere Unkosten erwüchsen. Um so drückender würde daher jener Mitbewerb werden,

---

[1]) Für die Folgezeit hat sich dieses Verhältnis noch mehr zu Ungunsten der landwirtschaftlichen Hypotheken verschoben. Direktor Budde stellt für das Jahr 1904 deren Verhältnis bei den 36 bedeutendsten Banken auf 7,4% fest. Budde, „Beiträge zum Hypothekenbankgesetz," 1905, Bd. 1. Seite 9, Anmerkung 1.

[2]) Bericht im „Deutschen Oekonomist" Jahrgang 1901, Seite 656.

wenn ihnen noch hinsichtlich des Taxverfahrens geringere Beschränkungen als den Banken auferlegt würden. Wie begründet dieser Einwurf ist, geht aus einer Statistik hervor, die ich der »Frankfurter Zeitung« entnehme,[1]) nach welcher allein die Versicherungsanstalten bis Ende 1905 für 3240 Millionen Mark Kapitalien in Hypotheken angelegt hatten. Diese gewaltige Summe lässt aber auch die zweite Seite der Frage, die allgemein volkswirtschaftliche, als um so bedeutsamer erscheinen. Man hat nämlich hier zu bedenken, dass es sich einerseits bei den Versicherungsanstalten um Fonds handelt, welche durch und für die Beteiligten angesammelt sind, um diesen später nach Fälligkeit oder nach Eintritt von bezüglichen Schadenfällen zugeführt werden zu können, und dass andererseits bei den Sparkassen sogar allein Kapitalien in Frage kommen, welche das in blosse Aufbewahrung gegebene Eigentum der Einleger darstellen. Jedenfalls kommen in beiden Fällen nur Anlagen in betracht, welche gleichfalls im Interesse der breitesten Schichten der Bevölkerung dringend der Garantie völliger Sicherstellung bedürfen.

Die Vertreter der Regierung wussten denn auch die beiden soeben hervorgehobenen Gesichtspunkte in ihrer Tragweite durchaus zu würdigen, und so schien der Boden zu einer vollen Verständigung über eine der grundlegendsten Reformen geebnet zu sein.

Umsomehr muss es wunder nehmen, dass die weitere Betreibung dieser Angelegenheit fast gänzlich wieder ins Stokken geraten ist. Bereits während einer zweiten Konferenz, welche am 8. April 1902 stattfand, zeigte es sich, dass die Direktoren wieder anderen Sinnes geworden waren. Budde berichtet, dass im Verlaufe dieser sich die Vertreter sämtlicher preussischer Hypothekenbanken mit Ausnahme des Frankfurter Instituts prinzipiell g e g e n die Einführung von Taxämtern (sog. Bauschöffenämtern) ausgesprochen hätten.[2])

---

[1]) Vergl. „Frankfurter Zeitung, Handelsblatt vom 12. Dezember 1906.

[2]) Budde a. a. O. Teil I Seite 50 Anmerkung 2.

Auch sonst hatte diese Konferenz keine sichtbaren Erfolge.[1])

Ebenso sind in der Folgezeit, wiewohl jetzt reichlich weitere 6 Jahre verflossen sind, Schritte von irgendwelcher Bedeutung auf dem angefangenen Wege nicht getan. Die »Frankfurter Zeitung« schreibt dieses dem Umstande zu, dass das preussische Landwirtschaftsministerium seitdem mehrere hohe Beamte verloren habe, welche in die Spezialfragen besonders eingeweiht gewesen seien.[2])

Nur aus einem längeren Rundschreiben, das nunmehr auch schon über 4 Jahre zurückliegt, und mit dessen Inhalt wir uns sogleich noch näher zu beschäftigen haben werden, erfahren wir, dass man die Angelegenheit immer noch nicht ganz aus den Augen verloren hatte.

Mir aber erscheint die Frage von so eminenter Wichtigkeit, dass wir die Mühe nicht scheuen dürfen, eine Anzahl von Ansichten zur Sprache zu bringen und kritisch zu beleuchten, welche der besonderen Beachtung wert erscheinen, um dann hierdurch selbst besser in der Lage zu sein unsere eigene Meinung zu bilden.

Zunächst beabsichtige ich auf Gedanken einzugehen, welche in dem soeben erwähnten Rundschreiben zum Ausdrucke gebracht sind. Dieses betraf ausschliesslich das Taxwesen und war vom preussischen Minister für Landwirtschaft, Domänen und Forsten an sämtliche Oberpräsidien Preussens erlassen worden.[3]) Die hier hervorgehobenen wesentlichsten Momente sind die folgenden.

Der Minister weist darauf hin, dass über die Unzuverlässigkeit der Werttaren für den städtischen Grundbesitz sowie die mit einem solchen Mangel verbundenen nachteiligen Folgen seit langem schon in den verschiedensten Kreisen der Bevölkerung Klage geführt werde. Mannichfache Vorschläge seien

---

[1]) Vergl. „Frankfurter Zeitung" Handelsblatt vom 12. Dezember 1906.

[2]) Vergl. den gleichen Artikel vom 12. Dezember 1906.

[3]) Das Schreiben ist zum Abdruck gebracht worden im „Deutschen Oekonomist" Jahrgang 1904 Seite 255 ff.

gemacht worden. Es seien von den beteiligten Ministerien eine Anzahl von Massnahmen erwogen worden, welche geeignet seien, eine wesentliche Verbesserung der gegenwärtigen Verhältnisse im Wege einer Neuregelung des Taxwesens für den städtischen Grundbesitz herbeizuführen.

Es erscheine jedoch angezeigt, vor endgültigen Entschliessungen die Provinzialbehörden über die in Aussicht genommene Reform *gutachtlich* zu hören. —

Es müsse sich eine Neuordnung des Taxwesens nicht allein mit Schaffung zuverlässiger Taxorgane, sondern auch mit der Aufstellung sachgemässer Schätzungsregeln beschäftigen.

In erster Linie käme es darauf an, durch eine zweckentsprechende Organisation *sachkundiger Schätzungsstellen* für *gewissenhafte Taxaufnahmen* zu sorgen. Derartige Schätzungsstellen seien ohne Beilegung eines *amtlichen Charakters* nicht wohl denkbar.

Die zweite wichtige Frage, die Erörterung der vorzuschreibenden Taxgrundsätze, sei erst nach Erledigung der ersten, der grundlegenden, zu ventilieren.

Die Einrichtung der Schätzungsstellen könne erfolgen entweder durch Zulassung beeidigter und angestellter *Taxatoren* oder durch die Bildung amtlicher, zur Abschätzung des Grundbesitzes berufener *Taxbehörden* (Taxämter). Die Die Auffassungen über den Wert der letztgenannten Taxämter gingen bekanntlich auseinander. Für grössere Gemeinden d. h. solche mit einer Einwohnerzahl von etwa 30 000 Seelen und darüber hätten sich die beteiligten Ministerien nach Abwägung der für und gegen diese Einrichtung sprechenden Gründe für ihre *Ablehnung* entschieden, sodass hinsichtlich dieser Kommunen auf die Frage der Einführung derartiger Taxbehörden nicht weiter einzugehen sei. Für diese grösseren Städte hielte die Regierung die *amtliche* Anstellung von beeidigten Grundstückstaxatoren für eine geeignete Abhilfe, welche ihre Taxen nach bestimmten, genau aufzustellenden Regeln anzufertigen hätten. Diese hätten Kaution zu stellen und Taxbücher zu führen, aus denen sich die wesentlichsten Grundlagen einer jeden von ihnen aufgenommenen Taxe ergeben müssten und welche in gewissen Zeiträumen einer Revisionsbehörde zur Nachprüfung der Schätzungsergebnisse vorgelegt werden müssten. Zu diesem Zwecke sei die Bildung öffentlicher Taxaufsichtsämter vorzuschreiben. Die obligatorische Einrichtung derartiger Behörden stehe im Vordergrunde der geplanten Massnahmen, denn, wenn es gelänge, diese zweckmässig zusammenzusetzen und ihre Tätigkeit wirksam zu gestalten, so dürfte damit die Gewähr für eine allmähliche Abstellung der gegenwärtig vorhandenen Unzuträglichkeiten gegeben sein. Diese Taxaufsichtsbehörden dürften wohl am besten den Verwaltungen der Kommunen anzugliedern sein. Den Vorsitz würde in der Regel ein Mitglied des Gemeindevorstandes zu übernehmen haben und als Beisitzer seien Hypothekenmakler, Bau- und Mietssachverständige, Leiter von Grundkreditinstituten u. a. heranzuziehen. Für ganz grosse Städte sei die Einteilung in Bezirke und die bezirksweise Einrichtung von Taxaufsichtsämtern unter Wahrung der Einheitlichkeit der Verfahrensgrundsätze zu erwägen.

Die Kosten der Einrichtung würden sich unschwer durch Revisionsgebühren decken lassen, welche von den Taxatoren zu entrichten und ihnen zugleich mit den gemäss § 78 der Reichsgewerbeordnung zu regelnden Taxgebühren von ihren Auftraggebern zu erstatten seien. Auf Grund der Taxbücher und etwaiger weiterer von den Taxatoren zu beschaffender Unterlagen hätten die Taxaufsichtsämter die einzelnen Taxen nachzuprüfen, von Erinnerungen dem Taxator und dessen Auftraggebern Mitteilung zu machen und dafür zu sorgen, dass Taxatoren, welche sich wiederholt als unzuverlässig erwiesen hätten, gemäss § 53 Absatz 2 der Reichsgewerbeordnung entfernt würden.

Im einzelnen würden die Vorschriften über die Zusammensetzung und die Geschäftsführung der Taxaufsichtsämter am zweckmässigsten wohl durch Ortsstatut zu treffen sein.

Es sei ferner zu erwägen, ob es sich empfehlen würde, nach dem Vorgange von Bayern, Hessen-Darmstadt und Sachsen-Coburg-Gotha von dem Vorbehalte in Artikel 79 des Einführungsgesetzes zum B.-G.-B. Gebrauch zu machen und landesgesetzlich die Haftung der bestellten Grundstückstaxatoren für den aus einer Verletzung ihrer Berufspflicht entstandenen Schaden über den durch die §§ 276 und 823 ff. des B.-G.-B. festgesetzten Umfang hinaus auszudehen, sie also namentlich den Hypothekengläubigern gegenüber auch wegen Fahrlässigkeit eintreten zu lassen.

Für die Gemeinden in den Oberlandesgerichtsbezirken Frankfurt a. M. und Cassel, für welche laut Verordnung vom 8. April 1903 besondere Ortsgerichte eingesetzt seien, kämen diese Vorschläge überhaupt nicht in betracht.

Diesen letzteren Zusatz habe ich gleichfalls hervorgehoben, weil ich auf die betreffenden Ortsgerichte noch in anderem Zusammenhange zurückzukommen haben werde.

Indem wir nunmehr zu der Beurteilung der in dem Rundschreiben in Anregung gebrachten Massnahmen übergehen, haben wir zunächst festzustellen, dass in diesem nähere Direktiven nur bezüglich der Gemeinden über 30 000 Einwohner gegeben sind. Bezüglich der Ortschaften mit einer geringeren Seelenzahl als 30 000 Einwohner geht nur soviel aus dem Zusammenhange hervor, dass das Ministerium in diesen gegen die Einführung von unmittelbar wirkenden Taxbehörden a priori nichts einzuwenden haben würde.

Was den Gesamtinhalt des Schriftstückes anbetrifft, so verdient vor allem festgestellt zu werden, dass es eine Anzahl höchst beachtenswerter Fingerzeige enthält.

Trotzdem kann ich nicht umhin, in verschiedenen und zwar sehr wesentlichen Punkten eine von den ministeriellen Intentionen abweichende Ansicht zum Ausdruck zu bringen.

1) Wenn das Schreiben vorschlägt in Orten über 30 000 Einwohnern an der Institution von Einzeltaxatoren festzuhalten, so würde dieses zur Folge haben, dass an den bisherigen Zuständen so gut wie nichts geändert würde. Es ist zwar gleichzeitig die Einrichtung von sog. Taxaufsichtsämtern geplant. Doch würde auch durch eine mit schweren Strafbestimmungen verbundene, scharfe Kontrolle der letzteren der Hauptzweck der Reform, die Verhütung von Schädigungen der

Pfandbriefgläubiger, garnicht oder doch nur in einem ganz unzulänglichen Masse erreicht werdeu können. Denn einmal muss die Nachprüfung bei der ungeheueren Zahl von Beleihungen nur auf Stichproben beschränkt bleiben, und andererseits tritt sie auch in diesen Fällen erst ein, nachdem die Beleihungen bereits vollzogen sind. Sobald dieses aber geschehen ist, würden die Schäden sehr häufig bei den enormen Beträgen, um welche es sich, besonders in den Grossstädten, meistens handelt, nach dem Satze: »Nemo ultra posse obligatur« auch aus den Vermögen der Taxatoren nicht gedeckt werden können. An dieser tatsächlichen Unmöglichkeit würden auch relativ hohe Kautionen und eine Verschärfung der gesetzlichen Regresspflicht in der grossen Mehrzahl der Fälle nichts ändern können.

Gleichzeitig würde aber in einer derartigen Lösung eine grosse Härte liegen, denn es braucht gar nicht einmal immer ein dolus bei den Taxatoren vorzuliegen. Irren ist menschlich, doch ist die Wahrscheinlichkeit eines Irrtums bei dem einzelnen eine weit höhere als bei einer Mehrzahl sachverständiger Personen, welche sich in der Lage befinden ihre Gedanken untereinander auszutauschen. Aus diesem Grunde sehe ich mich veranlasst, an meinem grundlegenden Axiom, nur Kollegialorgane mit der unmittelbaren Ausübung der Schätzungen zu betrauen, festzuhalten.

Ein zweiter Umstand steht mit obigen Ausführungen in enger Verbindung.

2) Aus dem sub. 1 Gesagten erhellt nämlich, dass Taxaufsichtsämter nur voll ihre Wirksamkeit äussern könnten, wenn deren Nachprüfungen in allen Fällen und zwar vor der Beleihung stattfinden würden. Sodann aber würde die Tätigkeit der Aufsichtsämter mit derjenigen der Einzeltaxatoren völlig zusammenfallen und letztere schon hierdurch überflüssig machen.

3) Ich schliesse mich in diesem 3. Punkte einer vom »Deutschen Oekonomist« ausgesprochenen Ansicht an.[1]) Die-

---

[1]) Vergl. „Deutscher Oekonomist" Jahrgang 1904 S. 257.

ser betrifft die Kautionsleistung der Taxatoren. Der »Oekonomist» weist mit Recht darauf hin, dass, wenn man in dieser Hinsicht den Bogen zu straff spannen würde, Taxatoren, welche überhaupt etwas zu verlieren hätten, sehr bald den gefährlichen Beruf aufgeben würden. Würde man aber andererseits die Kautionen zu niedrig bemessen, so würde die ganze Massregel wiederum ihren Zweck verfehlen.

Man sieht hieraus, dass die Stellung von Kautionen für unsere Materie nicht von entscheidender Bedeutung ist und überdies nur in beschränktem Masse anwendbar erscheint.

4) Ich vermisse für die in dem Schreiben gemachte Differenzierung in Gemeinden von über und von unter 30 000 Seelen eine Motivierung. Ein einleuchtender Grund hierfür wird sich schon deshalb schwer finden lassen, weil sich ja grössere Kommunen leicht durch Einteilung in Bezirke in kleinere Verwaltungskreise zerlegen lassen.

M. E. muss eine Unterscheidung im Taxwesen und damit auch in der Auswahl der Taxatoren vor allem nach der Art der Grundstücke gemacht werden, nämlich ob dieses städtische oder landwirtschaftliche Anwesen sind. Die Grösse der Ortschafteu spielt hierbei zwar auch eine gewisse Rolle, die aber immerhin nur sekundärer Natur ist. Dagegen stellen städtischer und landwirtschaftlicher Besitz hinsichtlich ihrer Beurteilung ganz zweifellos völlige verschiedene Anforderungen an die Ausbildung und die Fähigkeiten der Taxatoren. —

Einen zweiten Vorschlag macht der »Deutsche Oekonomist», indem er hierbei hauptsächlich die Grossstädte in das Auge fasst.[1]) Die Gemeinden sollen hiernach in eine je nach ihrer Grösse verschieden hohe Anzahl von Bezirken eingeteilt und jedem Bezirke sollen 10—15 vereidigte Taxatoren zugewiesen werden. Es soll dann für jeden Bezirk je ein Taxamt ein-

---

[1]) „Deutscher Oekonomist“ Jahrgang 1902 S. 266.

gerichtet werden, dessen Mitglieder wieder aus anderen Taxatoren bestehen sollen. Diesem Amte sollen alle Taxen zur Begutachtung vorgelegt werden.

Der »Oekonomist« befürchtet selbst, dass unter den einzelnen derartig zusammengesetzten Taxämtern sehr leicht der Grundsatz: »Manus manum lavat« sich Geltung verschaffen könnte. Daher will er jedem Taxamte einen Vorsitzenden zugeteilt wissen, welcher selbst nicht ausführender Taxator sei und finanziell unabhängig zu stellen wäre. — Der »Oekonomist« spricht sich nicht klar darüber aus, welche Rolle dieser Vorsitzende bei der Schätzung der Grundstücke selbst spielen soll. Unter allen Umständen steht aber soviel fest, dass dieser nicht in der Lage sein würde, persönlich vor der Beleihung jede Taxe noch einmal nachprüfen zu könnnen. Damit würde aber die ganze Institution ihren Zweck verfehlen, denn durch eine rein äusserliche Ueberwachungstätigkeit würde dieser Funktionär in der Hauptsache die Rolle eines Statisten spielen. Ebensowenig dürfte eine weitere Proposition, welche der Oekonomist an anderer Stelle macht, das Uebel an der Wurzel fassen.[1]) Nach dieser soll jeder, welcher sich mit der Aufnahme von Taxen beschäftigt, dieses dem Amtsgericht, in dessen Bezirk er sein Domizil hat, anmelden, und das Gericht soll ihn, falls seiner Aufnahme Bedenken nicht entgegenstehen, in eine regelmässig fortzuführende Liste aufnehmen. Die in Frage kommenden Hypothekenbanken und sonstigen Anstalten wären anzuhalten, sich dieser »eingetragenen Schätzer« zu bedienen. Es sollen von diesen genaue Register über die von ihnen vorgenommenen Schätzungen geführt und von jeder der letzteren 2 Extra-Exemplare angefertigt werden, von welchen eines dem Amtsgerichte, das andere einer besonderen Prüfungsstelle einzureichen wäre.

Diese Prüfungsbehörden seien mit staatlichen Beamten zu besetzen, welche Stichproben auszuführen hätten.

Dieser Vorschlag würde im wesentlichen auf eine rein formale Veränderung der bestehenden Verhältnisse hinaus-

---

[1]) „Deutscher Oekonomist“, Jahrgang 1902, S. 616.

laufen. An die Stelle der bisherigen »vereidigten« würden die »eingetragenen« Taxatoren treten, und die Prüfungsstellen würden bei der grossen Menge des vorliegenden Materials Nachprüfungen nur in äusserst beschränktem Umfange vornehmen können, sodass auch durch diesen Vorschlag eine wirkliche Abhilte nicht geschaffen würde. —

In ähnlicher Richtung bewegt sich ein Projekt, welches Dr. Adolf Braun, Direktor der Deutschen Hypothekenbank in Meiningen, in einem Aufsatze entworfen hat, der im »Berliner Börsenkurier« erschienen ist.[1])

Braun schlägt gleichfalls eine staatliche Registrierung von Grundstücks-Taxatoren vor. Nur soll diese nicht wie bei der vorhergehenden Proposition ohne weiteres und in allen Fällen erfolgen, in welchen gegen die Person des Antragenden keine Bedenken vorliegen. Vielmehr enthält der Braunsche Vorschlag eine ganz wesentliche Verbesserung insofern, als nach diesem der Eintragung eine staatliche Ernennung vorauszugehen hat, welche unter erheblich schärferen Bedingungen als bei der einfachen Eintragung stattfinden soll. Die Ernennung soll nämlich sowohl von einer genauen Prüfung der Qualifikation des Antragstellers als auch von dem Vorhandensein eines Bedürfnisses abhängig gemacht werden. Braun hält ferner zur Wahrnehmung dieser Aufgaben die Gerichte, bei denen die Eintragung später zu erfolgen hat, nicht für die geeigneten Instanzen. Vielmehr sollen die Bezirksregierungen nach Einholung von Gutachten der ihnen nachgeordneten Verwaltungsbehörden (in Preussen der Polizeidirektionen und Landratsämter) und nach Anhörung der Gemeindebehörden für jede Stadt und für jeden Kreis die Ernennungen vornehmen. Es sollen auf diesem Wege eine der Bevölkerungsziffer und den Bedürfnissen entsprechende Anzahl von sachkundigen Personen, welche allgemeines Vertrauen geniessen, zu staatlich konzessionierten Sachverständigen für die Abschätzung von Grundstücken designiert werden.

---

[1]) Aufsatz im „Berliner Börsenkurier" vom 3. 12. 1903, 2. Beilage.

Hierbei sollen Taxatoren für städtische und landwirtschaftliche Grundstücke gesondert bestimmt und ausserdem die Regresspflicht für alle wesentlich erhöht werden.

Braun hält es ferner für angezeigt, dass für die Taxatoren nach Feststellung des Bedürfnisses ein numerus clausus wie bei den Notaren festgesetzr wird, für dessen Höhe auch die Zahl der letzteren einen gewissen Anhalt bieten könnte.

Die preussische Regierung müsste nach Durchführung dieser Massregeln die Initiative ergreifen und die ihr unterstellten Hypothekenbanken anweisen, sich nur der Taxen dieser Funktionäre zu bedienen. Die Regierungen der anderen Bundesstaaten würden nach Brauns Ansicht diesem Beispiele sicherlich bald folgen. Sollte dieses aber wider Erwarten nicht geschehen, so müsste Preussen auf Grund des § 13 Absatz 2[1]) des Reichs-Hypothekenbankgesetzes eine entsprechende Beschlussfassung des Bundesrats herbeiführen, deren Resultat nicht zweifelhaft sein könnte. —

Die grossen Vorzüge, welche der Braunsche Entwurf im Vergleich mit den vorher diskutierten Vorschlägen hat, liegen klar zu Tage. Trotzdem würden in den bestehenden Zuständen nur relativ geringe Modifikationen eintreten, weil die ganze Verantwortung nach wie vor auf die Schultern von einzelnen Taxatoren gelegt ist. Ich habe schon wiederholt darauf hingewiesen, dass solche nur in den seltensten Fällen ein so zutreffendes Urteil abzugeben im stande sind wie ein Kollegium. Als Beweis hierfür möge auch noch das Beispiel der Besetzung der Zivilgerichte dienen, bei denen aus der obigen Erkenntnis heraus die Entscheidung über die irgendwie erheblichen Objekte sowie über sämtliche Streitsachen im Revisionsverfahren in die Hände kollegial zusammengesetzter Organe gelegt ist. Analogien derartiger Gerichtshöfe mit Schätzungzbehörden sind sowohl darin zu finden, dass es sich hier wie dort sehr häufig um recht hohe Summen handelt, als dass auch in beiden Fällen regelmässig Vermögensinteressen

---

[1]) Anmerkung: Ich werde auf diesen Paragraphen in anderem Zusammenhange noch näher einzugehen haben.

von Staatsbürgern überhaupt auf dem Spiele stehen, wenn es sich auch bei den ersteren um den Schutz individueller, bei den letzteren um die Wahrung allgemeiner Interessen handelt. Es bedarf ausserdem wohl nicht erst einer besonderen Hervorhebung, dass bei dem von mir gezogenen Vergleiche nur einige gemeinsame Grundlinien, nicht etwa die Einzelheiten des Verfahrens in das Auge gefasst werden sollen.

Aehnliches wie gegen den Braunschen Entwurf lässt sich auch gegen einen Vorschlag geltend machen, welchen Baurat Theodor Unger in seiner Broschüre »Kommt die Wohnungsnot?« geäussert hat. Unger schlägt für jeden Bezirk die Bildung eines Taxamtes vor, welches zu regelmässigen und erforderlichen Falls auch zu ausserordentlichen Sitzungen zusammentreten und sich aus 5 bis 13 von der Kreis- oder Stadtobrigkeit zu ernennenden, besonders qualifizierten Persönlichkeiten zusammensetzen soll. Unger hebt aber ebenfalls mit besonderem Nachdruck hervor, dass die eigentliche Schätzung die Arbeit eines einzelnen Taxators sein müsse,[2]) der aus der Zahl der Mitglieder des Amtes zu entnehmen sei, wenn auch das Taxamt als Kollegium berechtigt sein soll Nachprüfungen vorzunehmen.

Bei Besprechung der Ungerschen Schrift hat schon Professor Dr. C. J. Fuchs darauf hingewiesen, dass es zweifelhaft sei, ob es möglich sein würde, die für solche Taxämter im Sinne Ungers notwendigen sachverständigen und intakten Persönlichkeiten in hinreichender Zahl zu finden.[3])

Dieser Zweifel ist nur zu berechtigt, und es liegt infolgedessen m. E. die Befürchtung recht nahe, dass im Laufe der Zeit auch minder zuverlässige Elemente in die Taxämter Eingang finden, und dass dann hierdurch die geplante Reform zu einem grossen Teile illusorisch gemacht würde. —

---

[1]) Theodor Unger „Kommt die Wohnungsnot?", Hannover 1906 Seite 43 ff.

[2]) a. a. O. Seite 44 sub 5.

[3]) Professor Dr. C. J. Fuchs »Zur neueren Literatur der Wohnungsfrage« in den »Jahrbüchern für Nationalökonomie und Statistik«. Herausgeber Prof. Dr. J. Conrad. Jahrgang 1906, Seite 830.

Durchaus beachtenswert erscheint ferner ein wiederholt von Professor Dr. R. Eberstadt gemachter Vorschlag,[1]) welchen er in seinem jüngsten Buche kurz in die Worte formuliert hat »Wiederherstellung des ursprünglichen deutsch-rechtlichen Grundsatzes der Trennung von Boden und Bauwerk; Scheidung und dauernde Trennung der grundbuchlichen Belastungen in Meliorationshypothek und einfache Bodenschulden«.

Allein so hoch und schön dieses Ziel auch ist und so so segensreich nach Erreichung desselben seine Wirkungen sein würden, so kann ich mich nicht zu der Ansicht bekennen, dass diesem Postulate, nachdem die Verhältnisse nun einmal viele Dezennien hindurch eine so durchaus anders geartetete Entwicklung genommmen haben, heute noch in einheitlicher und durchgreifender Weise entsprochen werden kann. Der Gesetzgeber würde m. E. wenigstens die schwersten Bedenken tragen müssen, einen derartig tiefen Eingriff in die privaten Besitzverhältnisse vorzunehmen, zumal sich die angestrebte Reform, wie weiter unten zu zeigen sein wird, auch durch eine weit mildere Regelung erreichen lässt, insbesondere soweit die Beleihungen der Hypothekenbanken in betracht kommen. —

Endlich ist in neuester Zeit ein Praktiker, F. W. Hartmann, mit einem Vorschlage hervorgetreten. Dieser will besondere »Bezirkskommissionen« gebildet haben,[2]) welche sich an die »bestehenden Katasterämter«, also an die »vorhandenen staatlichen Einrichtungen« angliedern sollen[3]). Hartmann beschäftigt sich, wie schon aus dem Titel seiner Schrift hervorgeht, nur mit den Verhältnissen in Preussen, wo die Katasterämter bekanntlich vom Staate unterhalten werden. Ständiges Mitglied derartiger Kommissionen soll

---

[1]) Dr. Rudolf Eberstadt »Der deutsche Kapitalmarkt«, Leipzig 1901, Seite 271 ff., sowie derselbe »Die Spekulation im neuzeitlichen Städtebau«, Jena 1907, Seite 190 ff.

[2]) F. W. Hartmann »Die Bewertung städtischer Grundstücke in Preussen«, Berlin 1907, Seite 79 und 80.

[3]) F. W. Hartmann a. a. O., Seite 82.

nach Hartmann auch der »Inhaber des Katasteramtes«[1]) sein. Der vorliegende Vorschlag stimmt also mit meinem grundlegenden Forderungen und zwar insofern überein, als nach ihm auch kollegiale Organe mit der Ausführung der Schätzungen betraut werden sollen. Doch halte ich eine Mitwirkung der betreffenden Katasterbeamten und eine Angliederung der Kommissionen an die staatlichen Katasterämter schon deshalb nicht für geeignet, unsere Frage in der richtigen Weise zu lösen, weil dann m. E. die Gefahr recht nahe liegt, die staatlichen Schätzungen, welche sich, wie wir noch sehen werden je weiter, sie zurückliegen, als um so weniger zutreffend erweisen, dennoch als Grundlagen für die vorzunehmenden Taxierungen zu benutzen. Auch vertrete ich die Ansicht, dass man es vermeiden könnte, hier neue Staatsbehörden zu schaffen bezw. eine wesentliche Erweiterung bestehender staatlicher Organe vorzunehmen, weil, wie auch weiter unten zu zeigen sein wird, vom Standpunkte des Staates aus betrachtet die Möglichkeit für eine weit einfachere und dabei nicht minder gute und zuverlässige Erledigung der uns beschäftigenden Aufgabe vorhanden ist.

Es sind noch eine Reihe weiterer Reformvorschläge gemacht worden, doch würde es ermüden noch eine grössere Zahl derselben hier zur Diskussion zu stellen, da gegen sie fast durchgängig die bereits wiederholt von mir geäusserten Bedenken und Einwendungen gemacht werden müssten.

Noch weniger aber als durch Propositionen der besprochenen Art würde man zu einem Ziele gelangen, wenn man etwa einfach bestreitet, dass eine Besserung auf dem in Rede stehenden Gebiete überhaupt durch eine staatliche Intervention herbeigeführt werden könne. Es würde dieses meines Erachtens gleichbedeutend damit sein die Flinte ins Korn zu werfen.

Die Ansicht, zu welcher ich vielmehr selbst nach reiflicher Erwägung aller in Betracht kommender Momente gelangt bin, ist die nämliche, welcher auch schon im Prinzip die Direktoren der Hypothekenbanken auf der ersten Berliner Konferenz in ihrer

[1]) F. W. Hartmenn a. a. O., Seite 80.

[2]) Budde a. a. O., Teil I, Seite 49 unten und 50 oben.

grossen Mehrheit zugestimmt hatten. Diese geht dahin: Es müssen die Hypothekenbanken zugleich mit den Versicherungsanstalten und Sparkassen durch zwingende staatliche Vorschriften veranlasst werden, ihre Grundstücksschätzungen ohne Ausnahme von den bestehenden bezw. den ad hoc zu errichtenden Gemeindetaxämtern vornehmen zu lassen.

Es sind die folgenden neun Beweggründe, welche mich zu diesem Vorschlage bestimmt haben:

1) Der Staat hat in diesem Falle nicht nötig, besondere Behörden zu schaffen, was viel Zeit, vor allem aber auch grosse Kosten verursachen würde.

2) Es haben sich die Gemeinden für viele andere Zwecke im sogen. mittelbaren Staatsdienste gleichfalls durchaus bewährt.

3) Auch den Gemeinden erwachsen aus der Errichtung von Taxämtern keine Unkosten. Vielmehr könnten die Unkosten durch die aus den Schätzungen fliessenden Gebühren voll gedeckt werden. Die Verhältnisse in Mannheim, auf welche ich am Schlusse dieses Kapitels noch näher eingehen werde, beweisen dies zur Genüge.[1]

4) Ein weiterer recht günstiger Umstand ist, dass bei fast allen grösseren Gemeinden bewährte Bausachverständige als ständige Beamte bereits vorhanden sind. Wo dieses nicht der Fall ist, müssen solche allerdings eingestellt werden. Jedenfalls sind aber die Kosten für eine Verstärkung des technischen und sonstigen Personals unschwer bei der Gebührennormierung zu berücksichtigen. —

5) Den Gemeinden liegen als wichtige Anhaltspunkte in sehr vielen Fällen die Angaben über die Kaufpreise von Grundstücken vor, da ihnen in vielen Bundesstaaten die Befugnis »Umsatzsteuern« beim Verkauf von Grundstücken (in Süddeutschland »Liegenschaftsakzisen« genannt) zu erheben, erteilt ist. Eine sehr grosse Anzahl von Gemeinden hat von dieser Lizenz auch bereits Gebrauch gemacht. Es lassen sich

---

[1]) Hiermit fällt auch ein Bedenken fort, dass u. a. in der Schrift von F. W. Hartmann geäussert wird. Vgl. F. W. Hartmann a. a. O. Seite 47.

an Hand dieser Kaufpreise in der Regel auch zutreffende Rückschlüsse und Vergleiche mit solchen Grundstücken ziehen, welche ihre Besitzer noch nicht gewechselt haben.

6) Das zuletzt (sub 5) genannte Moment trägt auch dazu bei, zu verhüten, dass die Gemeindebehörden ihre Aufgabe zu bürokratisch handhaben. Vor diesem von mancher Seite, besonders aus Kreisen der Banken befürchteten Nachteil werden sie ausserdem dadurch bewahrt, dass die ihnen beigeordneten technischen Beamten sich in der Regel in ständiger Fühlung mit dem praktischen Leben infolge der Vornahme von Baurevisionen und der ihnen sehr häufig übertragenen Oberleitung von Gemeindebauten befinden. Besonders infolge des letzteren Umstandes sind sie über alle einschlägigen Verhältnisse z. B. über die Preise von Grund und Boden, von Material etc. meist stets auf dem Laufenden.

7) Die Gemeindebehörden sind stets genau über alle Vorgänge unterrichtet, die innerhalb der Kommune eintreten. Dieser Umstand ist hier deshalb besonders hervorzuheben, weil derartige Ereignisse sehr leicht gewisse Einflüsse auf den Wert der Grundstücke ausüben können.

8) An dieser Stelle will ich ein von Professor Dr. Otto Warschauer gelegentlich erwähntes Motiv anführen[1]). Dieser weist nämlich durchaus zutreffend darauf hin, dass die Gemeinden ein dauerndes Interesse an der richtigen Organisation des Bodenkredits hätten, um die Möglichkeit einer territorialen Ausdehnung zu haben. Schon aus diesem Grunde liege es durchaus nahe sie zu entsprechender Mitarbeit heranzuziehen.

9) Einen letzten Grund aber und zwar einen solchen, welcher geeignet ist, tatsächlich den letzten Zweifel an der Qualifikation von Gemeindetaxämtern zu beseitigen, liefert uns die Statistik, diese wertvollste Waffe auf dem Gebiete der Volkswirtschaft. Wir verdanken dieses Argument den Erhebungen des Reichsaufsichtsamtes für Privatversicherung. Diese

---

1) Professor Dr. Otto Warschauer »Physiologie der Banken«, S. 22.

überaus rührige Behörde, deren Tätigkeit uns noch häufiger im Verlaufe unserer Erörterungen beschäftigen wird, hat nämlich ein besonderes Verfahren eingeschlagen, um eine möglichst sichere Kontrolle über die hypothekarischen Beleihungen führen zu können, welche von den ihr unterstellten Versicherungsunternehmungen vorgenommen werden.

Auf ihre Veranlassung ist von Reichs wegen verfügt worden, dass die Grundbuchämter die ihnen bekannt gewordenen Kaufpreise von Grundstücken, auf welchen Hypotheken von Versicherungsanstalten ruhen, den letzteren in allen Fällen mitteilen, und diese haben wiederum die Kaufpreise dem Aufsichtsamte regelmässig zu übermitteln. Hierdurch wird die Behörde und damit gleichzeitig auch jeder unbefangene Kritiker in stand gesetzt, sich ein Urteil über die Zuverlässigkeit der Taxorgane zu bilden bezw. Unterschiede unter diesen kennen zu lernen.

Diese Einrichtung ermöglicht es auch uns Vergleiche anzustellen zwischen der Qualität von gemeindeamtlichen und privaten Schätzungen, und zwar liegt uns auch von den ersteren Material in genügender Menge infolge des Umstandes vor, dass, wie wir wissen, in Württemberg, Baden, dem rechtsrheinischen Hessen-Darmstadt und auch in dem Bezirke des früheren Herzogtums Nassau, also in den verschiedensten Gebieten, es bereits den Hypothekenbanken sowohl wie den Versicherungsanstalten zur zwingenden Vorschrift gemacht ist sich nur solcher Taxen zu bedienen, welche durch ad hoc eingesetzte Gemeindebehörden ausgeführt sind.[1])

Die Aufstellungen betreffen die Jahre 1904, 1905 und 1906.

Es kommen im Jahre 1904 1307 Fälle in betracht, in denen Kaufpreise vorliegen. Die Fälle, in welchen Schätzungen durch Privatpersonen vorgenommen waren, verteilen

---

[1]) Ich entnehme die bezügliche Statistik den »Veröffentlichungen des Kaiserlichen Aufsichtsamtes für Privatversicherung«, 6. Jahrgang, Nr. 3, August 1907, Seite 57.

sich fast über das ganze Gebiet des Deutschen Reiches, was den Wert der Statistik noch mehr erhöht. In 1103 Fällen waren die Schätzungen von privaten Taxatoren, in 204 Fällen von Gemeindetaxämtern vorgenommen worden. Die Resultate sind ganz überraschende und gehen aus der nachfolgenden Tabelle hervor.

Die Kaufpreise betrugen vom Hundert der Fälle.	Anzahl der Fälle bei privaten Taxen	Anzahl der Fälle bei öffentlichen Taxen	Für je 100 Fälle gerechnet bei privaten Taxen	Für je 100 Fälle gerechnet bei öffentlichen Taxen
Ueber 100%	211	151	19,1%	74%
90—100%	256	41	23,2%	20,1%
80— 90%	346	9	31,4%	4,4%
70— 80%	217	3	19,7%	1,5%
60— 70%	59	—	5,3%	—
Unter 60%	14	—	1,3%	—
Zusammen:	1103	204	100%	100%

Wir entnehmen also hieraus dass, die Kaufpreise bei den privaten Taxen nur in 19,1 Prozent der Fälle auf über 100 Prozent der Taxen gelautet hatten, während dieses bei den öffentlichen Taxen in 74% aller Fälle eingetreten war. Eine noch eindringlichere Sprache aber reden die Zahlen, wenn wir die Fälle in betracht ziehen, in welchen die Kaufpreise auf 70—80%, 60—70% und unter 60% der Taxen gelautet hatten. Während bei den öffentlichen Taxen kein Kaufpreis auf 60—70% und unter 60% der Taxe gelautet hatte und nur in 1,5% der Fälle die Kaufpreise sich auf 70 bis 80% der Taxen belaufen hatten, lauten die Resultate bei den privaten Schätzungen völlig anders. Bei diesen betrugen die Kaufpreise in 1,3% von Fällen unter 60%, in 5,3% Fällen zwischen 60 und 70% und gar in 19,7% von Fällen zwischen 70 und 80% der Taxen.

Die Resultate bei den öffentlichen Schätzungen dürften daher wohl demjenigen Ziele entsprechen, welches im Sinne einer gesunden Volkswirtschaft unbedingt angestrebt werden muss.

Das Ergebnis des Jahres 1904 gewinnt aber dadurch noch *wesentlich* an *Wert*, dass die Erhebungen der *beiden folgenden Jahre* mit geringen Abweichungen *dasselbe Gesamtbild* aufweisen, wodurch die *Regelmässigkeit* der Erscheinungen bis zur Evidenz erwiesen wird. Ich habe daher in der nebenstehenden Tabelle die Zahlen für die Jahre 1905 und 1906 aufgeführt. *Daneben* sind dann die *Zahlen* gestellt, welche sich für alle 3 Jahre *zusammen* ergeben.

Die Kaufpreise betrugen vom Hundert der Taxen	1905 Anzahl der Fälle Taxen		1906 Anzahl der Fälle Taxen		Für die Jahre 1904, 1905, 1906 zusammen Anzahl der Fälle Taxen		1905 für je 100 Fälle gerechnet Taxen		1906 für je 100 Fälle gerechnet Taxen		Für die Jahre 1904, 1905, 1906 zusammen für je 100 Fälle gerechnet Taxen	
	bei privaten	bei öffentl.	bei privaten	bei öffentl.	bei privaten	bei öffentl.	bei privaten	bei öffentl.	bei privaten	bei öffentl.	bei privaten	bei öffentl.
Ueber 100%	239	178	238	200	688	529	19%	65,4%	17,0%	66,9%	18,3%	68,3%
90—100%	276	68	368	89	900	198	21,9%	25,0%	26,3%	29,8%	24,0%	25,6%
80— 90%	457	22	459	10	1262	41	36,3%	8,1%	32,9%	3,3%	33,6%	5,3%
70— 80%	222	2	261	—	700	5	17,6%	0,7%	18,7%	—	18,6%	0,6%
60— 70%	54	1	61	—	174	1	4,3%	0,4%	4,4%	—	4,6%	0,1%
Unter 60%	11	1	10	—	35	1	0,9%	0,4%	0,7%	—	0,9%	0,1%
Zusammen:	1259	272	1397	299	3759	775	100%	100%	100%	100%	100%	100%

Angesichts der von mir angeführten neun Gründe, insbesondere aber des letzten, der Statistik, lassen sich alle etwaigen Einwände leicht als irrelevant zurückweisen. So ist dieses auch der Fall mit einem Einspruch, welchen der Berliner Magistrat auf eine Anfrage des preussischen Landwirtschaftsministers vom 17. November 1901 geltend gemacht hatte.[1]) Das betreffende ministerielle Schreiben war an den Magistrat auf Grund jenes auf der ersten Berliner Konferenz vom 28. Oktober 1901 gefassten Beschlusses ergangen. Nach dieser Entscheidung konnte die Einrichtung von Gemeindetaxämtern, wie wir wissen, fast als ein fait accompli gelten. Das Schreiben erging nur, um die Meinung des Berliner Magistrats als einer Autorität auf kommunalem Gebiete kennen zu lernen. Der Kern der Antwort lief darauf hinaus, dass man auf die Einrichtung von Gemeindetaxbehörden wohl eingehen könne, aber nur unter der Voraussetzung, dass zuvor die in Preussen noch bestehenden völlig veralteten Vorschriften, welche im 6. Titel, Teil 2 der Preussischen Allgemeinen Gerichtsordnung enthalten seien, zum wenigsten für das kommunalamtliche Taxwesen aufgehoben würden. Dieser Einwand kann aber als ein wirkliches Hindernis unserer Reform nicht angesehen werden, da die Erfüllung dieses Wunsches unter allen Umständen nur eine Frage der Zeit ist. Ueberdies ist, wie Direktor Budde mitteilt,[2]) eine zeitgemässe Umgestaltung dieses Reglements von der preussischen Regierung auch schon wiederholt versprochen worden. —

Allerdings wird trotz aller unserer Gründe kaum der Widerstand gebrochen sein, welchen die Hypothekenbanken selbst gegen die Einführung von Gemeindetaxämtern leisten, indem sie immer wieder darauf hinweisen, dass amtliche Taxen zu bürokratisch und zu vorsichtig vorgenommen und die Banken durch diese in ihrer Bewegungsfreiheit gehemmt würden. Wiewohl ich mich dieser Meinung nicht anschliessen

---

[1]) Der Sachverhalt ist dargestellt im »Deutschen Oekonomist«, Jahrgang 1901, Seite 582.

[2]) Budde a. a. O., Teil I, Seite 50, Berlin 1905.

kann, und wiewohl derartige Gesichtspunkte, selbst wenn in ihnen ein Schein von Berechtigung läge, hinter den gewaltigen, für die gesamte Volkswirtschaft auf dem Spiele stehenden Rücksichten naturgemäss zurücktreten müssten, wird es überdies nach der Einführung unserer Gemeindeschätzungen sehr wohl möglich sein, den Banken gewisse Kompensationen zu gewähren, auf Grund deren auch sie sich für befriedigt erklären dürften.

Ich werde aber erst im Laufe und am Schlusse meiner Ausführungen auf die in betracht kommenden Materien eingehen bezw. Vorschläge in dieser Richtung äussern können.

Was die formelle Durchführung unserer Reform anbetrifft, so ist es als ein erfreulicher Umstand anzusehen, dass es hierzu garnicht einmal irgendwelcher Aenderungen der bestehenden gesetzlichen Normen bedarf, was erklärlicher Weise nach so relativ kurzer Zeit nur mit einem gewissen Widerstreben geschehen würde.

Es wären nämlich hierzu nur folgende Massnahmen erforderlich. Zunächst müssten sämtliche Landesregierungen nach dem Vorbilde von Württemberg, Baden und Hessen für ihre Staatsgebiete die Anordnung treffen, dass Hypothekenbanken sowohl wie Versicherungsanstalten und Sparkassen ausschliesslich Taxen von Gemeindeschätzungsämtern ihren Beleihungen zu Grunde zu legen hätten. Ueber diesen Punkt liesse sich sicherlich leicht unter allen Staaten eine völlige Einigung erzielen, da wohl jeder einzelne gewillt ist bei einem so wichtigen Schritte hilfreiche Hand zu leisten.

Nach allgemeiner Durchführung dieser Massregel kann dann aber das Reichshypothekenbankgesetz selbst zur Anwendung gebracht werden, indem dieses ja in § 12 Absatz 2, wie schon berührt, folgendes bestimmt: Soweit vor der Beleihung die Grundstücke durch eine öffentliche Behörde des Gebiets, in welchem sie liegen, abgeschätzt werden, kann der Bundesrat bestimmen, dass der bei der Beleihung angenommene Wert auch den durch eine solche Abschätzung festgestellten Wert nicht übersteigen darf.

Es bedürfte also in Ergänzung der durch die Einzelstaaten

vorzunehmenden Massnahmen nur einer dem § 12 Absatz 2 entsprechenden Beschlussfassung des Bundesrates. Ebensowenig wie hier also ernstliche Schwierigkeiten zu überwinden sind, lässt sich auch eine exakte Kontrolle unserer Reform innerhalb des Rahmens des Reichshypothekenbankgesetzes ohne alle Neuerungen leicht und sicher durchführen. Hierzu bietet die durch das Gesetz bereits geschaffene Institution des Treuhänders, dessen an anderer Stelle noch ausführlich zu gedenken sein wird, eine willkommene Handhabe. Es gehört nämlich zu den Funktionen des Treuhänders, die sogenannten Deckungshypotheken unter dem Mitverschlusse der Bank zu verwahren und sich hierbei davon zu überzeugen, dass die »vorschriftsmässige« Deckung, wie es im Gesetze heisst,[1]) jederzeit vorhanden ist. Sobald nun aber seitens des Bundesrates ein Beschluss der oben erwähnten Art ergangen ist, gehört auch die obligatorische Benutzung von behördlichen Taxen zum Begriff der »vorschriftsmässigen« Deckung und damit in den Kontrollbereich des Treuhänders.

Angesichts der wichtigen Aufgabe, welche den Gemeinde taxämtern von uns zugedacht ist, ist es sicherlich nicht ohne Interesse, einen kurzen Blick auf die Entstehung und Ausgestaltung zu werfen, welche diese Institution in dem grössten derjenigen Staaten, in welchem sie sich bereits allgemein in Kraft befindet, nämlich Württemberg, erhalten hat.[2])

In diesem Staate stand früher die Eigenschaft der Gemeinderäte als Schätzungsbehörden im engsten Zusammenhange mit den allgemeinen Funktionen, welche diesen als sogenannte »Unterpfandsbehörden« auf Grund des Pfandgesetzes vom 15. April 1825 zustanden.

Ich gehe auf den übrigen Inhalt dieses Gesetzes nicht ein und beschränke mich auf die Feststellung, dass kraft desselben nicht nur die Gemeinderäte zu Taxbehörden bestellt

---

[1]) Reichs-Hypothekenbankgesetz, § 30 Absatz 1.

[2]) Anmerkung: Ich verdanke die bezüglichen näheren Aufschlüsse den mir bereitwilligst erteilten Informationen des städtischen Verwaltungssekretärs, Herrn Singer, zu Tübingen.

wurden, sondern, dass auch das gesamte Schätzungsverfahren von Grundstücken genau durch dieses geregelt und überdies eine überaus scharfe Regresspflicht der betr. Behörden den statuiert wurde. Laut Artikel 224 Absatz 2 des Gesetzes konnten diese unter anderem schon dann zu Schadenersatz herangezogen werden, wenn ein Anschlag sich später überhaupt nur als unrichtig herausstellte.

Auf Grund eines Erweiterungsgesetzes wurden die nämlichen Behörden ermächtigt, zum Zwecke der Ausführung von Schätzungen besondere Abteilungen zu bilden, welche mit mindestens 5 Mitgliedern besetzt sein mussten.[1]) Jedoch blieb auch nach der Bildung solcher Sektionen nach wie vor die Verantwortlichkeit des gesamten Gemeinderats bestehen.

Mit dem 1. Januar 1900, dem Inkrafttreten des Bürgerliches Gesetzbuches ist auch das Pfandgesetz von 1825 ausser Kraft gesetzt und damit also zunächst der Gemeinderat seiner sämtlichen Funktionen als Unterpfandsgericht enthoben worden.[2]) Zu gleicher Zeit wurden aber die Gemeinderäte zu speziellen Schätzungsbehörden für Grundstücke designiert und ihnen die Befugnis erteilt zu diesem Zwecke besondere Kommissionen zu bilden, welche einschliesslich des Vorsitzenden aus mindestens 3 Mitgliedern zu bestehen haben.[3]) Diese Behörden sind gleichzeitig autorisiert worden, zu den Schätzungen besondere Sachverständige heranzuziehen. Da bei der neuen Regelung eine besondere Regresspflicht nicht mehr statuiert ist, so kommen nunmehr hier gleichfalls nur die bekannten Paragraphen 31 in Verbindung mit 89 des Bürgerlichen Gesetzbuches zur Anwendung. Diese dürften angesichts der durch das Reichsaufsichtsamt für Privatversicherung festgestellten und von mir bereits an anderer Stelle herangezogenen Resultate amtlicher Taxen auch vollkommen

---

1) Gesetz vom 6. Juli 1849, Artikel 18.

2) Württembergisches A. G. zum B. G. B., Artikel 283.

3) Württembergisches A. G. zum B. G. B., Artikel 39; dieser Artikel ist auf Grund von Artikel 31 der württembergischen Gemeindeordnung vom 28. Juli 1906 bestehen geblieben.

genügen. Die Einzelheiten des Verfahrens sind durch eine besondere ministerielle Verfügung geregelt worden.[1])

Recht interessant ist es dann ferner, einmal festzustellen, in welcher Weise sich die Ausführung von gemeindeamtlichen Schätzungen in der Praxis vollzieht, da sich hieraus auch Lehren für die von uns geplante allgemeine Einführung derselben ziehen lassen dürften. Ich habe als Beispiele einige Städte von verschiedener Grösse gewählt. Zunächst wollen wir die Verhältnisse in Tübingen (ca. 17,500 Einwohner und gering enwickelte Industrie) betrachten.[2]) Hier hat man von der in Württemberg den Gemeinderäten erteilten Befugnis besondere Kommissionen zu bilden, keinen Gebrauch gemacht. Vielmehr fertigt der Stadtbaumeister eine Taxe des abzuschätzenden Grundstückes an, bei welcher im wesentlichen die technischen Gesichtspunkte berücksichtigt sind. Diese Schätzung hat er sodann dem Plenum des Gemeinderates vorzulegen und hier kann jedes einzelne Mitglied dieser Behörde Einspruch gegen die Richtigkeit der Taxe erheben. Für etwaige Ausfälle kann dann im Rahmen des Bürgerlichen Gesetzbuches der gesamte Gemeinderat haftbar gemacht werden. Es ist dieses ein Modus, welcher sich meines Erachtens für kleinere Städte (vielleicht bis zu einer Einwohnerzahl von 20,000 Seelen) zur Nachahmung empfehlen dürfte, da in diesen die Eigenschaften der meisten Grundstücke den fast durchgehends alteingesessenen und mit den örtlichen Verhältnissen vertrauten Mitgliedern des Gemeinderates sicherlich recht genau bekannt sind.

Wesentlich anders vollzieht sich dagegen die Ausführung der Schätzungen in grösseren Städten, von denen ich zunächst Mannheim (162,607 Einwohner und äusserst lebhafte Industrie) herausgreife. Das Statistische Amt der Stadt Mannheim hat mir auf meine bezüglichen Anfrage wörtlich folgende Aus-

---

[1]) Justizministerialverfügung vom 21. Okt. 1899, Amtsbl. Seite 381.

[2]) Anmerkung: Ich verdanke obige Angaben wiederum den Mitteilungen des Herrn Singer zu Tübingen.

kunft erteilt:[1]) »Seit Inkrafttreten des neuen Grundbuchrechts (1. August 1901) besteht in Mannheim beim Gemeindegrundbuchamt eine amtliche Schätzungskommission, und ist der Stadtrat von seiner früheren Verantwortlichkeit für die Grundstücksschätzungen entbunden. Von der Kommission wirken bei jeder Schätzung 3 Mitglieder mit. Dieselben sind für ihre Schätzungen verantwortlich, eine Samtverbindlichkeit der Kommission besteht nicht. Aus dem der Stadtkasse verbleibenden Gebührenertrage ist ein Reservefonds gebildet, welcher für unverschuldete, von den 3 Mitgliedern, welche die Schätzung vorgenommen und unterschrieben haben, nicht zu tragende Ausfälle beigezogen wird. Unter dieser neuen Ordnung ist noch keine Ersatzpflicht auferlegt worden. Ueber zu niedere Schätzungen laufen im Monat etwa zwei Klagen ein. Dieselben werden von der Schätzungskommission endgiltig erledigt.«

Eine sehr lehrreiche Ergänzung hierzu liefern uns einige genauere statistische Angaben, welche den Verwaltungsberichten der Stadt Mannheim entnommen sind.

Die amtliche Schätzungskommission besteht nach den Berichten aus zwei Jahren aus einem Stadtrat als Vorsitzenden, zwei Stadträten als Mitgliedern sowie vier bezw. fünf Stadträten und dem Bezirksbauschätzer als Stellvertretern.[2])

Die Zahl der Schätzungen hatte einen recht erheblichen Umfang; ich will hier auf die genauen Ziffern in jedem einzelnen Jahre nicht eingehen, sondern nur die Zahl für das Jahr 1905

---

[1]) Anmerkung: Ich gestatte mir hier zunächst wörtlich einige Angaben wiederzugeben, welche mir am 29. Mai 1908 auf meine Anfrage vom Statistischen Amt der Stadt Mannheim auf die Veranlassung des Direktors dieser Behörde, Herrn Professor Dr. S. Schott, zugegangen sind. Auch auf die eine genauere Statistik enthaltenden Stellen in den Verwaltungsberichten der Stadt Mannheim bin ich vom Statistischen Amte der Stadt Mannheim aufmerksam gemacht worden.

[2]) Verwaltuugsbericht der Grossherzoglich Badischen Hauptstadt Mannheim, Jahrgang 1901/1902 Seite 631 und Jahrgang 1906 Seite 12.

nennen. Diese belief sich auf 718 Schätzungen mit einem Gesamtschätzungsbetrage von rund 50 Millonen Mark (genau Mark 49,977,422[1]). Im Jahre 1906 war die Zahl etwas geringer.[2]) Wenn wir einen Durchschnitt von 700 Schätzungen pro Jahr annehmen, so ergiebt sich aus der obigen Auskunft des Statistischen Amtes, dass auch die Zahl der wegen zu niederer Schätzungen erhobenen Einsprüche — ein sehr häufig erhobener Einwand gegen die Einführung von Gemeindetaxämtern — nur eine relativ sehr geringe war (ca. 3% von der Gesamtzahl der Schätzungen).

Wie ungerechtfertigt aber das schon berührte, unter anderem in der Schrift von F. W. Hartmann geäusserte Bedenken[3]) ist, dass die Gemeinden »die Kosten des umfangreichen Verwaltungsapparates zu bestreiten hätten«, geht bis zur Evidenz aus den von dem Statistischen Amt gelieferten Mitteilungen über die Höhe und die Verwendung der Gebühren hervor.

Die Gebühren betrugen:	Hiervon erhielten die Kommissionsmitglieder;
1903: M 15,132	M 6087[4])
1904: M 15,317	M 6472[5])
1905: M 16,626	M 6678[6])
1906; M 14,845	M 6147[7])

Aus den der Stadtkasse verbliebenen Gebührenbeträgen wurde der in dem obigen Berichte des Statistischen Amtes erwähnte Reservefonds gebildet, welcher schon im Jahre 1906 die stattliche Höhe von M 50,315 erreicht hatte.[8])

Ich bin der Ansicht, dass die Mannheimer Einrichtungen zum mindesten für mittlere Städte in jeder Hinsicht zum Muster genommen werden könnten. Es ist hierbei irrelevant,

---

1) Verwaltungsbericht a. a. O., Jahrgang 1905, Seite 60.
2) „ „ a. o. O., Jahrgang 1906, Seite 23.
3) F. W. Hartmann a. a. O., S. 47.
4) Verwaltungsbericht a. a. O., Jahrg. 1903/1904, S. 60.
5) „ „ „ „ „ „ 1903/1904, S. 60.
6) „ „ „ „ „ „ 1905, S. 60. letzter Absatz.
7) „ „ „ „ „ „ 1906, S, 23.
8) „ „ „ „ „ „ 1906, S. 23.

ob die betreffenden Kommissionen etwa bestehenden Gemeindegrundbuchämtern oder anderen städtischen Behörden angegliedert oder ob sie direkt vom Plenum des Gemeinderats gewählt werden. —

Die Ansicht aber, dass diese Institutionen auch noch grösseren Städten als Vorbild dienen können, wird dadurch bestätigt, dass jetzt auch in Stuttgart, der Hauptstadt Württembergs, mit ca. einer Viertelmillion Einwohner das Gemeindeschätzungswesen in fast völlig analoger Weise wie in Mannheim geordnet ist.

Es ist als ein sehr erfreulicher Umstand zu begrüssen, dass man sich auf diesem Gebiete die bereits in den genannten Städten gemachten Erfahrungen zu nutze machen kann und auf diese Weise von vornherein den richtigen Weg einzuschlagen im stande ist.

Ich verdanke die Informationen bezüglich Stuttgarts dem Statistischen Amte der Stadt Stuttgart.

Es besteht nämlich in Stuttgart laut einer mir von dieser Behörde am 14. August 1908 gemachten Mitteilung für den vorliegenden Zweck gleichfalls eine Kommission, die sogenannte »gemeinderätliche Abteilung für die Schätzung von Grundstücken« (vgl. Artikel 39 des württembergischen Ausführungsgesetzes zum Bürgerlichen Gesetzbuch). Dieser gehören ständig 3 Mitglieder an, von denen gegenwärtig der Vorsitzende und ein Mitglied Bautechniker sind. Ferner sind 6 Ersatzmänner vorhanden, von welchen in der Gegenwart einer gleichfalls Bautechniker ist und 2 andere Angehörige sonstiger technischer Berufsarten sind. Der übrige Teil der Kommission sowie die Substituten setzen sich aus solchen Mitgliedern des Gemeinderats zusammen, welche mit den einschlägigen Verhältnissen sehr vertraut sind. —

Was das Gebührenwesen anbetrifft, so bezogen früher die Schätzer allein die anfallenden Erträge. In neuester Zeit ist man aber gleichfalls zu dem in Mannheim schon seit einigen Jahren eingeführten Modus übergegangen. Es werden nämlich jetzt die Gebühren für Rechnung der Stadtkasse erhoben und die Mitglieder der Schätzungskommission für ihren

Zeitaufwand in Form von Tagegeldern entschädigt. Es ist ferner neuerdings der Beschluss gefasst worden, einen Teil der sich ergebenden Schätzungsgebühren geichfalls dem städtischen ›Selbstversicherungsfonds‹ zuzuführen, welcher in erster Linie zur Deckung etwa eintretender Ersatzansprüche, für die die Schätzungsbehörde aufzukommen hat, Verwendung finden soll. Klagen über die Taxationen der Schätzungskommission sind dem Statistischen Amte, wie es schreibt, nicht bekannt geworden. —

Ich möchte das vorliegende Kapitel nicht schliessen, ohne noch mit einigen Bemerkungen der Schätzung landwirtschaftlicher Liegenschaften zu gedenken, da ich bei meinen bisherigen Ausführungen in erster Linie den städtischen Grundbesitz im Auge gehabt habe.

Auch bei Objekten der ersteren Art würden meines Erachtens Gemeindebehörden nicht minder geeignet zur Ausführung von Taxen sein wie bei städtischen Beleihungen und zwar würde es sich empfehlen, hierbei in den eigentlichen Landgemeinden an die sogenannten Ortsgerichte, soweit solche bestehen, anzuknüpfen, wie dieses beispielsweise in Preussen bereits für einige Bezirke geschehen ist. Es handelt sich hier um jene Oberlandesgerichtsbezirke Frankfurt a. M. und Kassel, in denen auf Grund ministerieller Verordnung vom 8. April 1903[1]) in Gemeinden mit Ortsgerichten die Taxen von Grundstücken durch den Ortsgerichtsvorsteher und 2 Gerichtsmänner aufgenommen werden müssen. —

Durch ein analoges Vorgehen würde sich auch meines Erachtens in anderen Landgemeinden die Frage der Bildung von Schätzungsbehörden ohne grosse Schwierigkeiten lösen lassen und sich hierdurch im allgemeinen die Berufung ständiger Experten erübrigen, was bei der relativ geringen Zahl der vorkommenden Fälle nicht unerhebliche Kosten für die einzelne Taxe verursachen würde. —

---

[1]) Preussische Gesetzsammlung 1903, S. 119, § 2.

II. Die allgemeinen Grundsätze, welche für die Taxierung zu gelten haben.

1. Betrachtung von Objekten, welche von der Beleihung auf Grund des Reichs-Hypothekenbankgesetzes ausgeschlossen sind, und solchen, welche hierbei bestimmten Beschränkungen unterworfen werden müssen.

Nachdem wir für die erste Seite des Taxwesens, die Personenfrage, eine Lösung gefunden zu haben glauben, wenden wir uns nunmehr dem zweiten kaum minder wichtigen Punkte, nämlich den Prinzipien zu, welche der Abschätzung selbst zu Grunde zu legen sind.

Vorauszuschicken ist diesem eigentlichen Thema eine Betrachtung über die Objekte der Beleihung, da diese Materie mit der Abschätzung selbst im allerengsten Zusammenhange steht. —

Wir haben gesehen, wie unheilvoll sich in jenen Krisen die Beleihung von ungeeigneten Objekten, insbesondere von unbebauten Terrains erwiesen hat.

Gerade auf diesem Gebiete hatte Hanel seiner Phantasie voll die Zügel schiessen lassen können und in einer Weise die Zukunft diskontiert, dass in uns Staunen und Entrüstung wachgerufen werden. Das Beispiel des Wollankschen Terrains mit seinen ungeheuren Verlusten hat uns gezeigt, eine wie gebieterische Notwendigkeit es für den Gesetzgeber ist, den Objekten der Beleihung die ernsthafteste Beachtung zu schenken. —

Wir wollen uns daher jetzt damit beschäftigen zu untersuchen, welche Erledigung diese Frage im R. H. G,[1]) gefunden hat bzw. welche Objekte im Bereiche des Immobiliarkredits auf Grund des Gesetzes eine Sonderstellung einnehmen.

---

[1]) Ich werde für die Folge die Abkürzung »R. H. G.« für das Wort »Reichs-Hypothekenbankgesetz« gebrauchen.

Es ist der § 12 Absatz 3, in welchem diese Materie behandelt wird.

Es werden hier für gewisse Gegenstände bezüglich der Beleihung Verbote bezw. Ausnahmen statuiert und zwar wird hier geschieden einerseits in Grundstücke, deren Ertragsfähigkeit keine dauernde ist und andererseits in solche, welche zur Zeit noch keine Erträge liefern.

Wir haben uns zunächst mit der erstgenannten Kategorie zu beschäftigen.

Bezüglich dieser wird in § 12 folgendes bestimmt: »Hypotheken an Grundstücken, die einen dauernden Ertrag nicht gewähren, insbesondere an Gruben und Brüchen, sind von der Verwendung zur Deckung von Hypothekenpfandbriefen ausgeschlossen. Das Gleiche gilt von Hypotheken an Bergwerken. Hypotheken an anderen Berechtigungen, für welche die sich auf Grundstücke beziehenden Vorschriften Anwendung finden, sind von der Verwendung zur Deckung von Hypothekenpfandbriefen ausgeschlossen, sofern die Berechtigungen einen dauernden Ertrag nicht gewähren.«

Es entspricht die völlige Ausschliessung aller Objekte der genannten Art durchaus dem in Absatz 1 desselben Paragraphen ausgesprochenen Satze. Dieser enthält ein sehr wichtiges, für alle Beleihungen zu beobachtendes Leitmotiv, welches lautet: »Es sind nur die dauernden Eigenschaften des Grundstücks und der Ertrag zu berücksichtigen, welchen das Grundstück bei ordnungsmässiger Wirtschaft jedem Besitzer nachhaltig gewähren kann.«

Trotzdem diese Bestimmungen doch recht klar und präzise abgefasst zu sein scheinen, herrschen über ihre Auslegung in der Theorie sowohl wie der Praxis divergierende Anschauungen. Ganz besonders kontrovers ist die Frage der dauernden Ertragsfähigkeit von gewerblichen Unternehmungen.

Es stehen sich hier zum Teil diametral entgegengesetzte Ansichten gegenüber von denen wir uns die wichtigsten näher ansehen müssen.

Das Reichsaufsichtsamt für Privatversicherung hat an die ihm unterstellten Versicherungsanstalten unter der Bezeichnung »Grundsätze für die Beleihung und Wertsermittlung« eine Anzahl höchst beachtenswerter Vorschriften erlassen.

In diesen behandelt es die Frage der dauernden Rentabilität von gewerblichen Unternehmungen mit grosser Skepsis. Es lautet nämlich der § 10 dieser Grundsätze wörtlich:[1]) »Bei der Beleihung von Grundstücken, welche ausschliesslich oder zum überwiegenden Teile gewerblichen Zwecken dienen, insbesondere von Fabriken, Mühlen, Warenhäusern, Lagerhäusern, Theatern, Saalbauten und ähnlichen ist lediglich der Wert des Grund und Bodens zu berücksichtigen. Bei Gasthäusern, Krankenhäusern oder anderen gewerblichen Grundstücken, welche zwar ausschliesslich oder überwiegend gewerblichen Zwecken dienen, jedoch zum Umbau in Wohnhäuser geeignet sind und deren Verwertbarkeit als solche nach örtlichen oder sonstigen Zwecken ausser Zweifel steht, kann ausser dem Werte des Grund und Bodens auch der Wert der Gebäude nach Abzug der für den Umbau erforderlichen Kosten in Anrechnung kommen. In gleicher Weise ist der Gebäudewert solcher Grundstücke zu bemessen, welche nur zum geringeren Teile gewerblichen Zwecken dienen, sofern nicht die dauernde Nutzung dieser Teile zu gewerblichen Zwecken unbedenklich anzunehmen ist.«

In einer Eingabe datiert vom 12. Juli 1904 hatte »der Verband der deutschen Lebensversicherungsgesellschaften« wie gegen verschiedene andere Bestimmungen der Grundsätze so auch gegen die eben angeführten Direktiven des § 10 remonstriert.

Hierauf erteilte das Aufsichtsamt am 17. Oktober 1904 eine Antwort.[2]) In dieser wurde zunächst darauf hingewiesen, dass der ursprünglich für die Grundsätze aufgestellte Entwurf

---

[1]) Vergl. „Veröffentlichungen des Kaiserlichen Aufsichtsamtes für Privatversicherung". Berlin. Jahrgang 1904, S. 45 ff.

[2]) Die Antwort ist abgedruckt a. a. O., Jahrgung 1, S. 1 ff.

hinsichtlich der Beleihung von gewerblichen Objekten noch viel weitgehendere Beschränkungen enthalten habe, als sie jetzt vorgeschrieben seien. Für diese Objekte sei besondere Vorsicht erforderlich. Nach der jetzigen Fassung sei ja auch die grosse Mehrzahl von zu gewerblichen Zwecken dienenden Grundstücken zugelassen, und es könnten bei diesen nicht nur der räumliche Umfang, sondern auch der sogenannte »Geschäftswert« mit berücksichtigt werden. Dieser allerdings nur in sehr beschränktem Masse und mit grosser Vorsicht sowie vorwiegend bei Objekten in guter Geschäftslage grosser Städte, wo der höhere Wert eine innere Berechtigung besitze. Auf derartige Fälle müsse aber in den Verzeichnissen stets unter genauer Klarlegung der Verhältnisse, nachdem diese vorher einer sorgfältigen Prüfung unterzogen wären, ausführlich eingegangen werden.

Wenn behauptet werde, dass Geschäftsgrundstücke vielfach weit besser rentierten wie Wohnhäuser, so sei dieses häufig nur scheinbar der Fall. Es resultiere letzteres aus dem Umstande, dass bei Geschäftshäusern oft die Sicherheit der Rente in umgekehrtem Verhältnisse zu ihrer Höhe stehe. Hierfür bringe die »Berliner Statistik« in dem Märzhefte von 1905 einen schlagenden Beweis.

Es werden dann aus dem hier gesammelten Material einige Zahlen herausgegriffen, welche jedoch meines Erachtens die Sachlage nicht lebhaft genug illustrieren, da nur die Anzahl der leerstehenden Räume in Wohnhäusern einerseits und in Geschäftshäusern andererseits mit einander verglichen werden, ohne dass eine Berechnung des Wertes bei beiden Kategorien und des prozentualen Verhältnisses dieser unter einander und zu den vermieteten Räumen vorgenommen wurde.

Weit deutlicher erscheint mir daher das Bild, nachdem ich die Zahlen gerade unter Berücksichtigung der beiden letztgenannten Momente zusammengestellt habe.

Es handelt sich also um diejenigen Räumlichkeiten bei Geschäftsgrundstücken einerseits und bei Wohnhäusern andererseits, welche vermietet waren und diejenigen, welche leer standen[1]) und zwar sind die Ziffern für den 1. Dezember 1900 für die Stadt Berlin und 23 Nachbargemeinden zusammen berechnet.

An diesem Zeitpunkte ergab sich dort folgendes Bild:

1. Der Gesamtmietswert aller Wohnungen ohne Gewerberäume betrug:	M 349,393,694.45
Hiervon waren unvermietet Räumlichkeiten im Werte von:	M 5,238,900=1,49%
2. Der Gesamtmietswert aller Wohnungen mit Gewerberäumen betrug:	M 103,112,064.20
Hiervon waren unvermietet Räumlichkeiten im Werte von	M 1,685,466=1,63%

Bei diesen beiden Gruppen ist also das Verhältnis der leerstehenden Räume ungefähr das gleiche. Dagegen differieren scharf hiervon die Zahlen der dritten Gruppe. Es betrug nämlich:

3. Der Gesamtmietswert der allein vermieteten Gewerberäume	M 77,805,915.—
Hiervon waren unvermietet Räumlichkeiten im Werte von	M 4,279,930=5,5%

Es lässt sich also nicht verkennen, dass die Richtigkeit der Behauptung des Reichsversicherungsamtes durch diese Zahlen bewiesen und die reserviertere Haltung dieser Behörde gegenüber gewerblichen Beleihungsobjekten hinreichend motiviert wird.

Hieraus folgt aber auch ferner, dass die in Frage kommenden Bestimmungen der »Grundsätze« auch bei der Behandlung unserer Materie ganz eine besondere Berücksichtigung verdienen. —

Auf einen wesentlich anderen Standpunkt stellt sich Dr. Sonntag in einem im „Berliner Tageblatt« im Januar 1905 erschienenen Artikel[2]). Das spezielle Thema ist hier

---

[1]) Anmerkung: Die Zahlen sind zusammengestellt aus der „Berliner Statistik“; herausgegeben vom „Statischen Amte der Stadt Berlin“, Jahrgang 1903, S. 64 ff.

[2]) Der Artikel ist reproduziert im „Deutschen Oekonomist“, Jahrgang 1905, S. 20,

die Betrachtung einer recht neuzeitlichen Kategorie von gewerblichen Grundstücken hinsichtlich ihrer Beleihbarkeit nämlich solcher, welche dem Betriebe von sogenannten Warenhäusern dienen.

Dr. Sonntag registriert bezüglich der Zulassung von Beleihungen auf derartige Grundstücke vier verschiedene Ansichten. Er schreibt: »Die extremste dieser Ansichten verneint schlechterdings die Zulässigkeit der Verwendung einer Hypothek auf ein Warenhausgrundstück als Pfandbriefunterlage; eine zweite will die Hypothek nur so weit verwendet wissen, als der Wert des Grund und Bodens reicht; eine dritte gestattet die Verwendung so weit als der Ertragswert reicht, welchen das Warenhaus als Geschäftshaus bei der Zerlegung in seine einzelnen Teile haben würde.

Eine Spielart dieser Ansicht geht dahin, es sei der jetzige Wert des Warenhauses zu ermitteln, von diesem Werte sei der Kostenbetrag abzusetzen, den der Umbau des Warenhauses in mehrere getrennte Geschäftslokale erfordern würde und der verbleibende Wertbetrag sei zu 50% als Pfandbriefunterlage verwendbar.

Die vierte und meines Erachtens richtige Ansicht ist die, dass ein Warenhaus hinsichtlich seiner Beleihbarkeit und der Verwendung der Hypothek als Pfandbriefunterlage nicht anders zu behandeln ist, als jedes andere Haus.« Soweit Dr. Sonntag. Er deduziert seine Ansicht aus den Verhältnissen der Grosstadt, welche eine besondere Rücksichtnahme verdienten. Die Warenhäuser seien nun einmal zeitgemässe Produkte der grossstädtischen Entwicklung, welche ihre Existenzberechtigung erwiesen hätten, und irgendwelche Exemtionen seien daher ihnen gegenüber nicht berechtigt.

Während also Sonntag hier auf dem Standpunkt des »laissez faire« steht, bekennt sich der »Oekonomist« zu jener Spielart der dritten Ansicht,[1]) welche sich auch am

[1]) „Deutscher Oekonomist", Jahrg. 1905, S. 20.

meisten derjenigen des Reichsversicherungsamtes nähert. Er äussert sich dahin, dass, wenn eine solche Unternehmung in Verfall gerate, sich doch nicht ohne weiteres eine neue Verwendung für die riesigen Baulichkeiten in der bisherigen Form finden lasse. Es müssten dann in der Mehrzahl der Fälle mehr oder weniger b deutende Umbauten stattfinden, welche nicht unerhebliche Zeit und vor allem Kosten verursachten. Man müsse daher bei den Warenhäusern nach der Art ihrer Anlage durchaus differenzieren. Es sei z. B. dem obigen Umstande bei dem Tietzschen Warenhause Rechnung getragen worden, welches von vornherein so angelegt sei, dass es ohne erhebliche Schwierigkeiten in 4 Häuser zerlegt werden könne. Dagegen werde sich das riesengrosse Wertheimsche Etablissement wohl kaum wieder in einzelne Parzellen aufteilen lassen, ohne das Gebäude völlig niederzureissen. Derartige Gesichtspunkte müsse man bei der Beleihung durchaus im Auge behalten und daher stets von Fall zu Fall entscheiden.

Um zu einem abschliessenden Urteile hinsichtlich der Beleihung von Warenhäusern und anderen gewerblichen Unternehmungen zu kommen, welche besonders charakteristische Typen darstellen, müssen wir einen Blick auf die Praxis werfen, da sich denken lässt, dass diese Frage hier überaus aktuell ist.

Ich war in der Lage recht reichhaltiges Material für unseren Gegenstand einem in der »Frankfurter Zeitung« am 21. Mai 1906 erschienenen Artikel zu entnehmen.

Zunächst wird hier konstatiert, dass die seit dem Zusammenbruche der Pommernbank und der Sandenbanken bei den Hypothekenbanken eingetretene Abneigung gegen Ausleihung grosser und sehr grosser Summen im Schwinden begriffen zu sein scheine. Es sei damit nicht gesagt, dass die damals handgreiflich gewordenen Bedenken hiergegen in den Augen der Bankleitungen völlig dispensabel geworden seien. Immerhin habe eine Anzahl von Erwägungen, auf die hier nur in bezug auf unseren speziellen Gegenstand einzugehen ist, die Banken zum Teil zu einer freieren Auffassung in der erwähnten Richtung und damit z. B. auch zu der Beleihung von Warenhausgrundstücken geführt. Zu Gunsten des letzterwähnten Vorgehens werde geltend gemacht, dass speziell die Warenhäuser eine der typischen Erscheinungen der Grossstädte geworden seien, welche trotz aller Beschränkungen immer mehr erstarkt wären. Ausserdem hätte durch deren Expansion die Zahl der beleihbaren Objekte im Innern der Grossstädte immer mehr abgenommen. M. E. ist, um dieses hier sofort einzuschalten, die Beweiskraft des letztgenannten Arguments schon deshalb gering, weil es den Banken grade in den in so schneller Entwicklung begriffenen Grossstädten am allerwenigsten an geeigneten Objekten fehlt, bei denen das bei den Warenhäusern nun einmal nie ganz hinwegzuleugnende Risiko nicht vorhanden ist. Sollten die dieser Eigenschaft entsprechenden Grundstücke im Innern der Stadt knapper werden, so werden sie zweifellos dafür in überreicher Zahl an der Peripherie und in den Vorstädten anzutreffen sein. Der in der grösseren Entfernung solcher Häuser von den Zentren des geschäftlichen Verkehrs liegende Nachteil wird durch die zum grossen Teil guten Kommunikationsverhältnisse in Verbindung mit der Neigung der Bevölkerung sich dem unruhigeren und ungesunderen Aufenthalt der City zu entziehen im allgemeinen fast völlig aufgewogen.

Allerdings, so fährt der Verfasser unseres Artikels fort, sei die Stellung, welche die Hypothekenbanken gegenüber der Beleihung von Warenhausgrundstücken einnähmen eine verschiedene; vor allem sei diese auch nicht eine für alle Grossstädte übereinstimmende. So hätten sich z. B. in Hamburg schon verschiedene Institute zur Reserve bewogen gefühlt und seien teilweise sogar behördlicherseits dazu veranlasst worden. Hierzu schienen besonders die schlechten Erfahrungen den Anlass gegeben zu haben, welche die Bayerische Hypotheken- und Wechselbank vor kurzem mit einer Hypothek in Höhe von 2,300,000 gemacht habe, die auf das Knochesche Geschäftsgrundstück für sie eingetragen sei. Dieses Gebäude sei jetzt unter Zwangsverwaltung gestellt worden.

In Berlin dagegen kämen die Hypothekenbanken der Konzentration des Kleinhandels auch im gegenwärtigen Zeitpunkte noch sichtlich entgegen. Sie würden hierzu sowohl durch die grossen Erfolge, welche die Grossbazare dort erzielten, wie den Umstand ermutigt, dass sich die betreffenden Unternehmer im allgemeinen gerne darauf einliessen, der Möglichkeit einer eventuellen späteren geteilten Verwendung Rechnung zu tragen. Ausserdem werde häufig auf eine Verringerung des Risikos noch durch einige weitere Massnahmen hingestrebt. Einmal werde nicht selten die Hypothek mit einer anderen Bank geteilt; ferner werde in manchen Fällen die Stellung eines Avalbürgen ausbedungen, und endlich käme es auch vor, dass die beiden vorgenannten Kautelen zu gleicher Zeit zur Anwendung gebracht würden.

Es werden dann eine Anzahl von Fällen aufgeführt, von denen ich nur die signifikantesten herausgreife.

Im Jahre 1904 habe die Hypothekenbank in Hamburg die Beleihung des Warenhauses A. Wertheim, Leipzigerstrasse in Höhe von 12 Millionen Mark vorgenommen, wobei sich gleichzeitig die Diskontogesellschaft für Kapital und Zinsen verbürgt habe. Unlängst habe auch die Deutsche Bank eine Garantie bei der Preussischen Bodenkredit-Aktien-Bank für eine Hypothek in Höhe von M 5,300,000 zugesagt, welche diese auf das von der Firma M. J. Emden Söhne in Hamburg projektierte und auch bereits im Bau begriffene Kaufhaus des Westens am Wittenbergplatz zu erteilen beabsichtige.

Auch der andere Weg, die Verteilung des Risikos auf mehrere Banken, sei in letzter Zeit wiederholt beschritten worden und zwar zumeist in Verbindung mit der Stellung einer Bürgschaft.

Ein recht ungewöhnliches Vorkommnis sei in der unlängst vorgenommenen Beleihung eines Theaters zu erblicken. Es handele sich um das am Nollendorfplatze im Bau begriffene »Neue Schauspielhaus«, welches von einer besonderen Theater- und Saalbau-Aktien-Gesellschaft ins Leben gerufen werde. Dieses hätten zwei Banken gemeinsam zur ersten

Stelle beliehen, nämlich die Preussische Hypotheken-Aktien-Bank in Berlin und die Deutsche Grundkredit-Bank in Gotha und zwar jede von ihnen mit dem Betrage von M 1,600,000. Für den Gesamtbetrag von M 3,200,000 habe die Nationalbank für Deutschland das Avale übernommen.

Aber auch Fälle ohne Garantie seien vorgekommen. So hätten die Hypotkekenbank in Hamburg in Gemeinschaft mit der Berliner Hypothekenbank eine Hypothek von Mark 2,200,000 auf ein als Passage Alexanderplatz-Kurzestrasse auszubauendes Warenhausgrundstück zugesagt.

In die Rubrik der gewerblichen Millionenbeleihungen gehöre auch die eines Riesenrestaurants, welche die Deutsche Hypothekenbank in Meiningen in Höhe von M 3,300,000 auf das »Gesellschaftshaus Aschinger« Bellevuestrasse zur Ausführung gebracht habe.

Die »Frankfurter Zeitung« führt noch eine Anzahl weiterer Fälle an mit dem Bemerken, dass auch diese Liste noch unvollständig sei.

Ich bin in der Wiedergabe dieser Details etwas ausführlicher gewesen, weil diese in der Tat als Symptome einer neuen Richtung, eines gewissen Abweichens der Hypothekenbanken von dem seit 1900 beobachteten besonders vorsichtigen Kurse, erscheinen und daher unwillkürlich zu denken geben. — Es soll zugegeben werden, dass es sich bei den von dem Frankfurter Organ aufgezählten Unternehmungen ausnahmslos um Firmen handelte, welche in der Geschäftswelt den besten Klang haben. Auch wird das Risiko durch die Bürgschaften der genannten erstklassigen deutschen Effektenbanken in den betreffenden Fällen in einem ganz bedeutenden Umfange verringert. Aber nicht immer werden solche Garantien geleistet werden; vielmehr haben wir uns davon überzeugen können, dass schon der Anfang damit gemacht ist von der Stipulierung derartiger Kautelen gänzlich Abstand zu nehmen. Hierfür kann aber, vom volkswirtschaftlichen Standpunkte aus betrachtet, eine Teilung der fraglichen Riesenhypotheken und ihre Uebernahme durch mehrere Hypothekenbanken kein Aequivalent bieten, da doch die einzelnen Teile immer wieder dem gleichen Zwecke, nämlich der Sicherung der Pfandbriefgläubiger, wenn auch bei mehreren Instituten, dienen sollen.

Infolge der Verzichtleistung auf sichere Garanten rückt aber auch die Möglichkeit immer näher heran, dass man allmählich dazu übergeht, auch weniger vertrauenswürdigen Firmen unter die Arme greifen, und dieses erscheint mir als die drohendste Wolke, welche sich am Firmamente zeigt.

Ganz und gar aber müsste die Beleihung so überaus gewagter Unternehmungen wie Theaterbauten aus dem Geschäftskreise der Hypothekenbanken verbannt werden.

Wenn wir nun einen Gesamtrückblick sowohl auf die Praxis der Banken wie auf die Resultate der Statistik werfen, so kommen wir zu folgenden allgemeinen Schlüssen.

Es ist für die Hypothekenbanken angezeigt, nur mit äusserster Reserve bei der Hypothezierung von zu gewerblichen Zwecken dienenden Grundstücken, besonders aber solchen grössten Stils vorzugehen, und, soweit dieses überhaupt geschieht, nur unter Beobachtung und Anwendung von gleichen oder ähnlichen Normen, wie sie vom Reichsaufsichtsamt für Privatversicherung vorgezeichnet sind. — Allerdings wird hierdurch ein Rückgang in der Beleihung gewerblicher Objekte, besonders aber in der Höhe der einzelnen Engagements, eintreten. Es ist aber bereits darauf hingewiesen worden, dass sich hierfür in der Beleihung geeigneter Wohnhäuser ein mehr wie reichlicher Ersatz gerade in den Grossstädten findet. Eine regere Tätigkeit auf diesem Gebiete würde neben grösserer Sicherheit überdies von grossem Nutzen für unsere Volkswirtschaft insbesondere aus 2 Gründen sein.

1. Es würden hierdurch immer mehr sichere Hypotheken aus den Händen der Privatkapitalisten abgelöst werden. Ich habe schon in meiner Einleitung dieser Aufgabe unter Hinweis auf ihre grosse Bedeutung gedacht.

2. Durch Unterstützung geeigneter Bestrebungen seitens der Hypothekenbanken würde dem in den Grosstädten immer mehr wachsenden Wohnungsmangel und damit dem Steigen

der Mieten mit Erfolg entgegengetreten werden können. Auf diesen Punkt wird noch in anderem Zusammenhange näher einzugehen sein. — Eine Schädigung von Handel und Industrie wird aber durch den Rückgang in den Beleihungen gewerblicher Objekte nur in geringem Masse eintreten, weil ja den soliden Unternehmungen nach wie vor auch seitens der Hypothekenbanken Kredit gewährt werden kann. Eine Eliminierung von irgendwie zweifelhaften Objekten würde aber um so weniger zu bedauern sein, als gerade deren Beleihung, sobald sie in grösserem Umfange stattfindet, sehr häufig wirtschaftliche Krisen hervorrufen kann oder aus anderen Gründen eingetretene Krisen zu verschärfen geeignet ist.

Was aber die Regelung unserer Materie im R. H. G. anbetrifft, so haben wir zu konstatieren, dass diese zwar prinzipiell als richtig erscheint dass sie aber, um voll wirksam sein zu können, dringend einer Ergänzung bedarf. Zu diesem Zwecke ist erforderlich, dass die obersten Aufsichtsbehörden nach dem Vorbilde des Reichsaufsichtsamtes für Privatversicherung Erklärungen darüber ergehen lassen, welche geeignet sind, etwaige Zweifel und Unklarheiten bezüglich der Auslegung des Gesetzes zu beseitigen.

Wie unentbehrlich in solchen und ähnlichen Fällen Kommentare mit zwingender Kraft sind, wird uns bei der Darstellung des zweiten Teiles unserer jetzigen Materie zur vollsten Gewissheit werden. Dieser Teil betrifft, wie schon anfangs hervorgehoben ist, diejenigen Beleihungsobjekte, welche Erträge zur Zeit noch nicht gewähren. — Bei diesen hat der Gesetsgeber ein anderes Verfahren einschlagen zu müssen geglaubt, wie bei der vorher behandelten Kategorie von Objekten.

Es handelt sich hierbei um zwei Arten von Grundstücken, nämlich um Bauplätze und um Bauten, die noch im Entstehen begriffen sind. Beide Arten sind im R.H.G. von einer hypothekarischen Beleihung durch die Banken nicht a limine ausgeschlossen worden, wiewohl eine Rentabilität bei ihnen in der Regel noch nicht vorhanden ist. Allerdings ist für dieses Betätigungsfeld die Grenze wesentlich enger als bei ganz regulären Objekten gesteckt worden. Es giebt uns über den ganzen Gegenstand ebenfalls der § 12 in dem gleichen Absatz 3 Auskunft. Hier heisst es:

»Die zur Deckung von Hypothekenpfandbriefen verwendeten Hypotheken an Bauplätzen sowie an solchen Neubauten, welche noch nicht fertiggestellt und ertragsfähig sind, dürfen zusammen den zehnten Teil des Gesamtbetrags der zur Deckung der Hypothekenpfandbriefe benutzten Hypotheken sowie den halben Betrag des eingezahlten Grundkapitals nicht überschreiten.«

Dieses ist alles — eine nähere Determinierung beider Begriffe wird nicht gegeben.

Es wird uns zunächst die Beleihung von Bauplätzen zu beschäftigen haben.

Hier hat sich die lakonische Kürze des Gesetzes schon in den Krisen als geradezu verhängnisvoll erwiesen, denn sie hat es ermöglicht, dass die Direktoren jener Institute eine ihrer schlimmsten Verfehlungen, die uferlose Beleihung von Terrains, geradezu unter der Aegide des Gesetzes betreiben konnten. Dieses wird verstanden werden, wenn man die Tatsache bedenkt, dass den 3 grössten Instituten vor Inkrafttreten des R. H. G. die Beleihung von Bauplätzen ebensowohl wie Neubauten auf Grund der preussischen Normativbestimmungen gänzlich untersagt war.

Hier zeigten ja jene Taxatoren ihr Kombinationstalent in der hellsten Beleuchtung, und wir haben gesehen, wie traurig die Konsequenzen waren.

Die Fassung des R. H. G. liess weitgehende Deutungen zu. Der Begriff des Bauplatzes wurde dahin ausgelegt, dass hierunter alles Terrain falle, welches überhaupt in absehbarer Zeit einmal bebaut werden würde, wenn auch der genaue Zeitpunkt selbst vielleicht noch 20—30 Jahre entfernt sein mochte.

Von grossem Interesse ist es, angesichts dieser Sachlage festzustellen, wie sich der Gesetzgeber selbst über diese Materie in der Begründung zum Entwurfe ausspricht.[1])

[1]) a. a. O. Begründung zu § 12, S. 940.

Hier erklärt er zunächst, dass er entgegen der in den preussischen Normativbestimmungen gehandhabteu Praxis ein gänzliches Verbot von Beleihungen von Bauplätzen und von Neubauten der in Rede stehenden Art in Hinblick auf die Bautätigkeit und damit auf die Wohnungsverhältnisse für geradezu schädlich hielte. Es sei jedoch angesichts der noch fehlenden Ertragsfähigkeit bei beiden Kategorien und in Rücksicht auf besondere Umstände, auf welche ich auch noch bei diesem Gegenstande selbst zu sprechen kommen werde, bei den Neubauten, der Gesamtumfang dieser Beleihungen auf den zehnten Teil der Deckungshypotheken und die Hälfte des Aktienkapitals beschränkt worden. Dieser Fonds sei berücksichtigt worden, damit die zur Pfandbriefdeckung an Bauplätzen und Neubauten verwandten Hypotheken eventuell eine ihrem Betrage um das Doppelte übersteigende Rücklage in dem eigenen Kapital der Bank finden würden. Wenn andererseits diese Hypotheken nicht mehr als den zehnten Teil des Gesamtbetrages ausmachen dürften, so blieben auch solchen Banken, bei denen der Hypothekenbestand und damit der Pfandbriefumlauf noch nicht einen im Verhältnisse zum Aktienkapital erheblichen Umfang erreicht hätten, die Möglickeit entzogen, den Baudarlehen einen unverhältnismässig grossen Raum zu gewähren.

Diese aus so scharfsinnigen Raisonnements resultierende Vorsicht ist an sich durchaus anzuerkennen und würde zweifellos von günstigster Wirkung gewesen sein, wenn nicht jener grosse Mangel an Deutlichkeit bezüglich des Begriffes »Bauplatz« im Gesetze selbst alles wieder llusorisch gemacht hätte. Der Gesetzgeber war sich wohl bewusst, dass es sich hier um einen recht schwierigen Punkt handelte. Es geht dieses daraus hervor, dass er es für unmöglich hielt, eine unzweideutige Definition zu geben. Es heisst an der betreffenden Stelle in der Begründung wörtlich: »Unter welchen Voraussetzungen ein Grundstück als Bauplatz anzusehen ist, lässt sich mit Rücksicht auf die Verschiedenheit der Verhältnisse in den einzelnen Gebieten durch das Gesetz nicht näher bestimmen. Ein zum landwirtschaftlichen Betriebe benutztes

Grundstück, welches infolge seiner Lage die Verwertung als Baustelle gestattet, braucht darum noch nicht notwendig ein Bauplatz im Sinne des Gesetzes sein; vielmehr darf die Hypothek an einem solchen Grundstücke, falls dessen Wert ohne Rücksicht auf seine Verwendbarkeit zur Bebauung festgestellt ist, unbeschränkt für die Deckung von Hypothekenpfandbriefen benutzt werden. Andererseits versteht es sich von selbst, dass eine ertragslose Bodenfläche durch die nur entfernte Möglichkeit der Bebauung noch nicht die Eigenschaft eines Bauplatzes und damit die Beleihungsfähigkeit erhält.«

Wir haben leider in jenen Katastrophen die Erfahrung machen müssen, dass dasjenige, was hier von dem Gesetzgeber als »selbstverständlich« bezeichnet wird, von den verantwortlichen Leitern jener Banken durchaus nicht in diesem Sinne aufgefasst wurde. Vielmehr benutzten sie den überaus elastischen Wortlaut des Gesetzes als willkommenen Anhaltspunkt, um ihr verbrecherisches Treiben ungestört auszuüben, ohne auch nur von der in der Begründung enthaltenen näheren Erläuterung die geringste Notiz zu nehmen. —

Es liegt auf der Hand, dass der Wiederkehr von derartigen Vorkommnissen von vornherein die Spitze abgebrochen werden muss. Es muss dieses geschehen durch eine bindende und jeden Zweifel beseitigende Determination des Begriffes »Bauplatz«, die seitens der Aufsichtsbehörde zu erfolgen hat.

Es sind bereits in den letzten Jahren verschiedene Versuche gemacht worden bezüglich dieses wichtigen Punktes volle Klarheit zu schaffen. Am glücklichsten hat meines Erachtens Dr. Adolf Braun diese Aufgabe gelöst, indem er in dem schon von mir zitierten Aufsatze[1]) den vielumstrittenen Begriff folgendermassen zu präzisieren vorschlägt: »Als Bauplatz im Sinne des R. H. G. kann nur ein solches Grundstück angesehen werden, welches an einer bereits regulierten,

[1]) Erschienen im „Berliner Börsencourier“ am 3. Dezember 1903.

gepflasterten, eventuell kanalisierten, also sofort anbaufähigen Strasse liegt.«

Hiermit sind die Eigenschaften hinreichend gekennzeichnet, welche dem Gesetzgeber als selbstverständliche vorgeschwebt haben. Braun äussert dann ebenfalls den dringenden Wunsch, dass die Lücke, welche hier das Gesetz infolge seiner übergrossen Kürze aufweise, durch entsprechende allgemeine, seitens der Aufsichtsbehörden in den Einzelstaaten zu erlassende Verfügungen ausgefüllt werden müsse. Erst nach Erledigung dieser Voraussetzung kann man dann einer von Dr. Felix Hecht ausgesprochenen Meinung[1]) in gewissem Umfange beipflichten, dass die Beleihung von »Bauterrains« vielfach weniger Risiko biete, als diejenige von fertigen Häusern. Er motiviert dieses damit, dass die ersteren in unseren grösseren und selbst mittleren Städten häufig leichter verkäuflich seien, als die letzteren. Auch für den Eingang der Zinsen sei vielfach »zweifellose« Sicherheit infolge des Umstandes vorhanden, dass grössere Bauterrains namentlich zu jener Zeit in den Händen der solventesten Konsortien sich befunden hätten.

Wenn sich auch der in dem letzten Satze enthaltene Optimismus für die damalige Zeit (1898) nur in beschränktem Umfange als berechtigt und zutreffend erwiesen hat — ich brauche nur an solche Konsortien wie den Spielhagen-Konzern und an die Immobilien-Verkehrsbank zu erinnern — so dürfte nach dem Erlasse von unseren Ausführungen entsprechenden Verordnungen eine Beleihung von Bauplätzen in dem von dem Gesetze vorgesehenen Umfange als unbedenklich erscheinen. Es erscheint eine solche sogar mit Hinblick auf die schon vom Gesetzgeber berührte, einer derartigen Betätigung innewohnende Eigenschaft als einer Beihilfe zur Hebung der Wohnungsnot als beinahe unerlässlich.

---

[1]) Vgl. Dr. Felix Hecht „Das Reichs-Hypothekenbankgesetz" in der „Monatsschrift für Handelsrecht und Bankwesen", herausgegeben von Justizrat Dr. Holdheim. Jahrgang 1898, Seite 176.

Wenn der »Bund der Bodenreformer« in einer an den Reichstag gerichteten Petition im Jahre 1904 energisch Stellung gegen die Beleihung von unbebauten Terrains seitens der Hypothekenbanken genommen hat,[1]) so ist dieses, wie auch aus der Begründung zu der Eingabe hervorgeht, unter dem Eindrucke geschehen, dass die Schätzungen der Grundstücke sich bei den von der Krisis betroffenen Instituten als sehr wenig zuverlässig erwiesen hatten. Sobald daher auf diesem Gebiete eine durchgreifende Wandlung geschaffen wird, wie dieses von uns erstrebt wird, fallen auch die Bedenken gegen die Beleihung von Bauplätzen d. h. solchen in dem präzisierten Sinne, Dass eine »Neuregelung des Taxwesens« hier Abhilfe bringen kann, beweisen entgegen den hinsichtlich dieses Punktes geäusserten Zweifeln der Petenten die durch das Reichaufsichtsamt für Privatversicherung festgestellten Resultate der Statistik.

Ich komme nun zu der zweiten Art der noch keine Erträge liefernden Grundstücke, nämlich zu den Bauten, welche sich im Stadium der Errichtung befinden. Da diese naturgemäss in einem sehr engen Konnex mit den Bauplätzen stehen, so hat der Gesetzgeber beide Kategorien hinsichtlich der Beschränkung bei der Beleihung zusammengefasst.

Es tragen jedoch trotz mancher Analogien die sogenannten »Baugelddarlehen« einen wesentlich anderen Charakter als die Hypotheken, welche auf Bauplätze erteilt werden. Während bei diesen ebenso wie bei fertigen Häusern und bei landwirtschaftlichen Liegenschaften bei der Beleihung lediglich der Wert bereits vorhandener Unterlagen zu Grunde gelegt wird, handelt es sich bei jenen darum, durch Gewährung von Darlehen die Herstellung von Baulichkeiten überhaupt erst zu ermöglichen bezw. fördern. Das Baugeldgeschäft ist ferner für den Geldgeber im allgemeinen einträglicher als andere Hypothezierungen, weil bei jenem fast durchgehends ein höherer Zinsfuss üblich ist. Der

---

[1]) Die Petition ist abgedruckt in der Zeitschrift „Bodenreform, Deutsche Volkstimme" im Heft vom 5. August 1904, S. 449/450.

Gesetzgeber führt diese Tatsache auf den Umstand zurück, dass, abgesehen davon, dass noch keine Rentabilität vorhanden sei, derartige Beleihungen nicht ohne ein gewisses grösseres Risiko ausgeführt werden könnten.[1]) Dieses sei darin zu erblicken, dass, da der Bauunternehmer von der Bank in der Regel nur einen Teil der zu dem Bau erforderlichen Beträge erhielte, er den Rest, falls er diesen nicht selbst besitze, sich in anderer Weise beschaffen müsse. Gelinge ihm dieses nicht, und seien daher die ihm zu Gebote stehenden Mittel vor Vollendung des Baues erschöpft, so werde die Bank in den meisten Fällen genötigt sein, über das bewilligte Darlehen und damit über die zulässige Beleihungsgrenze hinaus Aufwendungen zu machen, damit der vor Fertigstellung nicht oder nur schwer verwertbare Bau zu Ende geführt werden könne. Auch seien die Grundlagen, auf welchen bei den Baugelddarlehen die Wertsermittelung beruhe, keineswegs als ganz unbedenklich anzusehen. Gleichwohl würde sich, so argumentiert die Begründung weiter, die völlige Ausschliessung dieser Kategorie ebensowenig wie die von Bauplätzen rechtfertigen lassen. Mit Grund sei darauf hingewiesen worden, dass die Banken im allgemeinem die erwähnten Gefahren zu vermeiden gewusst hätten, und dass sich die Baugelddarlehen in relativ kurzer Zeit in feste Anlagehypotheken verwandelten. Entscheidend komme ferner in betracht, dass eine Unterdrückung des Baugeldgeschäfts der Hypothekenbanken voraussichtlich von nachteiligen Folgen für das Baugewerbe sein würde. Ein Ersatz für die bisher von den Banken gelieferten Mittel sei schwer zu beschaffen, und es liege die Gefahr nahe, dass an die Stelle der Banken weniger zuverlässige Geldgeber treten würden. Endlich erscheine es bedenklich, derartige Beleihungen nur für Aktienkapital und Reserve der Banken zuzulassen, da hierin ein Anlass für diese liegen würde, ihr eigenes Vermögen in schwer flüssigen Werten festzulegen. Trotz dieses Umstandes habe man aber mit Rücksicht auf die

---

[1]) Begründung zu § 12, a. a. O., S. 941.

vorher berührten Gefahren die im Gesetze zum Ausdruck gebrachte wesentliche Begrenzung von Baugelddarlehen eintreten lassen.

Dem »Deutschen Oekonomist« ist offenbar die Beschränkung dieses Geschäfts nicht recht erwünscht gekommen. Er ist vor Erlass des Gesetzes wiederholt in recht warmer Weise für eine bedingungs- und schrankenlose Zulassung des Baugeldgeschäftes eingetreten, und man muss zugeben, dass seine Beweisführung in vielen Punkten als gelungen anzusehen ist. Ich will daher die wesentlichsten von ihm hervorgehobenen Momente hier anführen.

In einem im Jahre 1897 erschienenen Artikel[1]) weist er darauf hin, dass das in solider und richtiger Weise betriebene Baugeldgeschäft schon deshalb ohne Risiko sei, weil die Bank die doch völlig baureife Baustelle beleihe, welche meist wertvoller sei als das darauf errichtete oder zu errichtende Gebäude; der Betrag des Darlehns komme sukzessive mit dem Fortschreiten des Baues zur Auszahlung. Die Restzahlung erfolge nach baupolizeilicher Abnahme uud dann sei aus der Baugeldhypothek eine reguläre Hypothek auf einem städtischen Hausgrundstück geworden.

Diese in vorsichtiger und rationeller Methode betriebene Beleihung gewähre grössere Garantien als Darlehen auf fertige Häuser, da die Bauausführung sowohl wie die zur Verwendung gelangenden Materialien unausgesetzt kontrolliert werden könnten. Man hätte eine wesentlich grössere Sicherheit dafür, dass solide gebaut würde, als bei fertigen Gebäuden.

Zur näheren Erläuterung und Erhärtung der in obigen Sätzen gekennzeichneten Vorgänge bringt der »Oekonomist« einiges Material. Es werde nach seinen an zuverlässiger Stelle angestellten Ermittelungen das Baugeldgeschäft in Berlin zur Zeit von nicht weniger als 21 Hypothenbanken betrieben und zwar gerade von den grössten und solidesten Instituten. E i n e s davon, dessen Beleihungsgrenzen zu eng gezogen seien, gebe nur Baugeld im gewöhnlichen Sinne,

---

[1]) „Deutscher Oekonomist", Jahrg. 1897, S. 439.

welches nach Fertigstellung des Gebäudes durch eine von anderer Seite gewährte definitive Hypothek abgelöst werde; alle anderen Banken kontrahierten von Anfang an eine feste Hypothek, auf welche je nach Fortschreiten des Baues sogenannte à conto Zahlungen geleistet würden.

Hierauf tritt das Fachblatt den in der Begründung vom Gesetzgeber geäusserten Bedenken entgegen. Es sei eine irrige Annahme, dass auch das richtig betriebene Baugeldgeschäft mehr oder weniger dubiös und minderwertig also gefährlich sei. Wenn auch zuzugeben sei, dass dieses Geschäft einen durchschnittlich höheren Gewinn als andere Beleihungen abwerfe, so sei dieses Plus doch nicht durch ein gewisses Risiko herbeigeführt. Vielmehr seien es andere Umstände, welche hierzu die Veranlassung gäben. Zunächst sei es schwierig und nicht jedermanns Sache derartige Geschäfte zu beurteilen; die Konkurrenz sei daher hier eine beschränktere. Ferner sei die Abwickelung in vielen Teilzahlungen eine lästige; auch veranlasse die Ueberwachung der Bauausführung eine erhebliche und nur von Sachverständigen auszuführende Arbeit. Für diese zum Teil erschwerenden Momente würden höhere Zinsen und Provisionen gefordert und bezahlt. Das Risiko sei aber wegen der Möglichkeit der fortlaufenden Kontrolle des Baues für die sachverständige Hypothekenbank geringer als bei fertigen Häusern. Wenn der Gesetzgeber darauf hinweise, dass die Bank leicht in die Gefahr gerate, einen unfertigen Bau gezwungenermassen übernehmen und fertigstellen zu müssen — ein Fall, der gar nicht einmal allzuoft vorkäme, — so sei dieses in keiner Weise schlimmer als die zwangsweise Uebernahme eines fertigen Gebäudes; denn die vom Bauunternehmer gemachten Aufwendungen empfinge die Bank bei Baugelddarlehen in solchen Fällen doch völlig umsonst. Es käme ferner noch in betracht, dass die letzteren durchschnittlich niedriger seien als andere Hypotheken sowie endlich, dass die fertigen Häuser in Subhastationsfällen im allgemeinen mehr oder weniger devastiert seien und Aufwendungen zur Instandsetzung nötig machten, was gleichfalls bei Baugelddarlehen in den entsprechenden Fällen fortfiele. —

Der grösste Teil von dem hier Gesagten ist zweifellos zutreffend.

Allerdings gilt dieses nicht ganz von dem an erster Stelle angeführten Argument, dass nämlich schon die Baustelle, welche zunächst die Grundlage der Hypothek bilden muss, meist mehr Wert hat als der ganze Bau, der auf dieser aufgeführt werden soll. Vielmehr hätte hier ausdrücklich betont werden müssen, dass diese Tatsache im allgemeinen nur für Grosstädte zutreffend ist, welche aber doch nicht allein für die Tätigkeit der Hypothekenbanken in betracht kommen. In kleineren und mittleren Städten haben die betreffenden Baustellen in der ganz überwiegenden Mehrzahl der Fälle auch nicht annähernd den Wert der fertigen Bauten und stellen vielfach sogar nur eine geringe Quote des Wertes dieser dar.

Trotzdem bekenne auch ich mich unter Hinweis auf die vom Oekonomist« angeführten übrigen Momente zu der Ansicht, dass das richtig betriebene Baugeldgeschäft keineswegs mit grösseren Gefahren verbunden ist als die Beleihung fertiger Grundstücke. —

Ich glaube daher hier bereits an einen der Punkte gelangt zu sein, welche dazu dienen können, den Banken eine gewisse Kompensation für den von ihnen infolge der unumgänglichen Reform in der Personenfrage bei Vornahme der Schätzungen befürchteten Geschäftsrückgang zu gewähren.

Wenn sich mit der obligatorischen Einführung von kommunalen Taxen gleichzeitig sichere Kautelen dafür finden liessen, dass das Baugeldgeschäft tatsächlich in sachverständiger und gewissenhafter Weise betrieben würde, so könnte man meines Erachtens mit aller Ruhe eine wesentliche Erhöhung der durch das R. H. G. hierfür vorgeschriebenen Quote der Beleihungen eintreten lassen.

Jene Garantien lassen sich aber in weiterem Ausbau unserer Reformen unschwer schaffen, und zwar würden sie in einer fortlaufenden Kontrolle der Neubauten durch die von uns geplanten städtischen Schätzungsämter zu erblicken sein.

Dem Schreckgespenste, dass durch die in grösserem

Masstabe betriebene Gewährung von Baugelddarlehen eine ungesunde Bauspekulation besitzloser Elemente unterstützt werden könnte, lässt sich schon von vorherein durch die Errichtung zuverlässiger Schätzungsbehörden entgegenarbeiten. Nur die Minderwertigkeit vieler Taxen hat bisher das Aufkommen unsolider Existenzen im Baugewerbe ermöglicht.

Je sicherer und geregelter sich daher das Schätzungswesen gestaltet, in desto solidere Bahnen wird auch das ganze Baugeschäft gelenkt werden. Es ist dieses mit der Tatsache gegeben, dass eine reelle Taxe eben den wirklichen Wert des Grundstückes erfasst, ein Umstand, der nur lauteren Elementen Raum zur Betätigung gewährt.

2. Die Prinzipien für das eigentliche Taxverfahren sowie die Höhe der Beleihungsquote.

Nach meiner Erörterung über die Ausnahmeobjekte im Hypothekenwesen gehe ich dazu über, die Prinzipien des eigentlichen Verfahrens, welches die Taxatoren bei der Abschätzung der für die Beleihung in Frage kommenden Grundstücke zu beobachten haben, einer näheren Betrachtung zu unterziehen. —

Auf den ersten Blick könnte es scheinen, als ob sich genauere Vorschriften hierüber erübrigten, nachdem wir in bezug auf die Personenfrage zu einer befriedigenden Lösung gelangt sind. Haben wir uns doch genügend davon überzeugt, dass es in allererster Linie die Unbestechlichkeit und der ganze Charakter der zur Schätzung berufenen Organe ist, welche die relativ beste Gewähr für den wirklichen Wert der Taxen selbst bieten.

Ohne diese Voraussetzung werden nach einem bekannten Worte häufig »Taxen zu Faxen«, da es ein offenes Geheimnis ist, dass seitens vieler Schätzer zwischen sogenannten »Beleihungtaxen« und »Werttaxen« differenziert wird, und die Resultate durchaus verschieden ausfallen je nachdem, zu welchem Zwecke die Schätzungen von den Auftraggebern verlangt werden.

Andererseits hat man aber mit Recht die Frage aufgeworfen, wie es möglich wurde, dass auch durch Taxatoren, welche auf ihren Beruf vereidigt waren, so völlig vage und unzutreffende Ergebnisse geliefert werden konnten.

Die Antwort hierauf lautet, dass sich diese vereidigten Funktionäre in sehr vielen Fällen, ohne dass ihnen das Gegenteil bewiesen zu werden vermochte, darauf stützen konnten, dass die betreffenden Angaben sich aus dem von ihnen angewandten Taxationsverfahren, für welches ihnen keine bestimmten Vorschriften gemacht seien, ergeben hätten.

Eine derartig gefährliche und ganz unkontrollierbare Ausrede macht es zu einer kategorischen Notwendigkeit, sich über die wichtigsten und leitenden Sätze der Taxationsmethode völlig klar zu werden. — Wie unerlässlich dieses ist, beweist auch die Tatsache, dass selbst ein Mann der Wissenschaft, wie wir gesehen haben, jener Hanelschen Methode seine Zustimmung geben konnte, deren Anwendung doch zu den schwersten Schädigungen der Pfandbriefgläubiger geführt hat.

Auch den einzurichtenden Gemeinde-Taxämtern muss nach Feststellung der grundlegenden Prinzipien deren genaue Befolgung zur Pflicht gemacht werden. —

Trifft auch auf diese Aemter das vorerwähnte Moment als Gefahr für die Pfandbriefe nur in einem weit geringeren Masse zu, so fällt hier noch ein anderes Motiv, nämlich das der Gerechtigkeit, in die Wagschale. Bei dem Fehlen einheitlicher Grundsätze würde es ganz unvermeidlich sein, dass infolge divergierender Auffassungen der Taxämter über das einzuschlagende Verfahren ein Teil des Grundbesitzes eine mehr oder weniger ungünstigere Behandlung erfahren würde als der andere, und hiergegen müssen unbedingt Kautelen geschaffen werden. —

Wir wollen nun zunächst die Bestimmungen in das Auge

fassen, welche das R. H. G. hinsichtlich des Taxationsverfahrens getroffen hat bezw. welche Grundsätze es hierfür aufgestellt hat.

Hier müssen wir wiederum konstatieren, dass solche nur in derart spärlicher Zahl vorhanden sind, dass ein Taxator selbst bei dem besten Willen aus diesen nur ganz schwache Anhaltspunkte für die von ihm zu beobachtenden Prinzipien gewinnen könnte. Sie reduzieren sich auf die beiden Sätze des § 12 Absatz 1, wo es heisst: »Der bei der Beleihung angenommene Wert des Grundstückes darf den durch sorgfältige Ermittelung festgestellten Verkaufswert nicht übersteigen. Bei der Feststellung dieses Wertes sind nur die dauernden Eigenschaften des Grundstücks und der Ertrag zu berücksichtigen, welchen das Grundstück bei ordungsmässiger Wirtschaft jedem Besitzer nachhaltig gewähren kann.«

Im übrigen macht nur noch § 13 den Banken zur Pflicht, auf Grund dieser Vorschriften des § 12 Anweisungen über die Wertsermittelung zu erlassen, welche durch die Aufsichtsbehörde zu genehmigen sind.

Ueber Beanstandungen dieser hat, wenn die Erledigung in anderer Weise nicht zu erzielen ist, der Bundesrat zu beschliessen.

Einheitliche Anweisungen glaubte also der Gesetzgeber nicht erlassen zu können.

In der Begründung zum Entwurfe[1]) wird dieser letztere Umstand sowie die grosse Dürftigkeit an genaueren Direktiven überhaupt zu motivieren gesucht. Es sei nur möglich, so heisst es hier, die »allgemeinen Grundsätze« aufzustellen, welche den Hypothekenbanken zur Richtschnur dienen müssten; darüber hinaus liessen sich bestimmte Regeln, nach welchen ein für allemal zu verfahren sei, nicht geben. —

Ich halte diese Ansicht nicht für richtig. Vor allem bin ich aber der Meinung, dass die Möglichkeit vorhanden gewesen wäre, jene »allgemeinen Grundsätze« in einer wesentlich ausführlicheren und damit verständlicheren Form zum Ausdruck zu bringen, wie es geschehen ist.

---

[1]) Begründung zu § 12, a. a. O. S. 941.

Es ist bereits hervorgehoben worden, dass die knappe Fassung des Gesetzes Ausflüchte der Taxatoren begünstigte und dadurch jene unerfreulichen Zustände möglich machte, wie sie in jenen Krisen zu Tage getreten sind. Diesen hätte zu einem nicht geringen Teile durch bindende und klare Normativbestimmungen wenigstens von Inkrafttreten des R. H. G. an ein Riegel vorgeschoben werden können.

Ich werde nunmehr versuchen, die richtigen Gesichtspunkte für solche Regeln zu eruieren und zwar wiederum in der Weise, dass ich eine Reihe von Vorschlägen, welche zu dieser Materie vorliegen, einer Besprechung unterziehe, aus ihnen meine Schlussfolgerungen ziehe, um sodann meine eigenen Ansichten zu bilden. Zu diesem Zwecke ist es notwendig, dass wir wiederum eine Scheidung vornehmen zwischen der Schätzung städtischer und der landwirtschaftlicher Grundstücke.

Bei der wesentlich grösseren Bedeutung der ersteren für das Hypothekenbankwesen werde ich auch hier die Erörterung der diese betreffenden Gesichtspunkte voranstellen.

Zunächst gilt es allerdings eine für beide Kategorien gleichmässig in betracht kommende, prinzipielle Frage zu beantworten, nämlich die, ob die vom Staate zum Zwecke der Erhebung der Grund- und Gebäudesteuern gemachten Kataster geeignet sind, den für die Hypothekenbanken tätigen Schätzungsbehörden gute Unterlagen zu bieten.

Ein warmer Fürsprecher erstand dieser Ansicht vor allem in Dr. Paul Voigt in seiner Broschüre »Hypothekenbanken und Beleihungsgrenze«.[1]) Er beschäftigt sich in dieser nur mit der Frage der städtischen Beleihungen und basiert seine Schlussfolgerungen auch nur auf die in einer Stadt, nämlich Charlottenburg, und in einem Jahre, 1895, gemachten Erhebungen. In dieser Stadt erwiesen sich allerdings in dem betreffenden Jahre die Resultate der staatlichen Steuertaxen als zutreffend. Voigt hatte nämlich die Roherträge sämtlicher Häuser auf Grund der Wohnungsmieten, welche er mit

---

[1]) Dr. Paul Voigt „Hypothekenbanken und Beleihungsgrenze". Berlin 1899. S, 2 ff.

Hilfe der Mietssteueranschläge ermittelte, auf 22$^1/_2$ Millionen Mark festgestellt, während der staatliche Gebäudesteuernutzungswert in dem gleichen Jahre 20,7 Millionen Mark betrug. Die Differenz von noch nicht 10 Prozent erklärte sich Voigt in der Hauptsache aus den Abzügen für die Nebenabgaben — jedenfalls aber hielt er die staatlichen Schätzungen von 1905 für durchaus richtig.

Wenn dieses nun auch für den vorliegenden Fall zutreffen mag, so ist doch hiermit noch nicht der Beweis erbracht, dass die Tatsache der Richtigkeit der staatlichen Schätzungen für jeden Ort und für jeden Zeitpunkt feststeht. Diese *können* vielmehr garnicht richtig *bleiben*, wenn sie auch an dem betreffenden Schätzungstermin und für die unmittelbar folgende Zeit zutreffend sind. Voigt hat ganz übersehen, dass die Kataster in den deutschen Staaten nicht jedes Jahr erneuert werden. So werden die *Gebäudekataster* in Preussen (auf Grund des Gesetzes vom 21. Mai 1861) sowie in Elsass-Lothringen alle 15 Jahre (hier *mindestens* in diesem Zwischenraum), in Bayern alle 10 Jahre neu aufgestellt; in vielen Staaten finden dagegen überhaupt keine regelmässigen Revisionen der Kataster statt. *Total veraltet* sind aber überall die *Grundsteuerkataster*, da diese wegen der grossen Kosten der Durchführung höchstens 2 bis 3 Mal im Jahrhundert revidiert werden können.

Wir vermögen es daher wohl zu verstehen, wenn die preussischen Hypothekenbanken, denen durch die Bestimmungen von 1863 unter vielen anderen Beschränkungen die staatlichen Schätzungen als Normen für die Beleihung vorgeschrieben waren, mit allen Mitteln die Beseitigung der bezüglichen Vorschriften anstrebten und durch deren im Jahre 1893 endlich erfolgte Aufhebung von einem schweren Druck befreit wurden.

Die schon an sich einleuchtende Tatsache der geringen Verwendbarkeit der Gebäude- und Grundkataster für den vorliegenden Zweck lässt sich überdies durch einwandfreies und auf dem Wege der Vergleichung gewonnenes Zahlenmaterial irgendwelchen Zweiflern gegenüber ganz *unwiderleglich* nachweisen. Diesem Zwecke möge folgendes dienen.

Es berichtete der preussische Finanzminister Bitter in einer an das Abgeordnetenhaus gerichteten Denkschrift im Jahre 1880,[1]) dass in Berlin im ersten Quartal des Jahres 1879 die Differenz zwischen der Höhe der amtlichen Nutzungswerte und der Höhe der Beträge, welche zu der kommunalen Mietssteuer herangezogen wurden, durchschnittlich ca. 19%, in Halle a. S. zu der gleichen Zeit sogar ca. 40% betragen habe. Der Unterschied ist für Berlin scheinbar ein nicht allzu hoher, doch sind die Differenzen nach der Ansicht des »Oekonomist«[2]) auch dort wesentlich höhere, wenn man sie bei den einzelnen Grundstücken betrachtet, worauf es doch in unserem Falle lediglich ankommt.

Es sei nämlich die Tatsache erwiesen, dass viele Gebäude zu niedrig, andere aber wieder viel zu hoch für die Gebäudesteuer eingeschätzt seien. Zahlreiche Grundstücke in bevorzugter Stadtlage und von günstiger Gestaltung der Fläche hätten einen weit höheren, durch die Rentabilität gerechtfertigten Taxwert als der Gebäudesteuernutzungswert anzeige, während andererseits Häuser in entlegenen Gegenden oder Spekulationsbauten von geringem Material und gewöhnlichster Ausführung in der tatsächlichen Taxe bei weitem nicht den staatlich eingeschätzten Wert erreichten.

Den besten Beweis für die Richtigkeit dieser Behauptung liefern die staatlichen Schätzungen selbst, wenn man Taxen einander gegenüberstellt, welche sich für eine Anzahl gleicher Gebäude für 2 Termine herausgestellt haben, die 15 Jahre auseinander liegen.

Ich entnehme diese Ziffern gleichfalls dem »Deutschen Oekonomist«,[3]) welcher hierzu bemerkt, dass die betreffenden Häuser in beliebiger Weise herausgegriffen sind.

Es betrug der Gebäudesteuernutzungswert derselben Häuser bei 2 verschiedenen Schätzungen:

---

[1]) Abgedruckt im „Deutschen Oekonomist", Jahrg. 1883, S. 161.

[2]) a. a. O., S. 162.

[3]) a. a. O., S. 469.

Bei einem Hause	im Jahre 1865	im Jahre 1880
in der Beuthstrasse	M 21,600	M 15,600
in der Friedenstrasse (nahe der Landsbergerstrasse)	M 10,800	M 9,450
in der Lothringerstrasse (nahe der Rosenthalerstrasse)	M 9,675	M 9,000

Wir sehen also, dass diese Grundstücke in dem Zeitraum von 15 Jahren mehr oder weniger erheblich im Werte gesunken sind.

Dagegen sind wieder bei anderen die Nutzungswerte ganz bedeutend gestiegen, wie sich aus den nachfolgenden Beispielen ergiebt.

Es betrugen die staatlichen Schätzungen:

Bei einem Hause	im Jahre 1865	im Jahre 1880
in der Prinzenstrasse	M 8,796	M 13,040
in der Oranienstrasse	M 6,189	M 9,950
in der Leipzigerstrasse	M 14,430	M 35,960
unter den Linden	M 15,804	M 31,590
in der Prenzlauerstrasse	M 17,682	M 28,020
in Alt Moabit	M 5,300	M 11,080
in der Brunnenstrasse	M 6,369	M 9,350
in der Potsdamerstrasse	M 6,837	M 13,700
in der Andreastrasse	M 4,266	M 7,060
in der Friedrichstrasse	M 15,918	M 37,470

Aus beiden Zahlenreihen ersehen wir also, dass die staatlichen Taxen für Berlin weder nach oben noch nach unten hin irgendwie sichere Anhaltspunkte für die Schätzungen zum Zwecke der Beleihung bilden können und zwar schwindet ihr diesbezüglicher Wert naturgemäss um so mehr, je weiter die letzten Schätzungstermine entfernt liegen.

Allerdings — und hierauf weist der »Oekonomist« mit Recht am gleichen Orte hin — sind die ganzen Verhältnisse in kleineren und mittleren Städten im allgemeinen wesentlich stabiler als in der Grossstadt; es verdienen daher auch in den ersteren die staatlichen Ermittelungen unzweifelhaft eine grössere Beachtung.

Aber auch hier treten Wertminderungen bezw. Wertsteigerungen nicht selten wenn auch meist in geringerem Grade besonders infolge von Konjunkturschwankungen innerhalb der Industrie ein, die häufig bis zu dem Eingehen mancher Branchen in einzelnen Städten führen, wofür dann leider nicht immer Ersatz vorhanden ist. Auch andere Vorgänge wie die Verlegung von Behörden, Garnisonsveränderungen u. a. m. können oft ganz wesentliche Einwirkungen auf die Grundstückswerte ausüben.

Alle diese Momente bestärken uns in der Ansicht, entgegen dem Voigtschen sicherlich auf einem zufälligen Zusammentreffen beruhenden Gutachten, die staatlichen Kataster städtischer Liegenschaften nur mit grosser Reserve zur Benutzung im Beleihungswesen zu empfehlen.

Die gleiche Vorsicht ist bei der Hypothezierung landwirtschaftlicher Grundstücke anzuwenden. Wenn auch bei diesen die Fluktuationen nicht so schnell wie in den Städten erfolgen, so fällt hier, wie schon erwähnt, besonders der Umstand in das Gewicht, dass die staatlichen Schätzungen bei ihnen meistens in noch längeren Zwischenräumen als bei solchen in den Städten vorgenommen werden. Wertverändernd wirken aber in der Agrikultur besonders die auf dem Gebiete der Kultur und der Technik eintretenden Vervollkommnungen. So ergaben sich z. B. im Rheinland und in Westphalen bei der Revision des Katasters in den Jahren 1862—1864 gegen die frühere dort in den 1820er Jahren vorgenommene erste staatliche Einschätzung nach den Angaben des »Oekonomist« sehr grosse Differenzen.[1])

Es betrugen mehr:

1. Ackerland und zwar	13,8%
2. Wiesen und zwar	10,8%
3. Wald und zwar	2,5%
4. Gebäudeflächen und zwar	14,6%
5. Oeffentlich benutzte Flächen und zwar	7,2%

Dagegen betrugen weniger:

1. Weiden und zwar	34,7%
2. Wasserstücke und zwar	20,9%
3. Oed- und Unland und zwar	72,0%
4. Weingärten und zwar	5.2%

[1]) „Deutscher Oekonomist", Jahrg. 1883, S. 24.

Hieraus ist ersichtlich, in welchem grossem Umfange öde und abgelegene Gegenden, welche naturgemäss sehr niedrig eingeschätzt waren, urbar und damit ertragsfähiger gemacht worden waren, wodurch ihr Wert dann ganz wesentlich erhöht wurde. Der »Oekonomist« fügt hinzu, dass sich die erwähnten Umwandlungen in einer Periode von 30—36 Jahren und zu einer Zeit vollzo n hätten, in welcher von Kunstwiesenbau und Drainage noch kaum die Rede gewesen sei, in der landwirtschaftliche Maschinen und andere Hilfsmittel noch wenig gekannt seien und der erschwerte Absatz der Produkte zur Vorn hme kostspieligerer Bod aufbesserungen nicht ermuntert hätte. Um wieviel mehr müsse daher nach der Wer seit 1864 gestiegen sein.

Also auch hier sind staatlichen Schätzunen als ein wirklich brauc bares Hilfsmittel nicht anz seh n: selbst zum Zwecke der Vergleichung ist ihr Wer ur ein g n minimaler.

Ich gehe nun da über, die wen gen An eu ungen, welche das R. H. G. als An altspunkte für die Schätzung gegeben hat, etwas genauer zu analysieren.

Im Vordergrunde steh hie der Satz, dass sowohl bei städtischen wie bei landwirtschaftlichen Grun stücken in erster Linie der bei der Beleihung angenommenen Wert den Verkaufswert nicht überschreiten darf. Als Handhabe für die Feststellung des letzteren sollen nur »die dauernden Eigenschaften des Grundstücks« dienen, sowie »der von jedem Besitzer bei ordnungsmässiger Wirtschaft nachhaltig erreichbare Ertrag«, wie es im Gesetze heisst.[1]) Auch in der Begründung zum Entwurfe weist der Gesetzgeber nochmals auf die grosse Bedeutung des »Verkaufswertes« eines Grundstücks hin.[2]) Dieser sei deshalb zu Grunde zu legen, weil die Banken nur insoweit wirklich gesichert wären als sie für den Fall der Zwangsversteigerung des Grundstücks auf Befriedigung für ihre Forderung rechnen könnten. Jedoch sei auch

---

1) Hypothekenbankgesetz vom 13. Juli 1899 § 12 Absatz 1.

2) Begründung zu § 12 a. a. O. Seite 941.

der Ertragswert von hervorragender Bedeutung und müsse berücksichtigt werden und zwar in der vom Geseze vorgeschriebenen Nachhaltigkeit. Aber keinesfalls dürfe der kapitalisierte Ertrag allein für die Beleihung entscheidend sein, da der so gewonnene Wert häufig auf unsicheren Grundlagen beruhe und man daher zu unzutreffenden Ergebnissen gelangen würde. —

Die hier ausgesprochene Ansicht, dass der Verkaufswert eines Grundstücks bei der Schätzung an erster Stelle herangezogen werden müsse, hat eine starke Anhängerschaft gefunden. Auch Rehm ist dieser Meinung in seinem Werke »die Bilanzen der Aktiengesellschaften« beigetreten.[1])

Auf einen anderen Standp nkt stellt sich Budde, indem er in seiner schon mehrfach zitierten Abhandlung[2]) erklärt, dass von den Hypothekenbanken in erster Reihe die Ertragsfähigkeit eines Grundstücks in betracht zu ziehen sei und die e nich die Verkäuf ich eit für die Beleihungsfähigkeit massgebend sein müsse [3])

Nur für Bauplätze ill er im Gegensatze zu der indirekten Hanelsche Wertberech ung den wirklichen Verkehrs- oder Handelswert angenommen wissen.[4])

Er kommt zu seinen Schlussfolgerungen durch das Raisonnement dass das Grundstück der Bank in erster Linie Sicherheit bieten solle für die ihr selbst als Pfandbriefschuldnerin obliegende Zinspflicht und dass hierfür, nicht für Rückzahlung des Pfandbriefkapitals die Bank vornehmlich

---

1) Rehm »die Bilanzen der Aktiengesellschaften«. München 1903. § 176 V, Seite 756 ff.

2) Budde a. a. O. B. 1 Seite 31.

3) Auch F. W. Hartmann will den Ertragswert insofern besonders stark berücksichtigt wissen, als er meint, dass, wenn der »Realwert« und der »Ertragswert« von einander abwichen, der höhere von beiden den »gemeinen (objektiven) Wert« des Grundstücks darstelle. F. W. Hartmann a. a. O. Seite 10.

4) Budde a. a. O. Band 1 Seite 27. Hiermit stimmt auch F.W.Hartmann überein a. a. O. Seite 11.

zu sorgen habe, da der § 8 des R. H. G.[1]) den Banken ausdrücklich verbiete, den Pfandbriefgläubigern ein Kündigungsrecht einzuräumen, während den Banken ein solches zustehe. Dem ersteren Umstande gegenüber verschlage es nichts, wenn sich die Banken des letzteren Rechtes in der Regel auf 10 Jahre zu begeben pflegten, was ihnen ja gleichzeitig gestattet worden sei. Da einmal von den Banken eine Zahlung nicht gefordert werden könne, sei die dauernde Ertragsfähigkeit das Moment, welches zu allererst für die Beleihung verlangt werden müsse.

Hiergegen ist vor allem einzuwenden, dass für ein Grundstück, welches zur Zwangsversteigerung gelangt, doch ausschliesslich der Verkaufswert massgebend ist. Es ist dieses eine Möglichkeit, welche Budde garnicht berücksichtigt hat. Mit einer solchen muss aber bei jedem Grundstücke gerechnet werden, da sie stets und in verstärktem Masse in kritischen Zeiten eintreten kann. Wenn aber zur Subhastation geschritten werden muss, verliert das Moment der Ertragsfähigkeit sofort seinen ihm von Budde zugeschriebenen Wert. Ein Grundstück kommt bekanntlich gerade deshalb unter den Hammer, weil die Zinsen nicht mehr pünktlich eingehen. Ist dieses letztere nun bei einer grösseren Zahl von Objekten der Fall, so kann die Bank auch die Pfandbriefzinsen nicht mehr aufbringen und muss von den betr. Hypotheken loszukommen suchen, um dann auch eine entsprechende Anzahl von Pfandbriefen aus den Verkehre ziehen zu können. Falls in solchen Fällen nicht dem Verkaufswerten der Grundstücke in erster Linie Rechnung getragen oder mit anderen Worten die Möglichkeit der Verkäuflickeit berücksichtigt ist, so würde die Bank in die ernstesten Schwierigkeiten geraten können.

Die Ansicht Buddes kann also keineswegs hier als eine durchaus richtige bezeichnet werden.

Die ganze Frage ist aber deshalb besonders schwierig, weil Meinungsverschiedenheiten schon darüber bestehen, was überhaupt unter Verkaufswert eines Grundstückes zu verstehen

---

[1]) Ich habe § 8 noch an anderer Stelle eingehender zu besprechen.

ist, da dieser von den verschiedensten Umständen beeinflusst werden kann.

Aus der vom Gesetzgeber in der Begründung ausgesprochenen Auffassung ist nur ein negativer Gesichtspunkt zu entnehmen, dass nämlich der Verkaufswert keinesfalls niedriger sein darf als derjenige Preis, welcher in der Zwangsversteigerung unter allen Umständen für das Grundstück zu erzielen ist.

Eine genauere Erklärung unseres Begriffes sucht Dr. Walter Koch geben.[1])

Er definiert Verkaufswert als »diejenige Summe, welche ein nicht zum Verkaufe gedrängter Eigentümer in Zeiten normaler Lage des örtlichen Grundstücksmarktes für das Grundstück in der ortsüblichen Zahlungsweise von einem nicht zum Verkauf gedrängten, verständigen und zahlungsfähigen Käufer jetzt und auf Jahre hinaus zu erlangen vermag.«

Die in dieser Definition enthaltene Ansicht ist aber durchaus nicht als eine communis opinio anzusehen. Manche möchten nur den letzten Verkaufspreis, wieder andere die Durchschnittsverkaufspreise für eine Reihe von Jahren zurück berücksichtigt wissen. Noch komplizierter wird die Sache, wenn das Grundstück überhaupt noch niemals zu einem Verkaufe gelangt ist. Viele behaupten, dass sich in solchen Fällen häufig für Grundstücke in bevorzugter Lage Analogieschlüsse mit anderen ähnlichen Häusern, was ja im allgemeinen am nächsten liegen dürfte, nur sehr schwer ziehen liessen, da sich diese, wo man derartig vorgegangen sei, meist als völlig unzutreffend erwiesen hätten. —

Wie ist nun sowohl hinsichtlich der Berücksichtigung des Verkaufswertes wie der Auslegung dieses Begriffes zu entscheiden? — Mir scheint auch hier wiederum das Reichsaufsichtsamt für Privatversicherung ein Urteil abgegeben

---

[1]) Dr. W. Koch »Das Verhältnis des Verkaufswertes eines Grundstückes zu seinem Kaufpreise« im »Grundstücks-Archiv« vom 1. Februar 1906.

zu haben, welches geeignet ist, als Grundlage für den Erlass von einheitlichen Normen Verwendung zu finden. —

Diese Behörde hat in den schon von mir zitierten »Grundsätzen« in § 11 Absatz 2 den Versicherungsanstalten folgende Verhaltungsmassregeln erteilt: »Die Abschäzung der Grundstücke ist auf den gegenwärtigen Verkaufswert zu richten, etwaige für die Zukunft zu erhoffende Wertsteigerungen sind ausser Ansatz zu bringen«. Bezüglich der Feststellung des Verkautswertes bestimmt § 12, dass nur die tatsächlich in den letzten Jahren unter gewöhnlichen Verhältnissen gezahlten Kaufpreise des betreffenden Grundstücks berücksichtigt werden sollen, wobei aber gleichzeitig Wert-minderungen und -steigerungen sowie die Kaufpreise ähnlicher Grundstücke in Betracht zu ziehen seien. Als, hierdurch noch nicht zufrieden gestellt, die Lebensversicherungsgesellschaften noch um eine nähere Erläuterung des Begriffes »Verkaufswert« einkamen, erfolgte in dem gleichen, von uns ebenfalls schon herangezogenen Antwortschreiben die nachstehende Erwiderung: »Eine Definition des Begriffes „Verkaufswert" erscheint uns nicht erforderlich. Wie dieser Wert im einzelnen zu bestimmen ist, wird sich aus keiner irgendwie gearteten Definition entnehmen lassen — das ist Sache der einzelnen Taxe. Hierfür können nur Anhaltspunkte gegeben werden und solche sind sowohl im Gesetze wie in den Beleihungsgrundsätzen speziell auch in § 12 hinsichtlich der Kaufpreise enthalten.

In Hinblick darauf, dass die Kaufpreise zuweilen durch aussergewöhnliche, mehr zufällige Gründe beeinflusst werden, ist bestimmt worden, dass sie zwar berücksichtigt werden sollen, nicht aber, dass der angenommene Wert mit ihnen übereinstimmen muss.

Um ferner Kaufpreise, welche unter aussergewöhnlichen Verhältnissen z. B. in Zwangsversteigerungen zu stande gekommen sind, auszuschalten, sollen nach § 12 nur die unter gewöhnlichen Verhältnissen gezahlten Kaufpreise in betracht kommen.«

Aus diesen Ausführungen des Amtes lassen sich die folgenden wichtigsten Konsequenzen ziehen:

1. Das Kaiserliche Aufsichtsamt hält eine allgemeine Definition des Begriffes »Verkaufswert nicht nur für überflüssig, sondern für unmöglich, da dieser Begriff lediglich nach der Lage des einzelnen Falles bestimmt werden könne.

2. Der Verkaufswert — und zwar ausdrücklich der gegenwärtige — wird auch hier als wichtigster Anhaltspunkt bezeichnet; hierbei verdienen im allgemeinen die tatsächlich gezahlten Kaufpreise besondere Beachtung, jedoch können nach Ansicht des Aufsichtamtes auch Fälle vorkommen, in denen diese garnicht massgebend zu sein brauchen, nämlich dort, wo es sich um zufällige oder aussergewöhnliche Vorgänge handelt. Hier sollen sie zwar auch stets mit berücksichtigt werden, im übrigen sollen dann aber auch andere Momente unbedingt eine höhere Beachtung finden. —

Diese in den §§ 11 und 12 der »Grundsätze« sowie in in dem Antwortschreiben enthaltenen prinzipiellen Gesichtspunkte können für Grundstücke jeder Art gelten. In mehreren weiteren Paragraphen der »Grundsätze« giebt das Aufsichtsamt noch eine Anzahl näherer Direktiven für den städtischen Besitz. Auf die bei der Beleihung landwirtschaftlicher Grundstücke zu beobachtenden Details geht unsere Behörde nicht ein, da dieser Geschäftszweig auch für die Versicherungsanstalten so gut wie garnicht in betracht kommt.

Ich werde daher, wie schon erwähnt. zum Schlusse der vorliegenden Materie auf das bezügliche Beleihungswesen noch besonders einzugehen haben.

Zunächst kehre ich aber zu der weiteren vom Reichsaufsichtsamt durch die »Grundsätze« geschaffenen Regelung für die Beleihung städtischer Liegenschaften zurück.

Auch diese mehr in die Einzelheiten des Verfahrens eindringenden Vorschriften kennzeichnen sich ebenso wie die schon besprochenen grundsätzlichen Regeln als die beste und klarste Lösung dieser äussert schwierigen Frage. Sie würden daher ebenfalls geeignet sein den Gemeindeschätzungsämtern zur Richtschnur zu dienen.

Es soll durch diese weiteren Bestimmungen bewirkt werden, dass in allen Fällen, ganz gleich ob die Kaufpreise gleichfalls Berücksichtigung verdienen oder nicht, über die wichtigsten Gesichtspunkte, welche bei der Ermittelung des Verkaufswertes stets und unbedingt zu Grunde zu legen sind, Einheitlichkeit und Klarheit herrscht. Die Direktiven hierfür sind in den §§ 13—17 der »Grundsätze« enthalten. Die hauptsächlichsten Regeln finden sich in den folgenden Sätzen, welche ich daher wörtlich wiedergebe:

»Der bei der Beleihung angenommene Wert darf den mittleren Betrag aus dem von dem Sachverständigen getrennt anzugebenden Boden- und Bauwert einerseits und dem Ertragswert andererseits nicht übersteigen.

Der Bodenwert ist nach Massgabe der in den letzten Jahren für Grundstücke in gleicher oder gleichwertiger Lage gezahlten Kaufpreise unter Berücksichtigung der Eigenart des abzuschätzenden Grundstücks und des etwa vor der Bebauung dafür gezahlten Kaufpreises zu bemessen.

Der Bauwert soll dadurch ermittelt werden, dass die Herstellungskosten auf Grund der ortsüblichen Preise festgestellt und hiervon die Kosten für Abnutzung und etwaige Reparaturen in Abzug gebracht werden. — Bei der Feststellung des Ertragswertes sind die Mietspreise zu Grunde zu legen, wie sie unter gewöhnlichen Verhältnissen dauernd zu erzielen sind.' —

Bei Abschluss des Darlehnsvertrages ist dem Gläubiger das Recht zur jederzeitigen Einsicht in die Miets- und Kaufverträge auszubedingen. Die Abzüge für Unkosten und Abnutzung sind zusammen mit mindestens 15%, der Satz für die Kapitalisierung des Reinertrages ist mit mindestens 5% anzunehmen. Ausnahmen sind genau anzugeben.

Der angenommene Bauwert darf die Feuerversicherungssumme nicht übersteigen.«

Das Aufsichtsamt bemerkt jedoch zur Vermeidung von Missverständnissen ausdrücklich, dass der letztere Zusatz nur zum Schutze der Hypothekengläubiger gegen Verluste durch Brandschäden dienen solle, welche dann eintreten könnten, wenn die Feuerversicherungssumme niedriger als der angenommene Bauwert wäre.

Keineswegs aber solle etwa die Feuerversicherungstaxe irgendwie als Anhalt für die Schätzung dienen.

Dieser Kommentar ist durchaus nicht dispensabel, da die Feuerversicherungspolizen früher eine wichtige Rolle im Beleihungswesen spielten und ihnen noch durch die preussischen Normativbestimmungen von 1863 ein gewisser Einfluss eingeräumt war.

Auch heute wird ihnen, besonders in privaten Kreisen noch häufig Wert beigelegt.[1]

Es hat aber unter anderen Paul Voigt[2]) überzeugend an Hand der Statistik nachgewiesen, dass die Polizen privater Feuerversicherungsgesellschaften absolut keine Wertmesser bei der Abschätzung von Grundstücken abgeben können. Die Taxen für die Policen werden in der Regel im Auftrage der Hausbesitzer von privaten Schätzern angefertigt und in keiner Weise auf ihre Richtigkeit von den Anstalten selbst geprüft. Vielmehr lassen diese selbst erst Abschätzungen vornehmen, sobald Brandschäden erfolgt sind, und sind daher auch für etwaige vorherige Unstimmigkeiten gar nicht verantwortlich zu machen. Die in der Polize angegebene Summe hat für die Anstalten nur insofern eine gewisse Bedeutung, als unter keinen Umständen bei Entschädigungen ein über diese Taxe hinausgehender Betrag gezahlt wird.

Einen anderen Charakter und damit auch eine andere Bedeutung haben die Taxen städtischer oder staatlicher Institute, doch kommen diese schon wegen ihrer relativ geringen Zahl für unsere Frage nur wenig in betracht und ferner auch deshalb weil bei ihnen den zeitlichen Veränderungen ebenso wie bei den Steuertaxen nur ungenügend Rechnung getragen wird. —

[1]) Auch F. W. Hartmann will die Feuerversicherungstaxen bei der Abschätzung des Wertes der vorhandenen Gebäude mit herangezogen wissen. Vergleiche F. W. Hartmann „Die Bewertung städtischer Grundstücke in Preussen". Berlin 1907, S. 55.

[2]) Paul Voigt a. a. O., S. 10 ff.

Auch einige der in obigen §§ 13—17 enthaltenen Vorschriften erfuhren in dem schon mehrfach berührten Schreiben der Lebensversicherungsgesellschaften Beanstandungen bezw. Gegenvorstellungen. Diese betrafen die Höhe der vom Aufsichtsamt einerseits für die Reparaturen und die Abnutzung und andererseits für den Multiplikator bei der Kapitalisierung vorgeschriebenen Prozentsätze.

In der Erwiderung[1]) auf den ersten Punkt erklärte das Aufsichtsamt, dass der hierfür angegebene Satz von 15% als ein im allgemeinen zutreffender anzusehen sei, für Berlin seien die Kosten für Reparaturen und Abnutzung nachgewiesener Massen im Durchschnitt sogar noch höher. Es betrügen diese nämlich dort:

1. Steuerbarer Reinertrag gemäss § 3 der Grundsteuerordnung der Stadt Berlin vom 2. Januar 1897	8 %
2. Sicherheits- und Amortisationszuschlag	4 %
3. Instandhaltung der Gebäude und Grundsteuer	5½%
Zusammen	17½%

Auch der Zinsfuss für die Kapitalisierung des Reinertrages sei mit 5% nicht zu hoch angesetzt. Ein solcher von 4½%, wie er von den Gesellschaften gewünscht würde, sei im allgemeinen zu niedrig.

Es wird dieses damit motiviert, dass der Reinertrag nicht nur die Zinsen der Hypotheken und des eigenen Anlagekapitals, sondern auch die mehrfach wiederkehrenden Kosten der Geldbeschaffung einschliesslich der Provisionen, das Risiko der Rente, eine angemessene Vergütung für die Mühe der Verwaltung und Aehnliches zu decken habe. Ueberdies sei der Zinsfuss von 5% auf Grund der Erfahrungen und der Statuten der weitaus überwiegenden Mehrheit der grösseren Versicherungsgesellschaften normiert worden. Es hätte sogar ein Teil der Institute als Zinsfuss für die Kapitalisierung 6% in seinen Satzungen und Regulativen festgesetzt. Der Satz von 5% erscheine aber ausserdem schon nicht als

[1]) a. a. O., S. 80 ff,

zu hoch mit Rücksicht auf den Umstand, dass die Wohngebäude, also die grosse Masse der beliehenen Grundstücke, in verhältnissmässig kurzer Zeit in ihren Einrichtungen veralteten und daher in ihren Erträgnissen zurückgingen — eine Tatsache, auf welche die Gesellschaften ja selbst in ihrer Eingabe, allerdings an anderer Stelle, nämlich bei ihrem Eintreten für die Beleihung gewerblicher Unternehmungen, hingewiesen hätten. —

Man kann nicht umhin, dem Aufsichtsamte auch hier in beiden Punkten seine volle Zustimmung zu erteilen, im zweiten Punkte um so mehr als bezüglich dieses in den Grundsätzen besonders begründete Exemtionen für zulässig erklärt worden sind, welche auch z. B. bei Villen oder Einfamilienhäusern, deren Verwaltung naturgemäss weniger schwierig ist als die grosse Mietshäuser, gerechtfertigt erscheinen.

Wenn Dr. J. Lützeler[1]) meint, dass unter anderem die Konjunkturen des Geldmarktes bei der Kapitalisierung des Reinertrages in betracht zu ziehen seien, so kann ich ihm hierin nicht beistimmen, weil es sich ja bei den hypothekarischen Beleihungen der Banken fast immer um langfristigei meist auf 10 Jahre fest erteilte Darlehen handelt, be denen naturgemäss ein durchschnittlicher Zinsfuss für die Kapitalisierung zu Grunde gelegt werden muss.

Auf die landwirtschaftlichen Beleihungen, denen ich mich nunmehr zuwende, kann, wie schon erwähnt, auch ein Teil der Grundsätze des Reichsaufsichtsamtes zur Anwendung kommen, insbesondere derjenige, in welchem von der Berücksichtigung der Kaufpreise von Grundstücken die Rede ist.

Doch wird man hier auf die letzteren weniger häufig als bei dem städtischen Grundbesitz rekurrieren können, weil bekanntlich ein Besitzwechsel von landwirtschaftlichen Liegenschaften relativ seltener stattfindet. Es haben daher für diese die sonstigen Anhaltspunkte für die Wertsermittlung eine noch wesentlich höhere Bedeutung als für den städtischen Immobiliar-

---

[1]) Dr. J. Lützeler „Die Schätzung von Grundstücken für die Beleihung“ im „Jahrbuch für Gesetzgebung“. Jahrg. 1902, S. 140 ff.

kredit. Wir wollen uns daher mit den wichtigsten der hier in betracht kommenden Gesichtspunkte noch ein wenig beschäftigen.

Die Abschätzung des landwirtschaftlichen Grund und Bodens hat zunächst nach sogen. Kulturklassen und sodann innerhalb dieser nach sogen. Bonitätsklassen zu erfolgen, wobei nicht etwa einmalige Ernteergebnisse, sondern die Durchschnittserträge aus einer längeren Reihe von Jahren zu berücksichtigen sind. Für das im einzelnen zu beobachtende Verfahren hat Dr. J. Lützeler, Direktor der Norddeutschen Grundkreditbank in Weimar, in einem im Jahre 1902 erschienen Aufsatze[1]) die hauptsächlichsten der zu beobachtenden Prinzipien in einer vortrefflichen Uebersicht zusammengestellt. Er bemerkt zu dieser, dass er das Material teils aus Gesetzen und Verordnungen teils aus den Satzungen von Landschaften und landwirtschaftlichen Kreditinstituten sowie aus Anweisungen deutscher Hypothekenbanken genommen habe.

Ich gestatte mir, aus dieser Darstellung einige der am meisten beachtenswerten Punkte in Kürze im folgenden wiederzugeben.

Nach Lützeler muss der Abschätzung selbst die Klarstellung der allgemeinen Verhältnisse vorausgehen. — Diese hat der Schätzer zu studieren und bei der Einzeltaxierung stets im Auge zu behalten.

Es sind dieses nach Lützeler hauptsächlich folgende Momente:

»1. Das Klima der Gegend,

2. Die Dauer der Bestellzeit: diese ist in östlichen und hohen Lagen kurz und nötigt daher in ihnen zur Verwendung zahlreicherer menschlicher und tierischer Arbeitskräfte,

3. die Terrainformation,

4. die Bewässerung,

5. die Häufigkeit von die Saaten gefährdenden Naturereignissen,

6. die Verkehrsverhältnisse der Gegend, also Wege-, Wasser- und Bahnverbindungen,

---

[1]) a. a. O., S. 144 ff.

7. die Entfernung von den Absatzorten,
8. Wohlstand und Dichtigkeit der Bevölkerung,
9. die Nachfrage nach Grundbesitz am Orte,
10. die in der Gegend durchschnittlich gezahlten Pachtpreise,
11. die Marktpreise und die Absatzfähigkeit landwirtschaftlicher Erzeugnisse,
12. die ortsüblichen Arbeitslöhne,
13. das Angebot an menschlichen Arbeitskräften und deren Leistungsfähigkeit.«

Für das Grundstück selbst ist dann folgendes festzustellen:

»1. Bonitierung von Acker-, Wiesen- und Weideland, Wald und sonstigen Arten von Ländereien unter Berücksichtigung des Verhältnisses der einzelnen Klassen zu einander,
2. die Zusammensetzung, die Grenzen und die Lage der Fluren zu den Wirtschaftsgebäuden und ihre Zugänglichkeit vom Wirtschaftsgebäude aus,
3. Bauart nnd Zustand der Gebäude und deren Zulänglichkeit für die Bewirtschaftung der Fluren, unter Umständen mit Veranschlagung der Kosten notwendiger Neu- und Umbauten,
4. Zustand und Zulänglichkeit des toten Inventars event. mit Veranschlagung von notwendigen Neuanschaffungen.«

Es sind dieses nur die wesentlichsten Momente und verweise ich hinsichtlich aller Details auf die Darstellung bei Lützeler selbst. —

Hiermit glaube ich nunmehr genügend diejenigen Grundsätze charakterisiert zu haben, welche den Gemeinde-Taxämtern als Normen bei der Schätzung von Grundstücken vorgezeichnet werden müssten, um auch nach dieser Richtung hin die Reform zu vervollständigen.

In einem engen Zusammenhange mit der Abschätzung selbst steht die Bestimmung derjenigen Quote des festgestellten Grundstückwertes, innerhalb deren Beleihungen seitens der Hypothekenbanken vorgenommen werden dürfen.

In dieser Hinsicht bestimmt der § 11 des R. H. G. in Absatz 2, dass die Beleihung im allgemeinen die ersten drei Fünfteile des Wertes des Grundstückes nicht übersteigen darf. Die Zentralbehörde eines Bundesstaates kann jedoch die

Beleihung landwirtschaftlicher Grundstücke in dem Gebiete des betreffenden Staates oder in Teilen dieses Gebietes bis zu zwei Dritteilen des Wertes gestatten.

Hieraus geht hervor, dass den landwirtschaftlichen Beleihungen eine Vorzugsstellung eingeräumt werden kann und in der Tat ist auch von dieser Befugnis von einer Anzahl von Staaten Gebrauch gemacht worden.

In der Begründung zum Gesetze wird zur Erklärung dieser Tatsache hervorgehoben,[1]) dass, wiewohl prinzipiell im R. H. G. eine ungleiche Behandlung des städtischen und landwirtschaftlichen Grundbesitzes vermieden werden sollte, sich dieses doch nicht vollständig bei Bestimmung der Beleihungsquote durchführen liesse. Es resultiere dieses daraus, dass in manchen Staaten z. B. Preussen die Beleihung von landwirtschaftlichen Liegenschaften bis zu $^2/_3$ des Wertes bereits gestattet gewesen wäre, während städtische Grundstücke der Regel nach nur bis zur Hälfte beliehen werden durften. Auch bei landwirtschaftlichen Instituten und für Mündelhypotheken bestehe in Preussen und anderen Bundesstaaten für landwirtschaftliche Grundstücke die gleiche Beleihungsgrenze. Es hinge dieses dort mit der Gestaltung der Verkaufspreise der Güter zusammen, welche sich in diesen Gebieten enger an die Ertragsfähigkeit angeschlossen hätten als in anderen Staaten, in denen infolge einer abweichenden Gestaltung der Wirtschafts- und Besitzverhältnisse die Grundstücke zum Teil einen im Verhältnisse zum Ertrage sehr hohen Verkaufswert erlangt hätten. — Da man in Preussen bisher mit dieser Beleihungsgrenze keine schlechten Erfahrungen gemacht habe, so liege kein Grund vor diese fallen zu lassen. Ausserdem aber sei zu befürchten, dass durch eine Herabsetzung dieser Grenze den Hypothekenbanken eine die Tätigkeit der Landschaften ergänzende Pflege des ländlichen Realkredits unmöglich gemacht werden würde.

Die Tendenz dieser Ausführungen gipfelt also zu einem sehr grossen Teile in der Fürsorge für die Landwirtschaft.

---

[1]) Begründung zu § 11, a. a. O. S. 939.

Es sollte den Banken, welche den landwirtschaftlichen Kredit bisher sehr vernachlässigt hatten, womöglich ein höherer Anreiz zur Pflege desselben gegeben werden.

Es ist dieses an sich eine durchaus zu billigende Bestrebung, zumal sie sich in Uebereinstimmung mit der anderweitigen, in vielen Staaten zu Gunsten des landwirtschaftlichen Immobiliarkredits bestehenden Regelung befand. Wenn sich auch in der Folgezeit der erhoffte Erfolg nicht gezeigt hat, so hat dieses seinen inneren Grund hauptsächin der schon berührten, weit schwereren Realisierbarkeit des ländlichen Grund und Bodens im Vergleich zu dem städtischen Besitz.

Es fällt dieses Moment in den Augen der Banken derartig schwer in das Gewicht, dass diesem gegenüber die zweifellos grossen Vorzüge des ländlichen Besitzes, welche in der durchschnittlich solideren Basis und der grösseren Stabilität des Wertes zu erblicken sind, nicht den Ausschlag zu geben vermögen.

Es muss daher nach wie vor in der Hauptsache die Pflege des landwirtschaftlichen Kredits die Aufgabe von Spezialinstituten bleiben, welche wie die preussischen Landschaften ganz auf diesen eingerichtet und insbesondere darauf zugeschnitten sind, gegebenen Falls ein Grundstück auch in Zwangsverwaltung nehmen zu können, ohne dieses ohne weiteres unter den Hammer bringen zu müssen. Es lag aber um so weniger Veranlassung für den Gesetzgeber vor eine andere Regelung als wie sie getroffen ist, im vorliegenden Falle vorzunehmen, als, wie auch in der Begründung betont ist, in vielen Staaten in jener Vorzugsstellung der Landwirtschaft schon deshalb eine eigentliche Benachteiligung für den städtischen Grundbesitz nicht erblickt werden konnte, weil die vom Gesetze limitierte Grenze für den letzteren in den meisten Fällen eine Erhöhung der ihm bis dahin zustehenden bedeutete.

Die ganze Frage hatte auch ausserdem für einen Teil der beteiligten Institute nur eine sehr untergeordnete Bedeutung und zwar hauptsächlich infolge des noch jetzt bestehenden Systems der Vornahme der Schätzungen durch private Taxatoren.

Zur Zeit der Krisis mussten wir uns nämlich davon überzeugen, dass auch die anscheinend so vorsichtig gewählte Grenze infolge der unzuverläsigen Schätzungen die schwersten Schädigungen der Pfandbriefgläubiger nicht zu verhindern vermocht hat. Es gewinnt daher zweifellos die vorliegende Frage eine wesentlich erhöhte Bedeutung, wenn unserem Vorschlage gemäss das ganze Taxwesen auf eine weit einwandsfreiere Basis gestellt wird.

Es ist auch in diesem Falle zu erwägen, ob nicht die Vorteile der neuen Regelung so grosse sind, dass es unbedenklich erscheint, den Banken hinsichtlich der Beleihungsquote eine grössere Freiheit zu gewähren.

Es würde dieses, um im Sinne der Banken zu sprechen, eine weitere Entschädigung an diese für die von ihnen befürchteten Nachteile bedeuten.

Ich glaube diese Frage mit aller Ruhe bejahen zu können.

Ich halte die Vorzüge des vorgeschlagenen Verfahrens für so grosse und die damit gewonnene Konsolidierung für so wertvoll, dass man den Banken auch in diesem Punkte eine Konzession machen kann, indem man die Beleihungsgrenze sowohl für den städtischen wie den ländlichen Grundbesitz auf $^7/_{10}$ des Taxwertes erhöht. Noch weiter zu gehen, halte ich zunächst nicht für opportun. Doch würde auch die Eventualität diese Grenze auf $^3/_4$ der Taxe auszudehnen nach Verlauf eines längeren Zeitraumes in Erwägung zu ziehen sein, sobald es gelungen ist, sich mit Hilfe einer Statistik über eine genügend grosse Anzahl der bei den Verkäufen von Grundstücken effektiv erzielten Preise und durch deren Vergleich mit den Schätzungen von der völligen Gefahrlosigkeit auch dieser höheren Grenze zu überzeugen.

3. Kapitel.

Die Regelung der formellen Kontrolle im Interesse der Pfandbriefgläubiger.

Ich habe mich bisher damit beschäftigt zu untersuchen, in welcher Weise im R. H. G. dafür Sorge getragen ist, dass die Deckungshypotheken den Pfandbriefgläubigern in bezug auf ihren inneren Wert Sicherheit für ihre Forderungen gewähren und zwar geschah dieses meiner Disposition gemäss in diesem Abschnitte immer nur in Anknüpfung an die in den Hypothekenbankkrisen hervorgetretenen Misstände.

Es liegt nun klar auf der Hand, dass der Schutz der Pfandbriefbesitzer erst dann ein vollständiger sein kann, wenn auch dafür Sorge getragen wird, dass die Unterlagen sowohl in vorschriftsmässiger Weise beschafft als auch vor Entwendung sowie unrechtmässiger Benutzung gesichert werden.

Wir mussten uns leider davon überzeugen, dass die durch das Gesetz hinsichtlich der Qualität der Unterlagshypotheken gezogenen Kautelen nach keiner Richtung hin genügten, um die Forderungen der Pfandbriefgläubiger ausser Gefahr zu bringen. Es ging dieses schon äusserlich aus der überaus grossen Armut des Gesetzes an diesbezüglichen Bestimmungen und aus der knappen Form der letzteren selbst hervor. Dagegen haben wir zu konstatieren, dass der Gesetzgeber alle Anstrengungen gemacht hat, die jetzt zu behandelnde Materie, welche man kurz mit dem Ausdruck der »formellen Kontrolle« zu bezeichnen pflegt, recht wirksam zu gestalten, was schon in einer wesentlich grösseren Ausführlichkeit zum Ausdrucke kommt. Das Gesetz hat sogar zu der Durchführung dieser Kontrolle ein besonderes Institut geschaffen und auf dessen Ausgestaltung eine relativ grosse Sorgfalt verwandt. Es ist uns der Träger dieses Amtes, jener mit dem Namen »Treuhänder« bezeichnete Funktionär, bereits bei Gelegenheit der Darstellung der Hypothekenbankkrisen begegnet. Das Gesetz war damals erst ganz kurze Zeit in Kraft, und daher erregte es um so grösseres Aufsehen, als es bekannt wurde, dass es den Direktoren der Preussischen Hypotheken-Aktien-Bank trotzdem bereits möglich geworden war, auf legale Weise aus dem Gewahrsam des Treuhänders für Mark 7 600 000 Hypotheken zu erhalten und den Erlös hieraus dann in ihrem privaten Interesse zu verwenden. Es wurde hierdurch leider zur Gewissheit, dass das Gesetz trotz seiner genaueren Vorschriften Lücken bzw. Mängel enthalten müsse. —

Dieser Umstand gibt mir die Veranlassung, in diesem Kapitel die ganze Institution einer eingehenden Betrachtung zu unterziehen, um nicht nur sorgfältig zu prüfen, welcher Fehler im Gesetze jene verbrecherische Manipulation ermöglichte, sondern, um gleichzeitig festzustellen, ob hier noch mehr wunde Punkte vorhanden sind, deren Existenz ähnliche Ueberraschungen zeitigen könnte. —

Der § 29 des R. H. G. ist es, welcher bestimmt, dass bei jeder Hypothekenbank ein Treuhänder sowie ein Stellvertreter desselben zu bestellen ist. Es hat diese Bestellung durch die Aufsichtsbehörde nach Anhörung der Hypothekenbank zu erfolgen und kann auch jederzeit durch die Behörde widerrufen werden.

Die Ernennung durch die Obrigkeit beruht auf der durchaus richtigen Erwägung, dass sich bei vom Staate berufenen Mandataren die meisten Garantien für eine gewissenhafte Wahrnehmung der diesen anvertrauten, überaus verantwortungsvollen Funktionen präsumieren lassen.

Es ist hier einzuflechten, dass die Pfandbriefgläubiger

selbst gleichfalls die Möglichkeit haben, ihre Rechte durch eigene Intervention und zwar speziell im Konkurse einer Bank geltend zu machen. Hierzu geben ihnen die Vorschriften des Gesetzes »betreffend die gemeinsamen Rechte der Besitzer von Schuldverschreibungen« ausreichende Handhaben. Es ist zwar nicht meine Aufgabe auf die Bestimmungen dieses Gesetzes näher einzugehen, doch werde ich die wichtigsten Punkte später noch kurz zu berühren haben.

Die Befugnisse welche dem Treuhänder zustehen, sind in den §§ 30—34 des R. H. G. festgesetzt worden.

In § 30 Absatz 1 ist zunächt die Hauptaufgabe des Treuhänders zum Ausdruck gebracht worden. Es heisst hier: »Der Treuhänder hat darauf zu achten, dass die vorschriftsmässige Deckung für die Hypothekenpfandbriefe jederzeit vorhanden ist; hierbei hat er, sofern der Wert der beliehenen Grundstücke gemäss der von der Aufsichtsbehörde genehmigten Anweisung festgesetzt ist, nicht zu untersuchen, ob der festgesetzte Wert dem wirklichen Werte entspricht.«

Aus dieser allgemeinen Erklärung geht mit voller Klarheit hervor, dass es sich bei der Institution des Treuhänders ausschliesslich um die Ausübung der formellen Aufsicht handelt.

Der Schwerpunkt liegt in dem ersten Satze, wonach der Treuhänder für das jederzeitige Vorhandensein der »vorschriftsmässigen Deckung« für die Pfandbriefe Sorge zu tragen hat.

Ich habe mich daher zunächst mit der Untersuchung der Frage zu beschäftigen, was im Sinne des R. H. G. unter dieser vorschriftsmässigen Deckung zu verstehen ist.

Hierüber geben eine ganze Anzahl von Paragraphen des Gesetzes nähere Auskunft.

Die ersten der bezüglichen Vorschriften sind in § 6 enthalten. —

Hier finden wir an der Spitze den Kardinalsatz: »Der Gesamtbetrag der im Umlauf befindlichen Hypothekenpfandbriefe muss in Höhe des Nennwerts jederzeit durch Hypotheken von mindestens gleicher Höhe und mindestens gleichem Zinsertrage gedeckt sein.« Es folgt dann eine Vorschrift des Inhalts, dass die Deckung, soweit Hypotheken an landwirtschaftlichen Grundstücken dazu verwendet werden, mindestens zur Hälfte aus Amortisationshypotheken zu bestehen habe. Auf diese Bestimmung werde ich an anderer Stelle, nämlich bei der Behandlung der Amortisationsfrage, noch ausführlicher zurückkommen.

Der dritte Absatz des § 6 enthält eine Massnahme, welche bezweckt, die Verwendung von Hypotheken an Grundstücken zu regeln, die die Bank zur Verhütung eines Verlustes an der Hypothek erworben hat. Derartige Unterlagen dürfen als Deckung von Hypothekenpfandbriefen »höchstens mit der Hälfte des Betrages in Ansatz gebracht werden, mit welchem sie vor dem Erwerbe des Grundstückes durch die Bank als Deckung in Ansatz gebracht waren.«

Es ist dieses eine scharf durchdachte und durchaus richtige Vorschrift. Gemäss dieser dürfen Hypotheken der in Rede stehenden Art zwar nicht mehr als vollwertige Deckung behandelt werden, sie sind aber dennoch nicht als gänzlich ungeeignet für eine solche anzusehen. Es würden nämlich, wenn eine Bestimmung in dem letzteren Sinne erfolgt wäre, im Falle eines plötzlichen Konkurses der Bank Verluste der Pfandbriefgläubiger dadurch entstehen können, dass derartige Hypotheken schon nicht mehr als Pfandbriefdeckung behandelt werden dürfen, wenn noch kein Ersatz für sie beschafft worden ist.

Am Schlusse des Paragraphen hat der Gesetzgeber gewisse Kautelen für den Fall gezogen, dass die Pfandbriefdeckung infolge der Rückzahlung von Hypotheken oder aus einem anderen Grunde nicht mehr vollständig ist.

Sobald bei derartigen Gelegenheiten die Ergänzung weder durch andere Hypotheken noch durch die Einziehung eines entsprechenden Betrages von Pfandbriefen erfolgen kann, so hat die Bank die fehlende Deckung einstweilen durch Schuldverschreibungen des Reiches oder eines Bundesstaates oder durch Geld zu beschaffen.

Es ist hierdurch dafür gesorgt worden, dass eine Lücke in der Beschaffung der Deckung niemals eintritt. —

In den §§ 10—13 sind die Erfordernisse normiert worden, welchen die Deckungshypotheken als solche im einzelnen zu entsprechen haben. —

Ich habe diese Anordnungen zum grössten Teile schon eingehend in dem Kapitel über die Grundsätze der Taxierung besprochen. Sie handeln von der Höhe der Beleihungsquote, den Direktiven für die Wertsermittelung sowie von den bei der Beleihung ausgeschlossenen oder doch nur beschränkt zugelassenen Objekten. —

Es bedürfen hier nur noch zwei Punkte, welche in § 11 Absatz 1 enthalten sind, einer Erläuterung.

Hier finden wir nämlich folgende Bestimmungen.

Die erste von ihnen beschränkt die Beleihungen der Hypothekenbanken auf inländische Grundstücke. Durch die andere wird verfügt, dass die Beleihungen der Regel nach nur zur ersten Stelle stattzufinden haben.

Der Sinn der erstgenannten Massregel ist ohne weiteres klar; sie verbietet die Hypothezierung von ausländischen, das heisst also ausserhalb des deutschen Reiches liegenden Grundstücken und zwar aus dem Grunde, weil der Wert dieser in der Mehrzahl der Fälle wegen der häufig ganz andersgearteten Rechts- und Wirtschaftsverhältnisse fremder Staaten sehr schwer zu beurteilen ist. —

Tatsächlich befassten sich vor Inkrafttreten des R. G. G. nur einige süddeutsche Banken — und auch diese nur in geringem Umfange — mit der Beleihung ausländischer Liegenschaften und zwar nur solcher in Oesterreich und in der Schweiz, sodass die Regelung des Gesetzes keinen irgendwie erheblichen Eingriff in die bestehenden Verhältnisse bedeutete. — Was die zweite Vorschrift anbetrifft, welche besagt, dass die Bank in der Regel nur erststellige Hypotheken behufs Verwendung zur Pfandbriefdeckung erwerben dürfe, so ist diese getroffen, um die Banken durch die Vorzugsstellung der ersten Eintragung in das Grundbuch für den

Fall der Subhastation des Grundstückes möglichst vor Ausfällen sicherzustellen.

So berechtigt diese Vorsicht ist, so glaubte der Gesetzgeber hier doch nicht jede Ausnahme von vornherein gänzlich ausschliessen zu dürfen. Dieses geht aus der Einschränkung hervor, welche er mit den Worten »in der Regel« gemacht hat. Es ist dieses nach der Begründung zum Gesetze[1]) deshalb geschehen, weil nicht selten im Grundbuche ältere Lasten oder Schuldposten eingetragen sind, welche zwar tatsächlich ihre Erledigung gefunden haben, die aber nur mit unverhältnismässigen Weiterungen und Schwierigkeiten zur Löschung zu bringen sind. Es ist klar, dass es in solchen Fällen nicht angebracht sein würde, sich auf den Buchstabenbegriff »erste Stelle« zu versteifen.

Dr. C. Hillig hält noch in einigen weiteren Fällen Exemtionen für zulässig.[2])

Seiner Ansicht nach können auch noch Nacheintragungen seitens einer Bank stattfinden, einmal, wenn Vorhypotheken ohne das in den §§ 1170 und 1171 des Bürgerlichen Gesetzbuches geordnete Aufgebotsverfahren nicht zur Löschung zu bringen sind. Es müsse dann ein Betrag in Höhe der Voreintragung entweder von der Bank innebehalten oder bei dieser hinterlegt werden, wenn er nicht als zu geringfügig ganz ausser betracht bleiben könne.

Die gleiche Befugnis vindiziert Hillig ferner der Direktion einer Bank für Fälle, in denen kleine Posten langjährig unkündbar seien oder die Vorbelastung im Verhältnisse zum Gesamtwerte sehr gering erscheine.

Zu diesen Punkten ist folgendes zu sagen. Für den ersten Fall, der Notwendigkeit des häufig langwierigen Aufgebotsverfahrens, müsste, sobald der Ausgang eines solchen nicht abgewartet würde, jedenfalls der zu hinterlegende Betrag gleichfalls in den später näher zu besprechenden Mitgewahrsam

---

1) Begründung zu § 11 a. a. O., S. 939.

2) Dr. C. Hillig „Kommentar zum Hypothekenbankgesetze“. 1900. Seite 30.

des Treuhänders mit dem betreffenden Hypothekendokumente zusammen eingeliefert werden.

Auch im zweiten Falle, also dort, wo es sich um relativ ganz geringfügige Voreintragungen handelt, würde man Ausnahmen für zulässig erklären können. Doch halte ich es hier für unbedingt geboten, dass, um einer etwaigen missbräuchlichen Auslegung dieser Befugnis von Anfang an vorzubeugen, hierfür ein ganz genauer Prozentsatz, welcher unter allen Umständen als gefahrlos erscheint, als Maximalgrenze festgesetzt wird.

Nach Klarstellung dieser Punkte scheint die Vorschrift, Grundstücke in der Regel nur zur ersten Stelle zu beleihen, an sich leicht verständlich und durchführbar zu sein, da man als solche die erste Belastung anzusehen pflegt, welche im Grundbuche zu Gunsten irgend einer physischen oder juristischen Person eingetragen ist.

Wenn dieses auch im allgemeinen als die richtige Ansicht zu bezeichnen ist, so ist damit doch noch nicht jede Schwierigkeit aus dem Wege geräumt.

Es findet sich nämlich speziell in der Gesetzgebung des grössten Bundesstaates, Preussen, hier eine gefährliche Klippe, welche nicht übersehen werden darf, und zwar ist diese in gewissen privilegierten Ansprüchen zu erblicken, die einer Grundbucheintragung überhaupt nicht bedürfen.

Der Sitz dieser Materie ist der § 28 des preussischen Gesetzes »betreffend die Zwangsvollstreckung in das unbewegliche Vermögen vom 13. Juli 1883«. Hier wird den Forderungen von öffentlich-rechtlichen Verbänden, also denen des Staates, der Gemeinden, der Schul- und Kirchenkorporationen u. s. w. ein Vorrecht vor den ersten Hypotheken und Grundschulden eingeräumt, ohne dass es einer Eintragung derartiger Ansprüche in das Grundbuch bedarf. Als solche Forderungen sind nicht nur die laufenden auf dem Grundstücke haftenden sogenannten »gemeinen Lasten« sondern auch die Rückstände dieser aus den letzten beiden Jahren anzusehen. —

Auf Grund von Artikel 118 des Einführungsgesetzes zum

Bürgerlichen Gesetzbuch bleiben derartige landesgesetzliche Vorschriften durch das Bürgerliche Gesetzbuch unberührt.

Welche Dimensionen aber solche Belastungen annehmen können, wird unter anderem besonders lebhaft illustriert durch einen Fall, den die »Berliner Gerichtszeitung« im Jahre 1895 veröffentlicht hat.[1])

Das Blatt schreibt: »In der Zwangsversteigerungssache des dem Kaufmann R. B. gehörigen, in Berlin gelegenen Grundstückes liquidierte bei der Belegung des Kaufgeldes die Stadtgemeinde mit dem Vorrechte des § 28 des Gesetzes »betreffend die Zwangsvollstreckung in das unbewegliche Vermögen« an Kosten für Freilegung, erste Einrichtung und Pflasterung der Strasse den Betrag von M 62,915 und kam mit diesem und den Nebenkosten, zusammen in Höhe von Mark 63,077, zur Hebung. Von den Hypothekengläubigern fielen aus der Schriftsteller F. S. in Höhe von M 40,089 und die Br. Bank mit ihrer ganzen Hypothek in Höhe von M 100,000.

Beide Gläubiger erhoben Widerspruch gegen das Liquidat der Stadtgemeinde, und es wurde infolgedessen zwischen den Beteiligten eine Streitmasse in Höhe von M 63,077 gebildet.

In Verfolgung ihres Widerspruchs hat die Br. Bank Klage erhoben mit dem Antrage, zu erkennen, dass die Streitmasse an sie gezahlt werde.

Zunächst wurde lediglich darüber verhandelt, ob der Rechtsweg zulässig sei.

Das Kammergericht erklärte denselben für zulässig. Das Reichsgericht hat dagegen unter Abänderung des Urteils den obigen Rechtssatz angenommen.

Damit steht nunmehr fest, dass das Liquidat der M 63,077, von welchem aus dem Grundbuche nichts zu ersehen war, den Hypothekenforderungen vorgeht.«

In dem Urteile des Reichsgerichtes wurde nach dem »Deutschen Oekonomist«[1]) entwickelt, dass auf Grund von

[1]) Abgedruckt im »Deutschen Oekonomist«, Jahrg. 1895, S. 655.

[2]) a. a. O. Jahrg. 1895, S. 655.

§ 18 des Zuständigkeitsgesetzes sowie des § 15 des Gesetzes vom 2. Juli 1875 das Liquidat der Stadtgemeinde zu den Gemeindelasten gehöre. Die Frage der Rechtmässigkeit der Veranlagung von Gemeindelasten gehöre ausschliesslich dem öffentlichen Rechte an und sei der Beurteilung der Zivilgerichte entzogen, und man kann dieser Ansicht für unseren Fall nur beipflichten.

Aus der Darstellung dieses Falles selbst aber geht hervor, dass jeder Gläubiger und ganz besonders eine Hypothekenbank mit Rücksicht auf das ihr eingeräumte, so bedeutungsvolle Privileg der Pfandbriefausgabe nicht sowohl ein grosses Interesse daran als die absolute Verpflichtung hat, sich bei den bezüglichen Behörden darüber zu informieren, ob die vielleicht auf den betreffenden Grundstücken ruhenden Lasten sämtlich berichtigt sind.

Es ist nun zwar mit ziemlicher Sicherheit anzunehmen, dass die jetzigen Direktionen aller Banken sich dieser Verpflichtung bewusst sind, und es als selbstverständlich betrachten, dass die einschlägigen Informationen in jedem einzelnen Falle eingezogen werden.

Aber wir müssen auch hier die Möglichkeit berücksichtigen, dass einmal wieder minder zuverlässige Elemente das Heft in die Hand bekommen. Es ist daher notwendig, dass der Treuhänder sich stets davon überzeugt, dass die betreffenden amtlichen Bescheinigungen beigebracht sind. Es bedarf hierzu keiner besonderen Ermächtigung, da dieses, als ebenfalls zu dem Begriff der »vorschriftsmässigen Deckung« gehörig, in den Kompetenzbereich des Treuhänders fällt.

Es soll dieses auch nur deshalb besonders hervorgehoben werden, weil die ganze Materie nicht ohne weiteres klar zu Tage liegt. —

Ich fahre nun in der Besprechung der Funktionen des Treuhänders fort.

Nach der Bestimmung der Hauptaufgabe des letzteren, welche wir soeben erörtert haben, setzen die §§ 30 ff. des R H. G. noch eine Anzahl weiterer Kompetenzen dieses Funktionärs fest.

Die Schlusssätze des § 30 knüpfen an eine Vorschrift an, welche in § 22 Absatz 1 getroffen ist. Auf Grund dieser sind die zur Deckung der Hypothekenpfandbriefe bestimmten Hypotheken von der Bank einzeln in ein Register einzutragen. Ebenso hat dieses mit dem etwa ersatzweise für dieselben zur Deckung bestimmten Wertpapieren unter genauer Bezeichnung der einzelnen Stücke zu geschehen. Hierauf bezugnehmend bestimmt nun § 30, dass der Treuhänder darauf zu achten hat, dass diese Vorschrift von der Bank gewissenhaft befolgt wird. Auch hat er auf Grund des gleichen Paragraphen ferner die Hypothekenpfandbriefe vor der Ausgabe mit einer Bescheinigung über das Vorhandensein der vorschriftsmässigen Deckung und über die Tatsache der Eintragung in das Hypothekenregister zu versehen. Eine in das letztere aufgenommene Hypothek oder die entsprechenden Wertpapiere können nur mit der schriftlichen Zustimmung des Treuhänders in dem Register gelöscht werden.

Die Einrichtung des Registers hat neben dem Zwecke, stets eine genaue und unbedingt zuverlässige Uebersicht über den Stand der Pfandbriefdeckung zu haben, noch eine besonders grosse Bedeutung für den Fall des Konkurses einer Bank. Auf diese werde ich aber erst an anderer Stelle zurückkommen.

Die bisherigen Bestimmungen hatten sämtlich dazu gedient, den Treuhänder mit der Aufgabe zu betrauen darüber zu wachen, dass die von dem R. H. G. hinsichtlich der Deckung der Pfandbriefe getroffenen Vorschriften insbesondere in bezug auf Inhalt und Form des einzelnen Papiers von den Banken genau befolgt werden.

Ich will bei dieser Gelegenheit auch daran erinnern, wiewohl ich dieses schon an der betreffenden Stelle hervorgehoben habe, dass auch die Beobachtung gewisser in unseren Reformvorschlägen enthaltener Bestimmungen in das Ressort des Treuhänders fallen würde.

Rückblickend kann man sich wohl dahin resumieren, dass die Vorschriften bezüglich der Tätigkeit des Treuhänders bis zu diesem Punkte als im allgemeinen ausreichende und zweckentsprechende anzusehen sind, wenn sie auch noch hie und da einiger kleiner Ergänzungen bedürfen.

Der Gesetzgeber hatte aber auf dem vorliegenden Gebiete noch eine zweite Aufgabe, welche kaum minder wichtig als die vorige ist, zu erfüllen. Ich habe auf diese schon im Anfange unseres Kapitels hingewiesen. Nachdem nämlich die Deckungshypotheken in vorschriftsmässiger Weise beschafft sind, muss dafür Sorge getragen werden, dass sie ihrem Zwecke auch für seine Dauer erhalten bleiben, das heisst also, dass sie sowohl vor unrechtmässiger Verwendung als auch vor Unterschlagung gesichert werden.

Auch dieser Notwendigkeit hat der Gesetzgeber Rechnung zu tragen gesucht und zwar durch die Festsetzung der Teilnahme des Treuhänders an der Verwahrung der Deckungshypotheken. Es ist der § 31 des R. H. G., welcher diese Funktion desselben anordnet und gleichzeitig näher determiniert. Hier wird znnächst ganz allgemein bestimmt, dass der Treuhänder die Urkunden über die in das Hypothekenregister eingetragenen Hypotheken, Wertpapiere sowie das gemäss § 6 Absatz 4 zur Deckung der Pfandbriefe bestimmte Geld unter dem Mitverschlusse der Bank zu verwahren hat, er darf diese Gegenstände nur gemäss den Vorschriften des R. H. G., welche in unmittelbarem Anschluss erteilt werden, herausgeben. Es ist einleuchtend, dass diese Bestimmung dazu dienen soll, die bezüglichen Pfandbriefunterlagen vor einer illegalen Benutzung unbedingt sicher zu stellen.

Die rechtliche Natur dieses Gewahrsams ist eine eigenartige. Hillig charakterisiert sie wörtlich folgendermassen:[1] „Die Uebergabe der Hypotkenurkunden seitens der Bank an den Treuhänder begründet nicht ein Pfandrecht des letzteren an den Hypotheken zu Gunsten der Pfandbriefgläubiger, denn es fehlt vor allem die Eintragung der Verpfändung in das Grundbuch (§§ 1274, 874 B. G. B.) — Sie begründet aber auch nicht ein Faustpfandrecht an den

[1] Hillig a. a. O. S. 88.

Hypothekenbriefen allein oder den Wertpapieren, denn es fehlt die Einigung der Parteien, dass dem Treuhänder das Pfandrecht zustehen soll. (§§ 1205, 1206 B. G. B.) Sie schafft vielmehr nur einen tatsächlichen Zustand, während dessen Dauer die Bank ohne Mitwirkung des Treuhänders nicht mehr über die verwahrten Urkunden und Wertpapiere verfügen kann.«

Es ist nun die Frage aufzuwerfen, ob »der tatsächliche Zustand« wie er in der von Hillig treffend charakterisierten Form durch das R. H. G. geschaffen werden soll, auch seinem Inhalte nach in vollem Umfange dem Willen des Gesetzgebers gemäss durch die im R. H. G. hierfür gegebenen näheren Bestimmungen erreicht wird oder besser gesagt, ob er diesem Willen nun auch wirklich voll entspricht.

Zu bejahen ist dieses ohne weiteres für das in der Verwahrung befindliche Geld und die Wertpapiere. Wir haben daher nur zu untersuchen, ob dieses auch hinsichlich der Hypothekenurkunden, also des Hauptbestandteiles der Deckungsmasse, der Fall ist.

Um dieses richtig beurteilen zu können, müssen wir uns zunächst in den wesentlichsten Zügen die Regelung vor Augen führen, welche das Bürgerliche Gesetzbuch in bezug auf die rechtlichen Qualitäten der Hypothekendokumente geschaffen hat.

Hier tritt uns zunächst jene wichtige Unterscheidung entgegen, welche das Bürgerliche Gesetzbuch unseren Gegenstand betreffend vorgenommen hat, nämlich die zwischen Urkunden, denen die sogen. »Briefhypotheken« und solchen, welchen die sogen. »Buchhypotheken« zu Grunde liegen.

Da das R. H. G. stets nur ganz allgemein von Hypotheken spricht, so sind auf Grund desselben beide Arten als Pfandbriefunterlagen zulässig, und wir müssen uns daher auch die Haupteigenschaften beider Hypotheken in ihrer juristischen Tragweite vor Augen führen.

Die bezüglichen Verhältnisse sind in den §§ 1113—1190 des B. G. B. geregelt worden, und hebe ich naturgemäss hier nur die für unsere Materie hauptsächlich in betracht kommmenden Punkte hervor.

Bei der Briefhypothek bildet das Unterlagsdokument, der sog. Hypothenbrief, einen integrierenden Bestandteil der Hypothek.

Dieses Papier muss bei jeder Geltendmachung der letzteren vorgelegt werden, so bei der Kündigung, der Mahnung, dem Antrag auf Zwangvollstreckung u. s. w.

Der wichtigste Punkt ist aber darin zu erblicken, dass der Besitz des Hypothekenbriefes die Präsumtion der Einigung« involviert, dass das Dokument also ein sogenanntes »Wertpapier mit Ordrequalität« ist.[1]) Dieses ergibt sich aus § 1155 B. G. B., welcher besagt, dass, sobald »das Gläubigerrecht des Hypothekenbriefes aus einer zusammenhängenden, auf einen eingetragenen Gläubiger zurückzuführenden Reihe von öffentlich beglaubigten Abtretungserklärungen hervorgehe die §§ 891—899 des B. G. B. in gleicher Weise Anwendung fänden, wie wenn der Besitzer des Briefes als Gläubiger im Grundbuche eingetragen wäre«. In den erwähnten §§ 891—899 sind die Rechte der in das Grundbuch eingetragenen Gläubiger im einzelnen geordnet.

Es kann also bei der Form der Briefhypothek durch eine öffentlich beglaubigte Zession des Hypothekenbriefes die Hypothek selbst mit der vollen rechtlichen Wirkung der Eigentumsübertragung von einem Inhaber auf einen anderen übergehen, ohne dass der neue Eigentümer in das Grundbuch eingetragen zu werden brauchte.

Im Gegensatz nun zu den Briefhypotheken sind Buchhypotheken diejenigen Hypotheken, bei welchen auf Grund des § 1116 Absatz 2 des Bürgerlichen Gesetzbuches die Erteilung eines Hypothekenbriefes infolge einer Einigung zwischen Gläubiger und Grundstückseigentümer ausgeschlossen worden ist.

Es trägt daher das Dokument, welches seitens des Grundbuchamtes über den Akt der Eintragung einer Buchhypothek

---

[1]) Götting im »Deutschen Oekonomist«, Jahrg. 1902, S. 52.

ausgestellt wird, keinen konstitutiven sondern nur den deklarativen Charakter einer Benachrichtigung an die Parteien über die erfolgte Vollziehung der gerichtlichen Handlung. Der Besitz einer derartigen Bescheinigung verleiht also keinerlei Rechte an der Hypothek.

Es können daher auch Verfügungen jeder Art über Buchhypotheken durch die in das Grundbuch eingetragenen Parteien nach erfolgter Einigung getroffen werden, ohne dass die über die Eintragung erteilte Benachrichtigung hierbei vorgelegt zu werden brauchte. Ebenso können aber auch Pfändungen der Hypothek durch Dritte ohne Beibringung dieses Papiers stattfinden. —

Nach dem Gesagten wird man wohl keinen Augenblick zweifelhaft darüber sein können, welcher Form von Hypotheken in dem uns beschäftigenden Falle d. h. im Interesse der Pfandbriefgläubiger der Vorzug zu geben ist. Bei der Buchhypothek wird die vom Gesetzgeber gewollte Mitverwahrung der Dokumente durch den Treuhänder völlig illusorisch, da ja z. B. die als Eigentümerin der Hypothek in das Grundbuch eingetragenen Hypothekenbank über den Kopf des Treuhänders hinweg mit dem Darlehnsnehmer jede beliebige Transaktion vornehmen kann.

Es ist also bei Vorhandensein von Buchhypotheken als Pfandbriefunterlagen zunächst theoretisch sehr wohl die Möglichkeit gegeben, dass der gesamte Bestand an derartigen Hypotheken von einer Bank versilbert wird, ohne dass der Treuhänder hiervon auch nur das Geringste zu erfahren braucht.

Dass auch in der Praxis derartige Verfehlungen nicht a priori ausgeschlossen sind, beweisen uns Vorgänge, wie sie sich in den Hypothekenbankkrisen abgespielt haben. Dagegen kann bei alleinigem Vorhandensein von Briefhypotheken weder ein Gläubiger eines Instituts noch auch die Hypothekenbank selbst bezüglich dieser Unterlagen irgendwelche Schritte unternehmen, ohne von dem Treuhänder die betreffenden Hypothekenbriefe ausgehändigt erhalten zu haben. Nur bei diesen ist also der Gewahrsam des letzteren als ein wirksamer und vollständiger anzusehen.

Trotzdem sind auch der Buchhypothek Fürsprecher erstanden, welche sich hierbei allerdings nur auf den Standpunkt der Hypothekenbanken stellten.

Zu diesen gehört auch Dr. C. Hillig.[1])

Dieser sucht die Vorteile der Buchhypothek auf negativem Wege und zwar durch Hervorhebung einer Anzahl von Nachteilen zu erweisen, welche nach ihm der Briefhypothek anhaften.

Unumwunden muss allerdings auch er zunächst zugeben, dass im Interesse des wirklich wirksamen Gewahrsams durch den Treuhänder und damit auch in dem der Pfandbriefgläubiger die Briefhypothek unbedingt den Vorzug verdient. Doch seien sonst, so meint er, grössere Schattenseiten bei der Briefhypothek als bei der Buchhypothek zu verzeichneu. Diese Behauptung kann nun meines Erachtens schon aus dem Grunde ganz und gar nicht zutreffen, weil doch eigentlich nicht bestritten werden dürfte, dass in unserem Falle als das vornehmste und wichtigste Prinzip doch die unbedingte Sicherung der Pfandbriefgläubiger zu gelten hat. Aber auch abgesehen hiervon sind die von Hillig in das Feld geführten Nachteile der Briefhypothek sehr leicht zu beseitigen. Dieses ist zunächst mit dem von ihm gemachten Einwande der Fall, dass bei der Briefhypothek der Geschäftsverkehr deshalb ausserordentlich erschwert würde, weil bei allen Gelegenheiten der Hypothekenbrief vorgelegt werden müsse. Nach der durchaus einleuchtenden Ansicht von Justizrat Götting ist dieses Hindernis dadurch in Fortfall zu bringen, dass die diesbezügliche Verpflichtung einfach im Darlehnsvertrage ausgeschlossen wird.[2]) Hiervon sind selbstverständlich die Fälle der Löschung, der Zession und der Veräusserung der Hypothek auszunehmen, sodass die Pfandbriefgläubiger nach wie vor voll gesichert erscheinen.

Einem ferneren Einwurfe Hilligs, dass die Briefhypothek dis verantwortungsvolle Aufbewahrungspflicht des Hypothekenbriefes für die Bank im Gefolge habe, ist ent-

---

1) a. a. O. S. 84.

2) Artikel im »Deutschen Oekonomist«, Jahrg. 1902, S. 52,

gegenzuhalten, dass die Verwahrung der Papiere in den feuersicheren Tresors der Banken diese Verpflichtung nicht als eine allzu schwierige erscheinen lässt. Es dürften sich sogar, was diesen Punkt anbetrifft, gerade bei der Buchhypothek noch grössere Schwierigkeiten äussern können, auf welche Hillig auch selbst hindeutet, die er aber meines Erachtens in ihrer Bedeutung wesentlich unterschätzt. Ich halte nämlich die von ihm nur nebenbei berührte Möglichkeit einer Vernichtung des Grundbuchs z. B. durch Feuer, wodurch dem Gläubiger bei der Buchhypothek die doch allein rechtlich wirksame Möglichkeit entzogen würde sein Recht zu beweisen, für weit naheliegender und daher bedenklicher als den von ihm zuletzt behaupteten Nachteil der Briefhypothek.

Einen weiteren Vorteil hat nach Hillig die Buchhypothek vor der Briefhypothek deshalb, weil die erstere den jeweiligen Gläubiger kenntlich mache und ihm infolgedessen die Möglichkeit sichere, ihn von allen ihn angehenden Aenderungen im Grundbuche, z. B. Zwangsversteigerungen und Widersprüchen zu benachrichtigen (§ 55 B. G. O., § 9 Ziff. 1 Z. V. G.). Diese Eigenschaft der Buchhhypothek lässt sich aber, wie ich wiederum den Ausführungen Göttings entnehme,[1] auch auf die Briefhypothek übertragen und zwar dadurch, dass stets dafür Sorge getragen wird, dass bei der Abtretung von Hypothekenbriefen an eine Bank diese jedes Mal in das Grundbuch eingetragen wird.

Wenn auch anzunehmen ist, dass diese Praxis in der weit überwiegenden Mehrzahl von Fällen schon jetzt von den Hypothekenbanken befolgt wird, so halte ich es doch für ratsam, in die zu erlassenden Grundsätze auch eine entsprechende derartige Vorschrift mit aufzunehmen, um ihrer Ausführung unter allen Umständen sicher zu sein. Götting schlägt in Ergänzung der obigen Massregel ferner vor, bei dieser Gelegenheit die sogenannte »dringliche Vollstreckungsklausel« mit eintragen zu lassen, welche zu Protokoll eines

---

[1]) a. a. O., S. 53.

Gerichts oder eines Notars erklärt werden müsse. Hierdurch sei die Möglichkeit gegeben, die verbriefte Summe unmittelbar in der Zwangsversteigerung geltend zu machen. Auch diese Anregung des in das Hypothekenrecht besonders gut eingeweihten Praktikers verdient volle Beachtung.

Wir sehen also, dass sich die von Hillig angeführten Nachteile der Briefhypothek bei Beobachtung der nötigen Vorsicht mit leichter Mühe vermeiden lassen, sodass sich in der Tat dieser Form überhaupt keine triftigen Bedenken entgegenhalten lassen. Hierdurch erlangt aber der grosse, auch von Hillig anerkannte Vorzug dieser Hypothek im Interesse der Pfandbriefgläubiger noch eine um so höhere Bedeutung.

Was die praktische Durchführung der Briefhypothek anbetrifft, so wurde diese in einer Anzahl von Staaten so Preussen, Württemberg, Hessen und anderen dadurch erleichtert, dass dort schon vor Inkrafttreten des Bürgerlichen Gesetzbuches Institutionen bestanden, welche in bezug auf ihre rechtliche Natur den Briefhypotheken ähnelten.[1])

Den Unterlagen dieser Hypotheken sind nach Hillig auf Grund des Artikel 193 des Einführungsgesetzes zum Bürgerlichen Gesetzbuch von den betreffenden Landesregierungen die Eigenschaften von Hypothekenbriefen im Sinne des Bürgerlichen Gesetzbuches verliehen. — Dagegen kannten andere Staaten wie Sachsen und Bayern nur Institutionen ähnlich den Buchhypotheken.[2]) Diese haben auf Grund von Artikel 192 Absatz 1 des Einführungsgesetzes zum Bürgerlichen Gesetzbuche auch nur als Buchhypotheken im Sinne des Bürgerlichen Gesetzbuches zu gelten, falls nicht gleichfalls von Artikel 193 des Einführungsgesetzes Gebrauch gemacht wird.

Nach Hilligs Angaben haben aber Sachsen und Bayern auf Grund ihrer Ausführungsgesetze den Artikel 192 zur Anwendung gebracht, sodass in diesen Staaten diejenigen Hypotheken, welche dort vor Inkrafttreten des Bürgerlichen Gesetzbuches zur Eintragung gelangt waren, sämtlich den Charakter von Buchhypotheken im Sinne des Bürgerlichen Gesetz-

[1]) Hillig a. a. O., S. 87.

[2]) Hillig a. a. O., S. 87.

buches erhalten haben. Wie erheblich die Zahl derselben war, geht aus einer Aeusserung des Abgeordneten v. Strombeck in der entscheidenden Reichstagssitzung[1]) hervor, welcher darauf hinwies, dass in Bayern allein für ca. 800 Millionen Mark Buchhypotheken vorhanden seien. Es ist daher bei der Stellung, welche dieser Staat sowohl wie Sachsen zu der Frage eingenommen haben, absolut nicht ausgeschlossen, dass sich noch jetzt eine grosse Anzahl von Buchhypotheken in den Safes der Hypothekenbanken befinden.

Auch sogenannte Grundschuldforderungen können noch vorhanden sein.

Diese sind nämlich durch den § 40 des R. H. G. den Hypotheken gleichgestellt worden. — Wir müssen uns daher auch mit diesen noch ein wenig beschäftigen.

Grundschuldforderungen sind auf Grund des § 1191 des Bürgerlichen Gesetzbuches Eintragungen in das Grundbuch, welche nur ein Anrecht auf Befriedigung des Gläubigers aus dem Grundstücke selbst gewähren, während bei allen Hypotheken im Sinne des Bürgerlichen Gesetzbuches der Schuldner ausserdem noch mit seinem ganzen übrigen Vermögen für die Forderung haftet. —

Für die ersteren ist also charakteristisch, dass sie, da sie ganz ausschliesslich demRealkredit ohne jede Berührnng mit dem Personalkredit dienstbar gemacht werden, eine völlig reine Form des ersteren darstellen, und dieses ist auch die Ursache, welche den Gesetzgeber[2]) dazu bestimmt hat, auch diesen Typus der Grundbucheintragungen als Unterlage für Hypothekenpfandhriefe zuzulassen.

Bei dieser Form können auf Grund des § 1194 des Bürgerlichen Gesetzbuches auch sogenannte Grundschuldbriefe, welche auf den Inhaber lauten, ausgestellt werden; es finden auf diese die Vorschriften über die auf den Inhaber lautenden Schuldverschreibungen Anwendung. Es ist also hierdurch bei Grundschuldforderungen im Sinne des Bürgerlichen Gesetz-

---

[1]) Stenographische Berichte a. a. O., S. 1393.

[2]) Begründung zu § 40 a. a. O., S. 953.

buches sehr wohl die Möglichkeit gegeben, die betreffenden Dokumente durch den Treuhändler wirksam aufbewahren zu lassen und diese damit gegen Pfändungen und Diebstahl zu sichern. —

Es ist auch durchaus denkbar, dass solche Grundschuldforderungen noch in grösserer Zahl als Pfandbriefunterlagen vorhanden sind. Es resultiert dieses daraus, dass die früher in den beiden Grossherzogtümern Mecklenburg als alleinige Form der Grundbucheintragung bestehenden den Grundschulden des Bürgerlichen Gesetzbuches sehr verwandten Forderungen dort nach Hilligs Angaben[1]) auch nach Inkraftreten des Bürgerlichen Gesetzbuches als Grundschulden im Sinne des Bürgerlichen Gesetzbuches bestehen geblieben sind, da die betreffenden Landesregierungen von einer ihnen durch Artikel 195 Absatz 2 des Einführungsgesetzes zum Bürgerlichen Gesetzbuch gegebenen Möglichkeit, diese in Briefhypotheken zu verwandeln, keinen Gebrauch gemacht haben.

Wir haben uns daher die Frage vorzulegen, ob Grundschulden nach jeder Richtung hin in unserem Fall ebenso brauchbar sind wie Briefhypotheken, mit anderen Worten, ob sie volle Sicherheit bieten, um als Pfandbriefdeckung dienen zu können· —

Wir müssen diese Frage auf Grund der in der Praxis gemachten Erfahrungen mit »nein« beantworten.

Es haben sich nämlich in den Zeiten der Krisis Grundschulden im Vergleich zu Hypotheken als minder brauchbar erwiesen.

Nach der Ansicht des »Oekonomist«[2]) hat die Eigenschaft der ersteren, dass bei ihnen nur das Grundstück und nicht auch das übrige Vermögen des Schuldners haftet, bei dem Konkurse der deutschen Grundschuldbank nicht unwesentlich dazu beigetragen, dass die Verluste der Pfandbriefgläubiger gerade dieses Institutes ganz bedeutend grössere waren, als diejenigen der anderen

[1]) Hillig a. a. O., S. 88.

[2]) »Deutscher Oekonomist«, Jahrg. 1902, S. 319.

Banken. Es bestanden nämlich, wie schon der Name vermuten lässt, die Unterlagen der ersteren Anstalt zu einem erheblichen Teile aus Grundschuldforderungen.

Dieses ist Grund genug, um uns zu bestimmen, Grundschuldforderungen zur Pfandbriefdeckung nicht für geeignet zu halten.

Ich komme nunmehr zum Résumé. Da das R. H. G. die Zulassung von Buchhypotheken als Pfandbriefdeckung nicht ausschliesst und durch das R. H. G. ausdrücklich die Lizenz gegeben ist, dass auch Grundschuldforderungen zu dem gleichen Zwecke verwandt werden, so ist vom volkswirtschaftlichen Standpunkte aus mit aller Energie die Forderung aufzustellen nnd dafür einzutreten, dass für die Folge nur Briefhypotheken als Pfandbriefunterlagen zugelassen werden.

Es würde sonst, wie aus meinen Ausführungen hervorgeht, nicht nur der vom Gesetzgeber beabsichtigte Mitgewahrsam des Treuhänders zu einem grossen Teile illusorisch werden, sondern es würden auch die Forderungen selbst nicht immer die volle Sicherheit bieten, Beides ist uur dadurch zu erreichen, dass neue Darlehen nur in der Form von Briefhypotheken erteilt werden dürfen, und auch eine Prolongierung der bestehenden Buchhypotheken und Grundschulden nach Ablauf von solchen nur unter der Bedingung stattfindet, dass diese in der Form von Briefhypotheken zur Eintragung gelangen. —

Wir wenden uns nach Erledigung der Aufbewahrungsfrage nunmehr der Erörterung der Voraussetzungen zu, unter welchen der Treuhänder die Pfandbriefunterlagen herauszugeben hat.

Die diese Materie behandelnden Vorschriften sind in den Schlusssätzen des § 31 enthalten.

Die Auslieferung der Unterlagen hat hiernach in drei durchaus verschieden gearteten Fällen zu erfolgen.

Einmal hat dieses auf Verlangen der Bank dann zu geschehen, — und zwar unter Mitwirkung des Treuhänders bei der Löschung der betreffenden Positionen im Hypothekenregister — wenn die übrigen in das Register eingetragenen

Hypotheken und Wertpapiere zur Deckung der Hypothekenpfandbriefe genügen oder die Bank für zurückgeforderte Unterlagen eine andere vorschriftsmässige Deckung beschafft.

Diese Bestimmung ist ebenso einleuchtend wie gerechtfertigt, sodass sie eines Kommentars nicht bedarf. —

Zweitens hat der Treuhänder Urkunden herauszugeben, auch wenn die im ersten Falle vorgesehenen Voraussetzungen nicht vorliegen, sobald die Bank dem Hypothekenschuldner gegenüher zur Aushändigung der Papiere oder zur Vornahme der in § 1145 des Bürgerlichen Gesetzbuches bezeichneten Handlungen verpflichtet ist.

Wird die Hypothek zurückgezahlt, so ist das in diesem Falle gezahlte Geld dem Treuhänder zur Verwahrung gemäss § 31 Absatz 1 des R. H. G. zu übergeben.

Der hier erwähnte § 1145 des Bürgerlichen Gesetzbuches betrifft die Verpflichtung des Gläubigers zur Vorlegung des Hypothekenbriefes bei der zuständigen Behörde oder einem Notar, wenn der Schuldner auf die Hypothek eine partielle Rückzahlung geleistet hat bezw. eine solche zu leisten beabsichtigt.

In diesem Falle muss naturgemäss auch der Hypothekenbrief nach erfolgter Zahlung entsprechend geändert werden. Es ist klar, dass die Rechte der Hypothekenschuldner durch den Mitgewahrsam des Treuhänders nicht irgendwie beeinträchtigt werden dürfen.

Andererseits ist aber mit dieser zweiten dem Treuhänder auferlegten Verpflichtung zur Herausgabe von Pfandbriefunterlagen eine doppelte Gefahr verbunden und daher zu beachten.

Einmal ist bei dem Vorhandensein von unlauteren Elementen innerhalb der Direktion einer Bank eine unrechtmässige Verwendung der ausgelieferten Papiere nicht ausgeschlossen, und auf der anderen Seite ist in unserem Falle auch die praktisch allerdings wohl ziemlich entfernt liegende Eventualität der Pfändung solcher Dokumente durch andere Gläubiger an und für sich durchaus denkbar.

Meines Erachtens ist beiden Möglichkeiten mit der besten Aussicht auf Erfolg dadurch entgegenzutreten, dass der Treuhänder verpflichtet wird, die betreffenden Papiere im Beisein der Direktoren dem mit der Ausführung des bezüglichen Aktes zu betrauenden Notar direkt auszuhändigen und von diesen auch die Rücklieferung nach Gebrauch bezw. die Uebergabe der Valuta zu verlangen.

Eine derartige Handhabung dürfte kaum irgendwelche Schwierigkeiten bieten. Eventuelle ganz geringfügige Unbequemlichkeiten für die Banken dürften angesichts der grossen Wichtigkeit der Frage selbstverständlich in keiner Weise in die Wagschale fallen.

Als dritten und letzten Fall der Herausgabe einer Urkunde an die Bank seitens des Treuhänders bestimmt das R. H. G., dass eine solche auch dann zu erfolgen hat, wenn die Bank des betreffenden Dokumentes zu »vorübergehendem Gebrauche« bedarf, ohne dass sie verpflichtet ist in einem solchen Falle für dieses eine andere Deckung zu beschaffen. Ich hatte schon wiederholt Gelegenheit darauf hinzuweisen, wie verhängnisvoll sich gerade diese dem Treuhänder erteilte Befugnis in der Krisis der Preussischen Hypotheken-Aktienbank erwiesen hat, indem sie es den Direktoren dieses Instituts ermöglichte, die kolossale Summe von M 7,600,000 zu unterschlagen. Wir müssen uns daher auch mit dieser Bestimmung beschäftigen, um Vorschläge zur Abstellung der ihr inhärenten Gefahren machen zu können. —

Der Gesetzgeber hat hier keine besonderen Vorsichtsmassregeln treffen zu müssen geglaubt, weil ihn, wie wir leider schon wiederholt konstatieren mussten, jenes grosse Vertrauen zu allen Bankleitungen erfüllte, welches leider nur bei einem Teile von ihnen sich als gerechtfertigt erwiesen hat. Es ist ihm auch nicht einen Augenblick in den Sinn gekommen, dass dieses einmal getäuscht werden könnte.

Eine Erklärung hierfür, welche uns allerdings keineswegs voll zu befriedigen vermag, ist, wie schon berührt, nur darin zu finden, dass sich die Direktionen im grossen und ganzen in einer Jahrzehnte langen Tätigkeit in jeder Beziehung bewährt zu haben schienen.

Dass den Gesetzgeber derartige Beweggründe leiteten, bestätigen uns deutlich seine zu diesem Punkte in der Begründung zum Entwurfe ausgesprochenen Worte, welche auch nicht eine Spur von Misstrauen verraten.[1]) Hier heisst es: »Es kann dem Vertreter der Pfandbriefgläubiger in diesem Falle überlassen bleiben, dafür zu sorgen, dass die Urkunde nach gemachten Gebrauche wieder in den gemeinsamen Gewahrsam zurückgebracht wird.«

Auch auf die ebenfalls gegebene Eventualität einer Pfändung derartiger Dokumente durch Gläubiger der Bank hat das Gesetz keine Rücksicht genommen.

Die beiden hier vorhandenen Möglichkeiten der Gefährdung von Deckungshypotheken lassen sich aber meines Erachtens ohne grosse Schwierigkeiten aus der Welt schaffen und zwar aus dem Grunde, weil sich die dem Treuhänder eingeräumte Befugnis zur vorübergehenden Herausgabe solcher Papiere an die Bank überhaupt völlig entbehrlich machen lässt. — Dieses lässt sich folgendermassen motivieren.

Nach Hilligs Ansicht[2]) ist die Notwendigkeit einer derartigen Herausgabe in 3 Fällen vorhanden:

1) bei der Kündigung einer Hypothek an den Schuldner.
2) bei der Mahnung des Hypothekenschuldners (§ 1160 d. B. G, B.)
3) bei einer eventuellen Berichtigung des Grundbuchs (§ 896 d. B. G. B.)

Wie ich nun schon an anderer Stelle berührt habe, lässt sich nach Göttings richtiger Ansicht die Vorschrift der jedesmaligen Vorlegung des Hypothekenbriefes bei einer Kündigung (1) und bei einer Mahnung (2) durch einen besonderen in den Darlehensvertrag aufgenommenen Zusatz leicht beseitigen.

Sobald dieses aber geschehen ist, wird eine vorübergehende Herausgabe der betreffenden Dokumente zu diesen Zwecken gänzlich überflüssig, da doch von der Bank behufs Ausübung des Mahn- und Kündigungsverfahrens leicht vor

---

[1]) Begründung zu § 31 a. a. O., S. 949.

[2]) Hillig a. a. O., S. 91.

Einlieferung der Dokumente in den Gewahrsam des Treuhänders Abschriften genommen werden können.

Der von Hillig erwähnte dritte Fall, die Berichtigung des Grundbuchs, ist von uns aber auch bereits erledigt worden. Er gehört nämlich zu den Massnahmen, welche im Interesse der Hypothekenschuldner von der Bank vorgenommen werden müssen. Wie erinnerlich ist von uns für solche Eventualitäten die Herbeiführung eines direkten Verkehrs zwischen Notar und Treuhänder in Vorschlag gebracht. Man hat also nur in dem von mir vorgezeichneten Sinne zu verfahren, um die ganze Klausel der »vorübergehenden Herausgabe« völlig fallen lassen zu können.

Allerdings ist zuzugeben, dass die Durchführung dieser Massregeln nicht von heute auf morgen erfolgen kann, sondern eine gewisse Zeit erfordert. da die diesbezüglichen Vereinbarungen in die bereits abgeschlossenen Darlehensverträge natürlich nicht mehr aufgenommen werden können.

Es ist daher für ihre endgültige Erledigung eine bestimmte Frist zu setzen, welche sich danach zu richten hat, bis zu welchem Termine die entsprechenden Massnahmen sich unter allen Umständen zur Ausführung bringen lassen.

Es dürfte ferner angezeigt erscheinen, dass die Treuhänder genaue Listen über die in Händen von Notaren befindlichen Deckungsurkunden mit Angabe der Zwecke, welche die Auslieferung an die Notare notwendig machten, sowie unter Vermerk der Uebergabedaten zu führen veranlasst werden; letzteres aus dem Grunde, um für eine pünktliche Besorgung der bezüglichen Akte durch die betreffenden Mandatare Sorge tragen zu können. —

Die Schlussbestimmungen, welche die Tätigkeit der Treuhänder betreffen, sind in den §§ 32—34 gegeben.

Die §§ 32 und 33 enthalten zunächst noch einige die Funktionen dieser Beamten ergänzende Vorschriften.

Auf Grund dieser ist der Treuhänder befugt jederzeit die Bücher und Schriften der Bank einzusehen, soweit sie sich auf die Hypothekenpfandbriefe und auf die in das Hypothekenregister eingetragenen Hypotheken beziehen.

Die Hypothekenbank ist verpflichtet, von den Kapitalrückzahlungen auf die in das Register eingetragenen Hypotheken sowie von sonstigen für die Pfandbriefgläubiger erheblichen Aenderungen, welche die Hypotheken betreffen, dem Treuhänder fortlaufende Mitteilung zu machen.

Bei etwa vorkommenden Streitigkeiten zwischen dem Treuhänder und der Hypothekenbank hat die Aufsichtsbehörde zu entscheiden.

In § 34 sind schliesslich Direktiven für eine Remuneration des Treuhänders gegeben.

Dieser kann von der Bank eine angemessene Vergütung für seine Geschäftsführung verlangen. Sobald eine Vereinbarung über die Höhe einer solchen erfolgt ist, ist deren Betrag der Aufsichtsbehörde anzuzeigen; in Ermangelung einer Einigung wird die Entschädigung durch die Aufsichtsbehörde festgesetzt.

Meines Erachtens würde es der ganzen Stellung des Treuhänders besser entsprechen, wenn die Remunerationen für jede Bank nach Massgabe des Geschäftsumfangs des einzelnen Instituts durch die Aufsichtsbehörde festgesetzt und auch durch deren Vermittelung an den Treuhänder gezahlt würden.

Was die Persönlichkeiten anbetrifft, welche die Funktionen des Treuhänders ausüben, so werden diese bisher grösstenteils von hohen Beamten aus den zuständigen Ministerien und zwar nur im Nebenamte wahrgenommen. Bei der grossen und weittragenden Bedeutung aber, welche dieser Stellung innewohnt, erscheint mir deren nebenamtliche Ausübung nicht als ausreichend, zumal sie nach Durchführung der von mir gemachten Vorschläge noch eine Erweiterung erfahren würde.

Ich möchte es daher befürworten, dass wenigstens der Posten des Treuhänders selbst zu einem solchen im Hauptamte ausgestaltet würde; dagegen dürfte dieses bei dem des Stellvertreters nicht als erforderlich erscheinen.

Antizipierend will ich hier ferner noch bemerken, dass sich die Zuständigkeit des Treuhänders auch auf die Kommunal- und Kleinbahngeschäfte der Banken erstreckt, doch werde ich hierauf näher erst an anderer Stelle zurückkommen. —

Zum Schlusse meiner Darstellung über die Funktionen des Treuhänders bezw. die Ausübung der formellen Kontrolle erübrigt es sich für mich noch auf ein völliges Vakuum sowie eine Unvollkommenheit, also zwei Mängel, welche das Gesetz ferner aufweist, einzugehen, da beide geeignet sind, schwere Nachteile für die Pfandbriefgläubiger im Gefolge zu haben.

Ich wende mich zunächst der Erörterung über die Lücke im R. H. G. zu.

Diese besteht darin, dass sämtliche Funktionen des Treuhänders nur so lange in Kraft sind, als sich die Bank ausserhalb des Konkurses befindet — sie expirieren sämtlich mit dem Ausbruche eines solchen.

Der § 35 des R. H. G. giebt darüber Auskunft, was nach dem Eintritt einer derartigen Katastrophe mit den Pfandbriefunterlagen zu geschehen hat. Auf Grund desselben gehen »nach Ausbruch des Konkurses in Ansehung der Befriedigung aus den in das Hypothekenregister eingetragenen Hypotheken und Wertpapieren die Forderungen der Pfandbriefgläubiger den Forderungen aller anderen Konkursgläubiger vor«. Hier sehen wir also, welche wichtige Rolle das Hypothekenregister in diesem Falle spielt. Die Eintragung in dieses Register hat einen durchaus konstitutiven Charakter, und Unterlagen, die nicht in dieses eingetragen sind, würden nicht zu der Sonderbefriedigung der Pfandbriefgläubiger verwandt werden dürfen.

Es ist nun notwendig, sich den durch die obige Bestimmung des § 35 für die Pfandbriefgläubiger geschaffenen Rechtszustand klar zu machen.

Hillig folgert aus dieser Vorschrift mit Recht,[1]) dass es sich hier nicht um ein Absonderungsrecht der Pfandbriefgläubiger im Sinne von § 48 der Konkursordnung handelt. »Es ist vielmehr, so schreibt er wörtlich, ein Recht auf vorzugsweise Befriedigung im Konkurse gemäss § 61 der Konkursordnung mit der der Konkursordnung bisher fremden Beschränkung auf einen besonders kenntlich

---

[1]) Hillig a. a. O., S. 95.

gemachten Teil des dem Konkursverfahren unterworfenen Vermögens des Gemeinschuldners. Die Pfandbriefgläubiger sind nicht Absonderungsberechtigte sondern echte Konkursgläubiger. Ihre Ansprüche sind Konkursforderungen mit gesetzlichem Vorrecht, für sie gelten alle Bestimmungen der Konkursordnung. (Insbesondere: § 63 Wegfall der Verzinsung, § 65 Fälligkeit der Forderung, § 80 Teilnahme an der Wahl des Konkursverwalters, § 95 Teilnahme an der Gläubigerversammlung, § 138 ff Forderungsanmeldung, § 149 ff Verteilung.) Mit der Konkurseröffnung (§ 207 ff K.-O.) bilden die in das Hypothekenregister eingetragenen Hypotheken und Wertpapiere sowie das Geld, das an Stelle der Hypotheken als Deckung zu dienen hat, eine besondere Aktivmasse, die von dem Konkursverwalter unter Beobachtung der Vorschriften der Konkursordnung versilbert wird.«

Der Treuhänder ist also im Konkurse nicht mehr befugt, die Rechte der Pfandbriefgläubiger wahrzunehmen.

Es werden zwar noch Vorkehrungen für eine besondere Vertretung der Interessen der Pfandbriefgläubiger während der Dauer des Konkurses durch das von mir bereits an anderer Stelle erwähnte Gesetz »betreffend die gemeinsamen Rechte der Besitzer von Schuldverschreibungen vom 4. Dezember 1899« getroffen.

Auf Grund diess Gesetzes kann die Versammlung der Pfandbriefgläubiger unter Voraussetzung einer bestimmten Majorität Beschlüsse fassen, welche die Gesamtheit derselben binden. Die Versammlung kann ferner einen besonderen Vertreter wählen, dessen Kompetenzen sich aber darauf beschränken, die Tätigkeit des Konkursverwalters zu kontrollieren und gegen eventuelle Benachteiligungen der Pfandbriefgläubiger Protest einzulegen.

Es hat sich jedoch bereits in den Hypothekenbankkrisen gezeigt, dass diese Vorschriften nicht ausreichen, um die Wirksamkeit des Treuhänders zu ersetzen.

Der »Deutsche Oekonomist« weist darauf hin[1]), dass

---

[1]) »Deutscher Oekonomist«, Jahrg. 1901, S. 267.

sich das Fehlen des Treuhänders schon in dem Konkurse der Deutschen Grundschuldbank besonders fühlbar gemacht habe. Das erwähnte Organ giebt an dieser Stelle der Ansicht Ausdruck, dass der Gesetzgeber sich den Konkurs einer Bank anscheinend nur rein akademisch gedacht habe.

Die Obligationen der Grundschuldbank (ca. 98 Millionen Mark) hätten sich fast durchweg in den Händen eines schwach bemittelten Publikums, sogenannter kleiner Leute, befunden, welche völlig sachunkundig gewesen seien. Es wäre daher für diese von höchster Wichtigkeit gewesen, wenn sich die Funktionen des Treuhänders bis zur völligen Liquidation der Bank ausgedehnt hätten; so aber sei der Fall eingetreten, dass der Konkursverwalter den Pfandbriefgläubigern proponiert hätte, von dem effektiv gesicherten Bestande ihrer Forderungen, nachdem bereits für ca. 45 Millionen Mark als gänzlich ausfallend ausser betracht geblieben seien, nur $1^1/_2{}^0/_0$ in bar, dagegen $25^0/_0$ in Aktien und weitere $25^0/_0$ in Obligationen der »Neuen Berliner Baugesellschaft« zu akzeptieren.

Der »Oekonomist« subsumiert hieraus, wie dringend notwendig es sei, dass der Treuhänder auch im Konkurse bis zur völligen Liquidation der Bank sein Amt weiter führe, wenn dasselbe auch für diesen Fall gewisse Modifikationen bezw. Erweiterungen erfahren müsste.

Man kann nicht umhin dieser Ansicht voll und ganz beizustimmen.

Erst, wenn die Interessen der Pfandbriefgläubiger auch während des Konkurses einer Bank und darüber hinaus bis zur völligen Auflösung des Instituts von dem Treuhänder wahrgenommen werden, können die Pfandbriefe selbst als genügend gesichert angesehen werden. Wie sehr aber der »Oekonomist« darin Recht hat, dass der Gesetzgeber an den Konkurs einer Bank ernstlich kaum gedacht hat, geht auch daraus hervor, — und hiermit komme ich zu der oben berührten Unvollkommenheit des Gesetzes, — dass infolge der bereits charakterisierten Rechtslage die Pfandbriefgläubiger im Falle eines Konkurses auf Grund des § 63 Ziffer 1 der Konkursordnung mit dem Tage der

Konkurseröffnung der Verzinsung ihrer Forderungen verlustig gehen. Es fliessen somit von diesem Zeitpunkte an die von den Schuldnern der Deckungshypotheken auch während des Konkurses einer Bank naturgemäss weiter zu zahlenden Zinsen nicht den Pfandbriefgläubigern zu; vielmehr kommen sie der nicht bevorrechtigten Masse zu gute.[1])

Da sich ein derartiger Konkurs häufig recht lange hinzieht, so können den Pfandbriefgläubigern durch diese Zinsverluste auch dann ganz erhebliche Einbussen entstehen, wenn die Unterlagen selbst einen soliden und einwandfreien Charakter besitzen.

Es ist dieses aber ein ganz unhaltbarer Zustand, der in seinen Folgen offenbar vom Gesetzgeber nicht durchdacht ist. Es sollte ganz zweifellos — dieses entsprach wenigstens sicherlich den prinzipiellen Intentionen des Gesetzgebers — durch die Bestimmungen des R. H. G. erreicht werden, dass den Pfandbriefgläubigern ihre Forderungen an Kapital und Zinsen voll gesichert würden; aber bei dem vollkommenen Vertrauen des Gesetzgebers in die Zuverlässigkeit der Bankleitungen hatte er es nicht für erforderlich erachtet, einen Konkurs mit allen seinen Konsequenzen eingehender in Erwägung zu ziehen.

Es erscheint mir daher die Aufnahme einer ergänzenden Bestimmung, welche den Pfandbriefgläubigern die ihnen zustehende Verzinsung aus den Deckungshypotheken auch während eines Konkurses sichert, als eine unabweisbare Notwendigkeit.

---

[1]) Die Richtigkeit dieser Tatsache wird u. a. auch von Dr. Justin Goldstein in einem Artikel über »den Konkurs der Aktiengesellschaften« in »Hirths Annalen des Deutschen Reiches«, Jahrg. 1901, S. 738, bestätigt.

4. Kapitel.

Die Regelung der übrigen Staatsaufsicht.

Wenn wir einen Rückblick auf die bisher behandelten Materien werfen, welche einerseits die Regelung des Taxationswesens, andererseits diejenige der durch den Treuhänder auszuübenden formellen Kontrolle betrafen, so hoffe ich durch meine Ausführungen die letzten Zweifel darüber beseitigt zu haben, dass nur durch die solide Ausgestaltung dieser beiden Fundamente des Hypothekenbankwesens ein wirklich wirksamer und zuverlässiger Schutz der Pfandbriefgläubiger zu erreichen ist.

Wir haben uns aber gleichzeitig an der Hand eines erdrückenden, meist aus jenen Bankkrisen resultierenden Beweismaterials davon überzeugen müssen, dass auf beiden Gebieten das R. H. G. eine grosse Anzahl von Lücken und Mängeln aufweist, welche sich bei einer Wiederholung von ähnlichen Ereignissen auf das Empfindlichste fühlbar machen könnten. Es muss daher, wie schon berührt, mit der grössten Schärfe betont werden, dass man jetzt, wo es noch Zeit ist und wo noch nicht völlig Gras über jene Vorkommnisse gewachsen ist, allen Ernstes an die Aufgabe herantritt, Reformen in der von mir beschriebenen Richtung herbeizuführen.

Wie wir gesehen haben, ist bei wirklichem Wollen die Ausführung dieses Axioms durchaus nicht schwierig, da das Gesetz in der Hauptsache äusserlich intakt bleiben kann, indem sich die neuen Einrichtungen zum weitaus grössten Teile auf Grund des bisherigen Wortlautes des Gesetzes zur Durchführung bringen lassen. —

Ein längeres Säumen kann sich aber schon infolge des gleichfalls gelegentlich bereits erwähnten Umstandes einst bitter rächen, dass die völlige Durchführung mancher der geplanten Massnahmen an und für sich schon längere Zeit erfordert, weil naturgemäs an den bestehenden Darlehnsverträgen nicht gerüttelt werden darf.

Zur Warnung muss uns auch die weitere Tatsache dienen, dass bereits hie und da Stimmen laut werden, welche erklären, dass durch einige Verschärfungen, die die allgemeine Staatsaufsicht erfahren hat, auch schon die Konsolidierung der Pfandbriefunterlagen erfolgt sei.[1]) Nur zu leicht lässt sich durch solche Aeusserungen der wahre Tatbestand verdunkeln und eine etwa noch vorhandene Nervosität des grossen Publikums vollends beschwichtigen, da dieses sich in der Regel nur die Tatsache einer staatlichen Kontrolle überhaupt vor Augen hält, ohne diese in ihren Einzelheiten nachprüfen zu können.

Allerdings sind auch hiermit die Aufgaben der staatlichen Aufsicht im Interesse der Pfandbriefgläubiger noch nicht völlig erschöpft.

Wir haben uns auf Grund der Darstellung der Hypothekenbankkrisen davon überzeugt, dass die gesamte übrige Geschäftsführung der Hypothekenbanken gleichfalls einer schärferen Kontrolle als diejenige solcher Institute bedarf, welche nicht das so überaus wichtige Privilegium der Pfandbriefausgabe besitzen. —

Ich möchte jedoch diese weitere Art der Beaufsichtigung — abgesehen von der Pflicht zur Festsetzung uud Ueberwachung gewisser sofort zu erörternder allgemeiner und grundlegender Voraussetzungen — als einen im Vergleich zu den bisherigen Materien minder relevanten Gegenstand der staatlichen Fürsorge bezeichnen. Wohl verstanden nur vom Standpunkt der Pfandbriefgläubiger aus betrachtet. Für diese ist und bleibt es die Hauptsache, dass sichere Garantien dafür geschaffen werden, dass alle Unterlagen den deklarierten Wert auch wirklich besitzen und dass sie nicht nur in einem bestimmten Zeitpunkte vorhanden sind, sondern dass sie ihrem

---

[1]) Budde konstatiert diese Meinung gleichfalls. Vergl. Budde a. a. O., Berlin 1905, Band I, S. 49/50.

Zwecke, nämlich dem der Pfandbriefdeckung, sowohl für das Kapital wie für die Zinsen unter allen Umständen auch erhalten bleiben. Im übrigen hat die weitere Geschäftsführung der Banken für die Pfandbriefgläubiger im wesentlichen nur noch insoweit Interessse, als durch eine leichtfertige oder verbrecherische Handhabung Aktienkapital und Reserven der Banken vernichtet werden können, indem beide Fonds gleichfalls, wenn auch nur im äussersten Falle, nämlich dann, wenn trotz aller Vorsicht die Deckung durch die in das Register eingetragenen Unterlagen keine vollständige sein sollte, den Pfandbriefgläubigern einen letzten Rückhalt zu gewähren bestimmt sind.

In einem solchen Falle wird in § 35 Absatz 2 des R. H. G. für den Eintritt eines Konkurses folgende Bestimmung getroffen:

»In betreff des Anspruchs der Pfandbriefgläubiger auf Befriedigung aus dem sonstigen Vermögen der Bank finden die für die Absonderungsberechtigten geltenden Vorschriften der §§ 64, 153, 155, 156 und des § 168 No. 3 der Konkursordnung (Reichsgesetzblatt, Seite 612) entsprechende Anwendung.«

Hier hat also der Gesetzgeber den Pfandbriefgläubigern anstatt des Vorzugsrechts das bekanntlich mit viel weitgehenderen Privilegien ausgestattete Absonderungsrecht zugestanden.

Wir haben uns bei der Schilderung der Bankbrüche davon überzeugt, dass auch diese letzten Grundpfeiler der Pfandbriefdeckung bei jenen Instituten teils infolge gewissenloser Geschäftsführung teils durch direkte Unterschlagungen fast gänzlich vernichtet worden waren. Die erstere trat besonders zu Tage in einem raffiniert angelegten System der Verschachtelung mit anderen völlig kreditunwürdigen Firmen, welche, meist mehr oder weniger eng mit den Direktoren liiert, fast nie ihre Schuldzinsen in bar zahlten, sondern nur für diese belastet wurden, ohne dass später an ein Eintreiben derselben gedacht werden konnte.

Ferner äusserte sich die Verwahrlosung in der Geschäftsführung in einer grossen Anzahl falscher Buchungen und in völliger Verschleierung der Bilanzen. —

Ich werde mich daher nunmehr mit der Aufgabe zu beschäftigen haben zu prüfen, ob durch die Massnahmen des R. H. G. Machinationen der geschilderten Art zum wenigsten die notwendigsten Schranken gesetzt sind. —

Es ist hier zunächst der Ort, jene allgemeinen Bedingungen zu erörtern, welchen sich die Hypothekenbanken sämtlich zu unterwerfen haben. Diese dienen gleichfalls dem von mir soeben gekennzeichneten Zwecke, haben aber ausserdem für die Pfandbriefgläubiger, wie bereits angedeutet, eine weit über diesen Rahmen hinausgehende prinzipielle Bedeutung, da sie gewissermassen die Vorbedingungen für die Existenz der Banken zu bilden berufen sind.

Auf Grund des § 1 des R. H. G. ist der Kreis derjenigen Institute, welche als Hypothekenbanken im Sinne des Gesetzes zugelassen werden dürfen, wie schon in der Einleitung hervorgehoben wurde, auf Aktiengesellschaften oder Kommanditgesellschaften auf Aktien beschränkt worden.

Der Sinn dieser Massregel ist ohne weiteres klar. Es wird vom Gesetzgeber mit Recht präsumiert, dass nur unter dieser Form die unbedingt notwendigen Prinzipien der Publizität und des Nachweises der ausreichenden Kapitalkraft durchgeführt werden können.

Offene Handelsgesellschaften, einfache Kommanditgesellschaften, Gesellschaften m. b. H. und einzelne Personen werden ausdrücklich eximiert (§ 2) da es diesen, wie es in der Begründung heisst[1]) »vollständig an den gesicherten Grundlagen fehlt, welche ein solches Unternehmen erfordert.« Ausgeschlossen sind durch das Gesetz auch eingetragene Genossenschaften, wiewohl diese zweifellos mehr Gewähr bieten würden. Doch hält der Gesetzgeber[2]) die eventuellen Folgen für die Genossen in dem Falle eines Konkurses für so überaus

---

[1]) Begründung zu § 2 a. a. O., S. 934.

[2]) dito zu § 2 a. a. O., S. 934.

schwere, insbesondere bei unbeschränkter Haftpflicht, dass sich schon aus diesem Grunde die Zulassung einer derartigen Gesellschaftsform verbiete.

Nicht berührt werden von dem Gesetze Vereine, welchen nach Art der landschaftlichen Kreditanstalten die Rechtsfähigkeit verliehen ist.

Die Gründe für die Vorzugsstellung derartiger Vereine habe ich bereits in der Einleitung erörtert. —

Weiterhin ist für die Errichtung neuer Institute eine Konzessionspflicht statuiert worden. Die Erteilung der Genehmigung steht, falls die Banken, wie es die Regel ist, ihren Geschäftsbetrieb über das ganze Reich ausdehnen wollen, dem Bundesrate zu; wenn sie den Betrieb dagegen auf das Gebiet ihres Heimatstaates zu beschränken beabsichtigen, ist zur Erteilung der Konzession schon die Zentralbehörde des betreffenden Bundesstaates kompetent. Es wird diese Art von Regelung in der Begründung mit Recht damit motiviert,[1]) dass nicht die Möglichkeit bestehen darf, dass eine Hypothekenbank, welche in dem einen Bundesstaate keine Zulassung findet, sich nach einem anderen wendet, in dem von weniger strengen Gesichtspunkten ausgegangen wird, um dann von dort aus ihre Geschäfte auch in dem ersten Bundesstaate zu betreiben,

Für die Genehmigung seitens der zuständigen Behörden dürfte wohl in erster Linie die Bedürfnisfrage ausschlaggebend sein, da ein zu starkes Anwachsen von Bodenkreditinstituten einer übermässigen Grundstücksspekulation Tür und Tor öffnen würde. —

Ein zweiter Kreis von wichtigen allgemeinen Massnahmen betrifft die Begrenzung der Geschäftssphäre der Banken. Diese ist in § 5 des R. H. G. vorgenommen worden.

Hiernach sind ausser den beiden Hauptgeschäften, welche ich bereits in der Einleitung charakterisiert habe, für die Banken grösstenteils derartige Transaktionen zugelassen worden, welche mit den ersteren in einem mehr oder weniger grossen Zusammenhange stehen oder mit ihnen sehr nahe verwandt sind.

---

[1]) Begründung zu § 1 a. a. O., S. 933.

Es ist dieses zunächst deshalb geschehen, um keine Zersplitterung in dem Geschäftsbetriebe der Banken eintreten zu lassen, durch welche diese von ihrer Hauptaufgabe, der Förderung des Immobiliarkredits, abgelenkt werden würden.

Ausserdem sollen die eigenen Mittel der Banken möglichst liquide bleiben, um neben den Aufgaben, als Betriebskapital sowie als Reservefonds für die Pfandbriefgläubiger Verwendung zu finden, auch der Festigung der Pfandbriefkurse dienen zu können, einer Funktion, auf welche ich später noch näher einzugehen haben werde.

Die gesetzlich zugelassenen Geschäfte sind ausser dem Hauptaktiv- und dem Hauptpassiv-Geschäfte in den folgenden 6 Kategorien enthalten:

»1. Der Erwerb, die Veräusserung und die Beleihung von Hypotheken.«

»2. Die Gewährung nicht hypothekarischer Darlehen an inländische Körperschaften des öffentlichen Rechts oder gegen Uebernahme der vollen Gewährleistung durch eine solche Körperschaft und die Ausgabe von Schuldverschreibungen auf Grund der so erworbenen Forderungen.«

Diese wichtige Materie werde ich an anderer Stelle in einem besonderen Kapitel zu behandeln haben. —

»3. Die Gewährung von Darlehen an inländische Kleinbahnunternehmungen gegen Verpfändung der Bahn und die Ausgabe von Schuldverschreibungen auf Grund der so erworbenen Forderungen.«

Auch dieser Gegenstand bedarf einer ausführlichen Sonderbetrachtung.

»4. Der kommissionsweise Ankauf und Verkauf von Wertpapieren, jedoch unter Ausschluss von Zeitgeschäften.«

Diese Art von Betätigung ist nicht mit Risiko verbunden, nachdem bei ihr und zwar mit Recht jede spekulative Tätigkeit für unzulässig erklärt ist.

»5. Die Annahme von Geld oder anderen Sachen zum Zwecke der Hinterlegung, jedoch mit der Massgabe, dass der

Gesamtbetrag des hinterlegten Geldes die Hälfte des eingezahlten Grundkapitals nicht übersteigen darf.«

Die Annahme von Depositen hat der Gesetzgeber aus dem Grunde gestatten zu müssen geglaubt,[1]) weil diese im Zusammenhange mit den sub 4 aufgeführten Geschäften erforderlich werden könne. Die hierbei vorgeschriebene starke Beschränkung motiviert er damit, dass der Möglichkeit vorgebeugt werden müsse, dass, was in kritischen Zeiten bei Vorhandensein zahlreicher Depositen in beliebig hohen Beträgen sehr wohl eintreten könne, an die Banken zeitweise wesentlich höhere pekuniäre Anforderungen gestellt würden, als sie solchen im gegebenen Augenblicke zu entsprechen in der Lage seien.

»6. Die Besorgung der Einziehung von Wechseln, Anweisungen und ähnlichen Papieren.«

Das Inkassogeschäft war schon vor Einführung des R. H. G. den meisten Banken auf Grund ihrer Statuten gestattet[2]) und ist jetzt allgemein zugelassen worden, weil der Gesetzgeber mit Recht in der Ausübung desselben irgendwelche Gefahren nicht zu erblicken glaubte. —

Nach Abgrenzung des Geschäftskreises der Banken sind dann in § 5 Bestimmungen darüber getroffen worden, in welcher Weise die Institute ihr verfügbares Geld nutzbar machen dürfen.

Dieses darf hiernach einerseits durch Hinterlegung bei geeigneten Bankhäusern, durch den Ankauf von reichsbankfähigen Wechseln und Wertpapieren und die Beleihung von Wertpapieren nach einer zu genehmigenden Anweisung geschehen.

Andererseits kann die Anlage der betreffenden Kapitalien aber auch in der Form des Ankaufs der eigenen Hypothekenpfandbriefe sowie des Erwerbes der eigenen Kommunal- und Kleinbahnobligationen der betreffenden Banken erfolgen.

Hierzu finden wir in der Begründung[3]) eine besonders

---

[1]) Begründung zu § 5 a. a. O., S. 935.
[2]) „ zu § 5 a. a. O., S. 935.
[3]) „ zu § 5 a. a. O., S. 936.

beachtenswerte und für die Banken sehr wichtige Erklärung, auf deren Inhalt wir ihrer Bedeutung wegen hier näher eingehen müssen.

Es wird nämlich in der Begründung hier ausdrücklich hervorgehoben, dass der Erwerb eigener Papiere der oben bezeichneten Art nicht nur zum Zwecke der Beschaffung von Anlagewerten erfolgen dürfe, sondern auch in der ausgesprochenen bezw. offenkundigen Absicht, hierdurch eine Verminderung des Pfandbriefumlaufs ganz gleich aus welchen Gründen herbeizuführen.

Es brauche sogar, so heisst es dort, die Zulässigkeit der Berechtigung zu derartigen Transaktionen garnicht einmal besonders hervorgehoben zu werden. Vielmehr sei das Recht hierzu bereits in dem Privilegium der Pfandbriefemission mit enthalten.

Hierbei wird gleichzeitig darauf hingewiesen, dass ja diesen eigenen Papiere durch besondere und zwar in dem § 35 Absatz 3 sowie den §§ 40 und 41 enthaltene Vorschriften rechtlich für den Fall des Konkurses die nämliche Vorzugsstellung vindiziert sei wie denjenigen Pfandbriefen und Obligationen, welche sich in fremden Händen befänden.

Wegen dieses Rechtes der Banken auf Verminderung ihres Pfandbriefumlaufs ist es nun zu heftigen Meinungsverschiedenheiten gekommen und zwar ganz besonders darüber, ob es opportun sei, dieses den Banken auch fernerhin zu belassen, besonders, weil dasselbe in der Regel zum Zwecke einer Einwirkung auf die Pfandbriefkurse ausgeübt werde.

Was nun zunächst eine Seite der Frage, nämlich die Vollwertigkeit der Eigenpapiere, anbetrifft, so ist hierüber die Entscheidung gleichzeitig mit der Beschaffung unbedingt zuverlässiger Kautelen für die Sicherheit der Pfandbriefunterlagen überhaupt gegeben, da ja, wie schon der Gesetzgeber betont hat, derartige im Besitze der Banken selbst befindliche Papiere auch im Konkurse die gleiche Vorzugsstellung wie die übrigen Pfandbriefe geniessen. Aber auch das Hauptmotiv der Banken selbst, durch den Rückkauf von Pfandbriefen einen Einfluss auf die Kurse auszuüben, hat seine tiefe innere Berechtigung.

Ich glaube mich jedoch zu der Annahme berechtigt, dass die Gründe für ein solches Vorgehen nicht immer in der richtigen Weise gewürdigt werden und will daher versuchen, die Sachlage in etwas eingehenderer Weise klarzustellen.

Ich gehe hierbei, dem Winke des Gesetzgebers folgend, gleichfalls von dem den Hypothekenbanken verliehenen Rechte der Pfandbriefausgabe aus.

Es ist dieses ein so eigenartiges Privilegium, dass man dasselbe nicht etwa mit einer Emission von Aktien irgendwie in Vergleich stellen darf. Der Unterschied liegt insbesondere darin, dass die Pfandbriefemission einen Bestandteil des regulären Geschäftsbetriebes der Banken bildet; zur Weiterführung des Betriebs muss die Ausgabe derartiger Papiere periodisch in mehr oder minder grossen Zwischenräumen stattfinden. Eine Emission von Aktien soll dagegen dem Zwecke dienen, die Mittel zu beschaffen, um überhaupt ein Unternehmen ins Leben zu rufen, und in einer sehr grossen Anzahl von Fällen wird eine Erhöhung des ursprünglichen Aktienkapitals, die sich allerdings bei besonders gut prosperierenden Gesellschaften häufig als notwendig erweist, niemals vorgenommen. Weil aber die Pfandbriefausgabe das regelmässige Hauptpassivgeschäft der Banken bildet, haben die letzteren auch ein ganz besonderes Interesse daran, für eine regelmässige Unterbringung dieser Papiere selbst Sorge zu tragen. Diese Plazierung aber ist wesentlich dadurch bedingt, dass nicht sowohl eine gewisse Stetigkeit der Kurse vorhanden ist, als dass die Pfandbriefe auch vor grossen Kursstürzen besonders infolge mangelnder Verkaufsmöglichkeit bewahrt bleiben.

Hauptsächlich diesem letzteren Zwecke soll der Rückkauf eigener Papiere durch die Banken selbst dienen. —

Um diesen Sachverhalt zu ergänzen und uns ein völlig zutreffendes Urteil über die ganze Materie bilden zu können, wollen wir uns veranschaulichen, in welcher Weise der Vertrieb der Pfandbriefe und Obligationen bei den Banken vor sich geht.

Es stehen denselben zu diesem Behufe zwei Wege offen.[1])

---

[1]) Ich habe meine Darstellung des äusseren Herganges einem Aufsatze des »Deutschen Oekonomist« entnommen. Jahrg. 1901, S. 38.

Der erste ist derjenige, welcher auch in der Regel bei der Ausgabe von neuen Aktien gewählt wird, nämlich die Uebergabe ganzer Pfandbriefemissionen an einzelne grosse Bankhäuser oder auch an sogenannte Bankkonsortien. — Doch wird diese Methode hier relativ seltener gewählt, weil die Bank es vorzieht, die Pfandbriefkurse durch einen allmählichen Absatz der Papiere möglichst fest zu erhalten als den Markt durch ein sehr starkes Angebot von Pfandbriefen zu belasten und dadurch die Kurse zum Sinken zu bringen. Es ist daher ein zweiter Modus wesentlich beliebter.

In diesem Falle erfolgt der Vertrieb der Papiere durch eine grosse Anzahl einzelner Bankiers, welchen die Hypothekenbank die Pfandbriefe zu den ihr geeignet erscheinenden Zeiten zugehen lässt, das heisst also immer nur in einzelnen Portionen der betreffenden Emissionen.

Hieraus erwächst der Bank noch ein weiterer Vorteil.

Die Bankiers nämlich gehen im allgemeinen darauf ein, Garantien dafür zu übernehmen, dass die Pfandbriefe bestimmter ihnen übergebener Serien nicht vor Jahresfrist an den Markt zurückströmen. Es wird dieses in solchen Fällen vertragsgemäss dadurch gesichert, dass im gegenteiligen Falle der Bankier seiner Provision ganz oder zum grössten Teile verlustig geht.

Allerdings wird diese sogenannte »Sperrfrist« von den Vermittlern im allgemeinen nicht ohne die Zusicherung von höheren Vergütungen übernommen als solche sonst im Bankverkehr üblich sind.

Auch werden an und für sich schon, besonders von jüngeren und schwächeren Instituten ziemlich hohe Provisionen gezahlt, um die Bankiers zu veranlassen, die betreffenden Papiere ihrer Kundschaft besonders angelegentlich zu empfehlen.

Man hat den Banken die Berechtigung, die Provisionen nach ihrem Gutdünken zu normieren, durch gesetzliche Massnahmen beschneiden wollen, und es als einen Mangel des R. H. G. bezeichnet, dass es diese Frage nicht bereits in einheitlichem Sinne geregelt hat.

Auch die »Frankfurter Zeitung« bekennt sich in einem von mir bereits zitierten Artikel[1]) zu dieser Ansicht. Ich kann mich jedoch mit dieser nicht befreunden und zwar deshalb, weil hierin meines Erachtens eine zu weitgehende Bevormundung der Banken liegen würde, und man sich unbedingt davor hüten sollte, ihnen zu enge Fesseln anzulegen. Wenn die »Frankfurter Zeitung die Notwendigkeit einer gesetzlichen Regelung damit motiviert, dass die in obigem Punkte den Banken gewährte Freiheit es z. Zt. den sogenannten »Spielhagen-Instituten« ermöglicht hätte, immer neue Titel fragwürdiger Qualität in exorbitanter Höhe unterzubringen, so geht hieraus für den Gesetzgeber immer wieder nur die Verpflichtung hervor, dafür zu sorgen, dass auf dem Pfandbriefmarkte überhaupt dubiöse Werte nicht mehr möglich sind. Man muss eben das Uebel an der Wurzel fassen, und dieses ist meines Erachtens am besten und leichtesten auf dem von mir angegebenen Wege möglich, da sich, wenn die Pfandbriefe der Banken infolge der wirklichen Fundierung ihrer Unterlagen sämtlich als absolut sichere Werte angesehen werden können, hierdurch zweifellos weitere legislative Schritte erübrigen.

Es kann sogar durch viele derartige nicht den Kern der Sache treffende Bestrebungen der Gesetzgeber sehr leicht irregeführt und von der Hauptsache abgelenkt werden. Ausserdem ist mit Bestimmtheit zu erwarten, dass die grössere Konsolidierung der Pfandbriefe ganz von selbst auch die Folge hat, dass die Provisionen auf ein niedrigeres Niveau gelangen, wenn auch kleinere Differenzen in dieser Hinsicht, welche meist in der sonstigen Position der betreffenden Banken ihre innere Ursache haben, nie ganz zu vermeiden sein werden.

Nachdem so die Provisonsfrage erledigt ist, kehre ich zu der weiteren Gestaltung des Pfandbriefgeschäfts zurück.

Die von den Banken erwirkte Sperrfrist ist für dieselben zwar von sehr grosser Bedeutung, diese Garantie kann aber selbstverständlich nicht verhindern, dass nicht häufiger aus irgend-

---

[1]) »Frankfurter Zeitung«, Handelsteil, vom 13. Dezember 1906.

welchen Gründen Pfandbriefe aus den schon seit länger als einem Jahre auf dem Markte befindlichen Emissionen in besonders grosser Zahl auf den Markt zurückströmen und zum Verkauf angeboten werden. Durch ein derartig starkes Angebot würde ohne eutsprechende Nachfrage der Kurs der Papiere mehr und mehr gedrückt und schliesslich überhaupt gestrichen werden. Hieraus würde auf der einen Seite für die Pfandbriefgläubiger der schwere Nachteil entstehen, dass sie die Pfandbriefe nicht mehr oder nur unter grossen Verlusten bei vorhandenem Wunsche oder Bedürfnisse an den Mann bringen könnten, und auf der anderen Seite würde sich für die betreffenden Hypothekenbanken in unmittelbarer Konsequenz hieraus die Unmöglichkeit ergeben, ihr Geschäft für die Folge überhaupt weiter zu betreiben, indem das Publikum sich wohl hüten würde Kapitalien in derartig unrealisierbaren Werten anzulegen.

Nachdem wir also erkannt haben, dass das häufigere Fehlen einer im geeigneten Momente eintretenden Intervention den Geschäftsbetrieb der betreffenden Bank in relativ kurzer Zeit geradezu vernichten könnte, erscheint uns erst die Absicht des Gesetzgebers, wie sie aus der Begründung hervorgeht, völlig klar und verständlich.

Die Wirkungen der vorerwähnten Art würden aber um so folgenschwerer sein, als bei dem Auftreten derartiger Vorgänge bei verschiedenen Instituten und in schnellerer Folge nicht nur die Papiere von einzelnen Banken, sondern mit der Zeit auch der Pfandbrief als solcher diskreditiert werden würde. Wir sehen also, dass es sich hier um eine Lebensfrage des ganzen Hypothekenbankwesens handelt. Man kann daher auch keineswegs Prof. Dr. Adolf Wagner in einer Ansicht beipflichten, welche dieser gelegentlich in dem schon von mir an anderer Stelle zitierten Aufsatze zum Ausdrucke gebracht hat. Er bezeichnet nämlich hier die »Interventionskäufe der Banken, welche durch Aufnahme eigener Pfandbriefe erfolgen, als einen Krebsschaden des Hypothenbankwesens«.[1])

---

[1]) Ad. Wagner im Aufsatze »Bankbrüche u. Bankkontrollen« a. a. O., S. 80.

Die Unrichtigkeit dieses Satzes dürfte sich schon hinlänglich aus den vorherigen Ausführungen ergeben, sie findet aber noch eine weitere Bestätigung in Hinweisen, mit welchen der »Deutsche Oekonomist«, gleichfalls in Bekämpfung des Wagnerschen Standpunktes, vor die Oeffentlichkeit getreten ist.[1]) Dieses Blatt hebt hier hervor, dass das Fehlen von Intervenienten sich schon häufig als ein offenkundiger Uebelstand auch bei unseren allersichersten Papieren, den preussischen Konsols und der Reichsanleihe, erwiesen habe. Ganz besonders charakteristisch und bemerkenswert aber sind Vorgänge, an welche der »Oekonomist« ebenfalls bei dieser Gelegenheit erinnert. Sie betreffen den Zustand, in welchem sich nach ihm die preussischen Landschaften in den 50er und 60er Jahren des vorigen Jahrhunderts befunden hätten. Endlos seien zu jener Zeit die Klagen der Landwirte über Kreditlosigkeit gewesen, die Landschaften seien damals nicht im stande gewesen Darlehen selbst der sichersten Art zu gewähren, weil ihre Pfandbriefe nicht verkäuflich gewesen seien. Diese Unverkäuflichkeit hät'e nicht auf dem Mangel an Kapital, sondern lediglich auf dem Fehlen eines Marktes beruht. Die Landschaften hätten es nicht verstanden, einen solchen zu schaffen und hätten auch keine Fonds disponibel gehabt, aus denen sie die hierzu erforderlichen Mittel hätten aufbringen können. Im Anfange der 1870er Jahre wären es die Hypothekenbanken gewesen, welche es als ihre erste Aufgabe angesehen hätten, einen Pfandbriefmarkt zu begründen, auf welchem die Pfandbriefbesitzer ihre Papiere zu jeder Zeit ohne Verlust hätten wieder verkaufen können. Dieses sei nur dadurch möglich gewesen, dass die Banken selbst für ihre Pfandbriefe zu jeder Zeit Käufer gewesen seien. Dadurch habe sich zu gleicher Zeit auch wieder das Vertrauen zu den landschaftlichen Pfandbriefen gehoben, und diese seien hierdurch aus dem Zustande der Stagnation befreit worden.

Ausserdem aber müsse, so fügt der Oekonomist hinzu, berücksichtigt werden, dass die Höhe der Kurse selbst nur in

---

[1]) »Deutscher Oekonomist«, Jahrg. 1901, S. 24.

einem relativ geringen Masse durch etwaige willkürliche Massnahmen der Hypothekenbanken beeinflusst werden könne. Es erscheint mir dieses als ein besonders beachtenswertes Moment, weil ich es für geeignet halte auch die Bedenken derjenigen zu zerstreuen, welche etwa glauben, dass die Banken mit Hilfe der ihnen zustehenden Befugnis des Pfandbrief-Rückkaufes sich in der Lage befänden, die Kurse ganz ad libitum zu normieren.

Es soll zwar nicht in Abrede gestellt werden, dass bei der Handhabung dieses Rechtes auch gewisse Uebelstände zu Tage treten können, welche z. B. in einem nur durch egoistische Interessen geleiteten Emportreiben der Kurse bestehen. Ich lege aber einer derartigen missbräuchlichen Anwendung keine grosse Bedeutung bei, weil ich die Ansicht vertrete, dass einer solchen schon durch die Urteilskraft des interessierten Publikums eine natürliche, recht enge Grenze gesteckt ist, indem die Kapitalisten sicherlich im allgemeinen für Pfandbriefe nur geringe Meinung haben werden, wenn deren Kurs nicht in dem richtigen Verhältnisse zu dem entsprechenden Anlagewerte steht. Es würde daher hier ein Eingreifen eine Art von Bevormundung der Interessenten bedeuten, welcher man natürlich nicht das Wort reden darf. Ueberdies müssten aber derartige und ähnliche Bedenken schon an und für sich hinter den gewichtigen, für die gesamte Volkswirtschaft auf dem Spiele stehenden Interessen zurückstehen, bei denen es sich um nicht mehr und nicht weniger als um das Sein oder das Nichtsein des ganzen Hypothekenbankwesens handelt.

Ich fahre nunmehr in der Besprechung der prinzipiellen Vorschriften fort, welche von den Banken beobachtet werden müssen.

Es wird den Instituten der Erwerb von Grundstücken untersagt ausser von solchen, welche sie zur Verhütung von Verlusten, also namentlich in der Zwangsversteigerung erwerben müssen, oder solchen, die der Beschaffung der eigenen Geschäftsräume dienen.[1]) Es wird ausdrücklich hinzugefügt, dass in dieser Hinsicht die Banken in

[1]) R. H. G., § 5 Absatz 3.

in allen Bundesstaaten die gleiche Behandlung erfahren sollen. Es bedurfte dieses einer besonderen Hervorhebung deshalb, weil ohne diese ausdrückliche gesetzliche Bestimmung ein gleichmässiger Zustand nicht vorhanden gewesen wäre. Zufolge nämlich von Artikel 86 des Einführungsgesesetzes zum Bürgerlichen Gesetzbuche werden durch das Reichsrecht landesgesetzliche Vorschriften nicht berührt, welche den Erwerb von Rechten durch juristische Personen beschränken oder von staatlicher Genehmigung abhängig machen, soweit diese Vorschriften Gegenstände im Werte von mehr als Mark 5000 betreffen. Die Verschiedenheit würde nun ohne besondere Regelung darin zu Tage getreten sein, dass in einem Teile der Bundesstaaten derartige landesgesetzliche Beschränkungen bestanden, in dem anderen Teile aber nicht. Die Notwendigkeit einer gleichmässigen Behandlung in dieser Beziehung rechtfertigt der Gesetzgeber damit, dass das Verbot des Erwerbs von Grundstücken in Zusammenhang stehe mit dem Hypotheken- und Pfandbriefgeschäfte der Banken und daher ebenso wie das letztere in einheitlicher Weise für das ganze Reich geregelt werden müsse.[1]) Es wurde mit anderen Worten, angenommen, dass der Grundstückserwerb nur zu leicht zu einer spekulativen Tätigkeit der Banken führen könnte, welche man mit Recht aus dem Geschäftsbetriebe derselben auszuschalten bemüht war. —

Wir kommen nunmehr zu der Besprechung eines weiteren Punktes und zwar betrifft dieser die Höhe des Pfandbriefumlaufs, wie er für das einzelne Institut festgesetzt worden ist (§ 7 des R. H. G.). Hierfür sind vom Gesetzgeber keine absoluten Zahlen angegeben, vielmehr hat dieser, von dem Gedanken ausgehend, dass das Aktienkapital und die Reserve auch den Pfandbriefen als letzter Rückhalt zu dienen haben, diese beiden Fonds als Grundlagen für die Bestimmung der Höhe des Pfandbriefumlaufs benutzt.

Es dürfen nämlich die Banken Hypothekenpfandbriefe nur bis zum 15fachen Betrage des eingezahlten Grundkapitals

---

[1]) Begründung zu § 5 Absatz 3, a. a. O., S. 936.

und des ausschliesslich zur Deckung einer Unterbilanz oder zur Sicherung der Pfandbriefgläubiger bestimmten Reservefonds ausgeben.

Gleichzeitig ist hier einzuschalten, dass für Kleinbahnobligationen laut § 42 Absatz 1 die nämliche Grenze festgesetzt ist, sodass diese in vorliegender Beziehung den Hypotheken-Pfandbriefe völlig gleichgestellt sind, während der gesamte Pfandbriefumlauf bei Ausgabe von Kommunalobligationen aus noch später zu erörternden Gründen laut § 41 Absatz 2 eine Erweiterung um den fünften Teil des für die beiden anderen Geschäftszweige normierten Höchstbetrages erfahren darf unter der Bedingung, dass diese Quote ausschliesslich Kommunalobligationen umfasst.

Eine Begrenzung dss Pfandbriefumlaufs eines Instituts erscheint m. E. deshalb als eine weise gesetzgeberische Massregel, weil bei Banken mit ganz unbeschränkter Ausdehnungsmöglichkeit Uebersicht und Kontrolle in wachsendem Masse erschwert werden würden.

Die Mitberücksichtigung, welche die Reserven bei der Normierung erfahren haben, kommt in gerechter Weise den besonders gut fundierten Banken zu statten und ist gleichzeitig geeignet, den übrigen zum Antriebe zu dienen ihre Sicherheitsfonds zu erhöhen.

An diese Regelung der Höhe des Pfandbriefumlaufs schliessen sich die grundlegenden Vorschriften und Bedingungen für den einzelnen Pfandbrief als solchen an.

In dieser Beziehung heisst es zunächst in § 8: »In jedem Hypothekenpfandbrief sind die für das Rechtsverhältnis zwischen der Hypothekenbank und dem Pfandbriefgläubiger massgebenden Bestimmungen insbesondere in betreff der Kündbarkeit der Hypothenpfandbriefe ersichtlich zu machen.

Die Hypothekenbank darf auf das Recht zur Rückzahlung der Hypothekenpfandbriefe höchstens für einen Zeitraum von 10 Jahren verzichten. Den Pfandbriefgläubigern darf dagegen ein Kündigungsrecht nicht eingeräumt werden.«

Der Gesetzgeber hat mit vollem Recht den Schwerpunkt und den Ausgangspunkt für die vorliegende Materie auf das

Kündigungsverhältnis zwischen den Kontrahenten gelegt und dieses in einem für alle Banken einheitlichen Sinne geregelt.

Die Hypothekenbank einerseits darf nicht dauernd auf ein Kündigungsrecht verzichten, um nicht der Möglichkeit beraubt zu werden, bei andauerndem Sinken des Zinsfusses, durch welchen naturgemäss auch der Zinsfuss für die auszuleihenden Hypotheken zu sinken tendiert, niedriger verzinsliche Pfandbriefe als bisher ausgeben zu können. Denn nur auf diese Weise kann das richtige Gleichgewicht zwischen Hypotheken und Pfandbriefen gewahrt bleiben, durch welches der Boden für eine regelmässige Verzinsung der letzteren geschaffen wird. Die Maximalzeit des Verzichtes auf die Kündigung hat der Gesetzgeber deshalb nach den Motiven[1]) gerade auf 10 Jahre normiert, weil, wie später noch näher zu erörtern sein wird, die Banken befugt sind, auf Grund von 18 Absatz 2 das Recht der Hypothekenschuldner auf Rückzahlung der Darlehen ebenfalls während einer 10 Jahre nicht übersteigenden Frist auszuschliessen. Es stehen daher diese beiden Massregeln zu einander in Wechselwirkung, was wichtig ist, weil hierdurch die vorher angedeutete Gefahr eines mangelnden Gleichgewichtes noch mehr an Bedeutung und Wahrscheinlichkeit verliert.

Es muss aber den Hypothekenbanken auch deshalb erwünscht sein, die Möglichkeit zu haben, überhaupt auf die Kündigung für einen bestimmten Zeitraum verzichten zu dürfen, weil es den Anforderungen der Kapitalisten an Anlagepapiere im allgemeinen entspricht, nicht von vornherein wegen einer Kündigug fortwährend besorgt sein zu müssen, sondern des Ausschlusses einer solchen wenigstens für einen längeren Zeitraum sicher zu sein,

Eine Nichtberücksichtigung dieses durchaus verständlichen Wunsches würde auf den Absatz der Pfandbriefe ausserordentlich erschwerend gewirkt haben.

Andererseits musste aber den Pfandbriefgläubigern ein Kündigungsrecht völlig versagt bleiben, weil

---

[1]) Begründung zu § 8 a. a. O., S. 939.

sonst den Banken eines der wesentlichsten Requisite ihres Darlehensgeschäftes, das gleichzeitig von besonders grosser volkswirtschaftlicher Bedeutung ist, nämlich die Erteilung von langfristigen Hypotheken erschwert, ja unmöglich gemacht wäre.

Diesem notwendigen Erfordernis hätte nämlich in dem Falle keine Rechnung getragen werden können, wenn die Institute zu jeder Zeit der Gefahr einer Kündigung der zu den Beleihungszwecken verwandten Pfandbriefkapitalien hätten gewärtig sein müssen. —

Der nun folgende § 9 enthält dann eine Vorschrift, die heute nur noch relativ sekundärer Bedeutung ist.

Es wird nämlich hier den Banken die Ausgabe von Hypothekenpfandbriefen untersagt, deren Einlösungswert den Nennwert übersteigt. Es handelt sich hier um die sogenannten Prämien- oder Zusatzpfandbriefe, welche früher vielfach von den Banken zur Ausgabe gebracht wurden. Es waren dieses Pfandbriefe, welche, um leichter absatzfähig zu sein, mit der Vergünstigung versehen wurden, bei der Kündigung oder Verlosung mit einem um 10—20% höheren Betrage als dem Nennwerte zur Rückzahlung zu gelangen.

Der Gesetzgeber glaubte mit Recht diese Kategorie ausschliessen zu müssen,[1]) weil nämlich infolge der sich lange hinziehenden Tilgung des Zuschlags, welche natürlich zur Vermeidung von grossen Verlusten hätte vorgenommen werden müssen, ein wesentlich längerer Verzicht der Bank auf die Kündigung der Pfandbriefe notwendig geworden wäre und infolgedessen hätte zugestanden werden müssen, als ihm opportun erschien.

Die grossen, oben gekennzeichneten Nachteile eines solchen länger als höchstens 10 Jahre dauernden Verzichts erschienen ihm mit Recht nicht in gleicher Proportion zu der durch die Prämie ermöglichten leichteren Absatzfähigkeit der Pfandbriefe zu stehen.

---

[1]) Begründung zu § 9 a. a. O., S. 939.

Wir kommen nun zu den Bestimmungen, welche die Buchführung und die Abschlüsse der Banken regeln.

In dieser Materie werden wir neben weiteren grundlegenden Bestimmungen auch die von mir anfangs dieses Kapitels erwähnten Vorschriften finden, welche dem besonderen Schutze von Aktienkapital und Reserve dienen sollen. Ich hebe dieses hier hervor, indem ich es nicht für erforderlich erachte, hierauf nochmals in jedem einzelnen Falle hinzuweisen.

Um den interessierten Kreisen eine klare Uebersicht über den jeweiligen Status der Banken zu vermitteln, sind in § 23 regelmässige Publikationen des Status angeordnet worden. Dieselben haben innerhalb des zweiten Monats eines jeden Kalenderjahres im »Deutschen Reichsanzeiger« und in den für die Veröffentlichungen der Bank bestimmten Blättern zu erfolgen. In den Berichten ist der Gesamtbetrag der Pfandbriefe, welche am letzten Tage des vergangenen Halbjahrs im Umlaufe waren, sowie der Gesamtbetag der sämtlichen in das Hypothekenregister eingetragenen Unterlagen nach Abzug aller Rückzahlungen und Minderungen bekannt zu geben.

In den §§ 24—28 sind sodann eine Anzahl wichtiger Anordnungen über die Ausführung der Jahresbilanzen im einzelnen getroffen worden, und zwar zu dem Zwecke, die sonstigen durch das Handelsgesetzbuch den Aktiengesellschaften und den Kommanditgesellschaften auf Aktien auferlegten Verpflichtungen den eigenartigen Verhältnissen der Hypothekenbanken entsprechend zu erweitern und zu ergänzen.

Es ist offenbar die Absicht des Gesetzgebers gewesen, zu bewirken, dass die Jahresabschlüsse der Hypothekenbanken ein völlig getreues Bild der gesamten Geschäftsführung eines solchen Institutes liefern. Aus diesem Grunde ist insbesondere die Vorschrift erlassen worden, dass sowohl die Transaktionen der Bank nach ihren einzelnen Gebieten geordnet in der Bilanz erscheinen, als dass auch die Zahl der Zwangsversteigerungen und der zur Verhütung von Verlusten notwendig gewordenen Grundstückserwerbungen aus dem Abschlusse ersichtlich werden.

Ebenso sind in der Gewinn- und Verlust-Rechnung in

getrennten Posten die Gesamtbeträge der in dem laufenden Geschäftsjahre von der Bank verdienten Hypothekenzinsen, Darlehensprovisionen und sonstigen Nebenleistungen der Hypothekenschuldner sowie der Gesamtbetrag der für das Geschäftsjahr von der Bank zu entrichtenden Pfandbriefzinsen anzugeben.

Anknüpfend hieran erscheint mir eine Digression zu einer kurzen Erörterung darüber am Platze, aus welchen Quellen die Dividenden der Aktionäre der Hypothekenbanken fliessen. Es ist dieses schon deshalb nicht unwichtig, weil hierüber nicht selten unrichtige Vorstellungen herrschen.

Die Dividenden der Hypothekenbanken sind im allgemeinen als durchaus günstige zu bezeichnen, wiewohl sie naturgemäss bei den einzelnen Instituten hauptsächlich infolge der ungleichen Höhe der Betriebskapitalien und des Grades der Fundierung starke Unterschiede aufweisen. Doch hat der »Oekonomist« den Durchschnitt derselben für sämtliche 40 Banken z. B. für das Jahr 1905 auf 8,05% festgestellt[1]) und an anderer Stelle durch Vergleichung einer Anzahl von Jahresresultaten konstatiert, dass dieser Satz schon im ganzen letzten Dezennium mit geringen Schwankungen sich gleich geblieben ist.[2])

Der Gewinn resultiert zum grössten Teile aus der »Marge« d. h. der Spannung zwischen Pfandbrief- und Hypothekenzinsen.

Der durchschnittliche Zinsfuss der Darlehen betrug nach den Angaben des »Oekonomist«[3]) z. B. für das Jahr 1904: 4,12%, die Verzinsung der Pfandbriefe erforderte abgesehen von Herstellungs- und Betriebskosten: 3,63%, sodass sich hieraus

---

[1]) »Deutscher Oekonomist«, Jahrg. 1906, S. 543.

[2]) Zur besseren Illustration füge ich die Dividenden an, welche der »Deutsche Oekonomist« in Jahrgang 1906, Seite 473 als durchschnittliche für die Jahre 1884—1905 aufführt. Dieselben betrugen für die einzelnen Jahre beginnend mit dem Jahre 1884: 6,75%, 6,78%, 6,86%, 6,89%, 7,30%, 7,56%, 7,74%, 7,46%, 7,67%, 7,68%, 7,94%, 7,81%, 7,96%, 7,96%, 8,02%, 8,08%, 7,67%, 7,08%, 7,30%, 7,78%, 7,92%, 8.05%.

[3]) »Deutscher Oekonomist«, Jahrg. 1906, S. 544.

ein Ueberschuss von 0,49% ergiebt. Jener weit höhere Gewinn von durchschnittlich 8,05% für die Aktionäre resultiert in der Hauptsache daraus, dass der Ueberschuss von 0,49%, welcher aus der Zinsendifferenz herrührt, sich für den gesamten Pfandbriefumlauf versteht und auf das verhältnismässig kleine Aktienkapital, das gesetzlich, wie wir sahen, nur den 15. bezw. 18. Teil des Pfandbriefumlaufs zu bilden braucht, zu verteilen ist.

Es erhellt hieraus, dass der Gewinn für die Aktionäre im allgemeinen in dem Grade steigen wird, in welchem der Pfandbriefumlauf im Verhältnis zu Aktienkapital und Reserve höher gestaltet wird.

Zu diesen Einnahmen kommen nun aber noch die Provisionen, welche den Banken aus sämtlichen Geschäften zufliessen, sowie die Zinsen aus den Reserven. Die letzteren Erträge verschaffen also neben der den Sicherheitsfonds durch das R. H. G. eingeräumten Vorzugsstellung, welche ich schon besprochen habe, den Aktionären einen weiteren wesentlichen Vorteil, der aus der Ansammlung möglichst grosser Reserven resultiert. Dieses giebt uns gleichzeitig einen Hauptschlüssel dafür, weshalb die Ueberschüsse bei den einzelnen Instituten so sehr verschieden sind. —

Eine wenig beachtete Einnahmequelle ferner, welche bei den enormen Summen, um die es sich hierbei handelt, durchaus nicht gering anzuschlagen ist, ist darin zu erblicken. dass im allgemeinen die Hypothekenzinsen in vierteljährlichen, die Pfandbriefzinsen dagegen in halbjährlichen Raten, beide postnumerando, gezahlt werden. Es ergiebt sich hieraus, dass die Erträge aus den Hypothekenzinsen des ersten Quartals in jedem Halbjahr für ein Vierteljahr lang gleichfalls den Aktionären der Banken zu gute kommen.

Einige Zahlen aus dem Jahre 1904 ,mögen die Richtigkeit meiner sämtliche Angaben bestätigen.[1])

---

[1]) Die Zahlen sind dem „Deutschen Oekonomist“, Jahrg. 1905, S. 545., entnommen.

Im Jahre 1904 betrugen die Aktienkapitalien a'ler Banken zusammen:	M 707,617,000
Die gesetzlichen und sonstigen Reserven zusammmen	M 256,438,000
Zusammen	M 964,055,000
Hiergegen betrug der Pfandbriefumlauf	M 8,244,460,000
Der Umlauf an Kommunalobligationen	M 217,092,000
Zusammen	M 8,461,552,000

Das Vielfache des Pfandbriefumlaufs zu Aktienkapital und Reserven betrug also im Durchschnitt 8,77 Prozent.

Dieses Vielfache war jedoch wie die Dividende bei den einzelnen Instituten ausserordentlich verschieden, nämlich teilweise wesentlich unter, teilweise aber auch bedeutend über der durch das Gesetz vorgeschriebenen Grenze liegend.

Der letztere scheinbar illegale Zustand erklärt sich daraus, dass auf Grund einer durch den § 48 des R. H. G. zugelassenen Uebergangsbestimmung denjenigen Instituten, welchen hinsichtlich des Pfandbriefumlaufs ein höheres Vielfaches vor dem Inkrafttreten des R. H. G. gestattet war, dieses auch fernerhin allerdings mit der Beschränkung auf das 20 bezw. 24fache von Aktienkapital und Reserven zugestanden ist.

Die Pfandbriefzinsen betrugen		M 308,129,000
Die Hypothekenzinsen und die von Schuldnern gezahlten Verwaltungskostenbeiträge betrugen		M 361,028,000
Der aus der letzteren Position sich ergebende Rohertrag aus dem Hypothekenpfandbriefgeschäft betrug	M 58,911,000	
Der Rohertrag aus Provisionen betrug	M 5,694,000	
Der Rohertrag aus sonstigen Zinsen betrug	M 23,800,000	
Der Rohertrag aus verschiedenen Einnahmen betrug	M 11,522 000	

Der gesamte Rohertrag betrug also M 99,927,000

Der Reingewinn betrug nach Abzug sämtlicher Unkosten M 78,649,000

Die für die Dividenden verfügbare Summe betrug nach Abzug der Dotierung für die Reserven, nach Zahlung der Tantièmen und abzüglich der Vorträge für das nächste Jahr M 56,218,000, also im Durchschnitt 8,05% von der oben angegebenen Gesamtsumme der Aktienkapitalien. —

Hiermit beschliessen wir die Abschweifung und kehren zu unserer Hauptmaterie zurück.

Eine ganz spezielle Behandlung hat im R. H. G. das sogenannte Agio und Disagio erfahren, soweit solche bei der Emission von Pfandbriefen entstehen können.

Vorgänge sehr ähnlicher Art spielen sich scheinbar auch bei der Ausgabe von Aktien ab. Es entstehen nämlich auch hierbei in äusserlich ganz gleicher Weise gewisse ebenfalls mit Agio und Disagio bezeichnete Gewinne bezw. Verluste für die betreffenden Gesellschaften je nach dem Stande der Kurse, zu welchem die Papiere an der Börse notiert werden oder, richtiger gesagt, zu welchem sie Absatz finden. Ausschlaggebend hierfür sind bei der Gründung von neuen Instituten in erster Linie die Chancen, welche das betreffende Unternehmen nach Lage der Verhältnisse hat, während bei schon längere Zeit bestehenden Gesellschaften, welche ihr Betriebskapital vergrössern wollen, hauptsächlich die bisherige Rentabilität bestimmend zu sein pflegt. Ueber die Verwendung der sich hierbei ergebenden Differenzen, insbesondere der Gewinne, sind im Handelsgesetzbuche bekanntlich gewisse für sämtliche Unternehmungen auf Aktien massgebende Vorschriften getroffen worden. Für die Pfandbriefemissionen der Hypothekenbanken erschienen aber diese Direktiven einmal schon deshalb nicht ausreichend, weil die in Frage kommenden Vorgänge in einem unmittelbaren Zusammenhange mit dem schon an anderer Stelle geschilderten regelmässigen Geschäftsbetriebe der Hypothekenbanken stehen und sich daher naturgemäss viel häufiger wiederholen.

Ueberdies lassen sich aber, streng genommen, die ganzen Verhältnisse bei der Aktien- und bei der Pfandbrief-Ausgabe überhaupt nicht mit einander vergleichen, weil beide aus ganz verschiedenen Wurzeln hervorgehen und daher auch völlig ungleichartige Wirkungen äussern.

Während es sich nämlich bei der Emission von Aktien um reelle Gewinne bezw. Verluste handelt, ist dieses bei derjenigen von Pfandbriefen nicht der Fall. Es erklärt sich dieses aus der ganzen Natur der beiden Papiere. Die Aktien tragen im allgemeinen einen spekulativen Charakter, da bei ihnen für eine konstante und regelmässige Verzinsung nicht garantiert werden kann; dagegen handelt es sich bei den Pfandbriefen um sogenannte sichere Anlagen, bei denen der Zinsfuss sowohl von vornherein genau feststeht als auch durch die entsprechende Verzinsung der Deckungshypotheken garantiert wird. Bei den Aktien beruhen also die Ursachen jener Vorgänge lediglich auf Schätzungen, und hieraus erklärt es sich, dass die aus diesen resultierenden Ergebnisse auch als wirkliche Gewinne bezw. Verluste für die betreffenden Gesellschaften anzusehen sind. Dagegen kommt für den Kurs der Pfandbriefe als ausschlaggebend in der Hauptsache stets ein und derselbe Faktor in betracht, nämlich der, wie sich der bei der Ausgabe normierte Zinsfuss zu dem Stande des gerade für Anlagen ähnlicher Art herrschenden Satzes verhält.

Ist der Ausgabezinsfuss niedriger als dieses sonst übliche Satz, so gelangen die Pfandbriefe in der Regel auf einen Kurs unter pari, und es entsteht hierdurch für die Banken anscheinend ein Verlust und zwar dadurch, dass ja die Papiere, sobald sie abgelaufen sind, von ihnen zu dem höheren Nennwert wieder eingelöst werden müssen.

Dieser Ausfall wird aber wieder ausgeglichen, weil die Banken während der bestimmten Laufzeit der Pfandbriefe, meistens 10 Jahre, einen niedrigeren als den erwähnten sonst üblichen Satz zu zahlen haben.

Ist dagegen der Ausgabezinsfuss höher als der letztere, so pflegt der Kurs der Pfandbriefe auf über pari zu steigen und der Bank erwächst zunächst ein Gewinn. Doch auch dieser ist nur ein scheinbarer, weil derselbe dadurch wieder verloren geht, dass die Bank den Pfandbriefbesitzern während der Laufzeit der Papiere höhere Zinsen als die normalen zu zahlen hat.

Ich will hier nicht unerwähnt lassen, dass auch noch andere Momente bei der Normierung der Kurse einen gewissen Einfluss haben können, doch ist dieses im allgemeinen nur in einem so geringen Masse der Fall, dass wir diese für unsere Betrachtung ruhig unberücksichtigt lassen können.

Es liegt nun nach Schilderung der Sachlage wohl klar vor Augen, dass die unter den obigen Umständen entstandenen nur scheinbaren Gewinne und Verluste bei Vornahme der Bankbilanzen in der vorsichtigsten Weise behandelt werden müssen, um hierdurch Missbräuchen entgegenzutreten, durch welche die Fonds der Banken in mehr oder minder grossem Masse angegriffen werden könnten.

Es ist schon als eine durchaus berechtigte Vorsicht des Gesetzgebers anzuerkennen, dass er bei der Regelung der ganzen Materie für die bei den Hypothekenbanken speziell in betracht kommenden Vorgänge die Bezeichnungen Agio und Disagio vermieden hat, um hierdurch irgendwelchen Verwechslungen mit den bei der Emission von Aktien sich zeigenden Erscheinungen aus dem Wege zu gehen. In der Literatur wird im allgemeinen nicht die gleiche Vorsicht angewandt, so betitelt auch Dr. Felix Hecht eine Schrift über unsere Materie »Ueber das Disagio und Agio der Hypothekenbanken«. Es sind diese eben Ausdrücke, für welche sich nicht leicht in gleicher Kürze Ersatz finden lässt und die sich infolgedessen trotz der geäusserten Bedenken eingebürgert haben. Dr. Hecht hat sich aber in der erwähnten Abhandlung bemüht, die Vorgänge mit möglichst wenig Worten zu kennzeichnen; es ist ihm dieses auch meines Erachtens recht gut gelungen, indem er für das sogenannte Disagio die Wendung[1]) »vorausbezahlte Pfandbrief-

---

[1]) Dr. Felix Hecht „Ueber Disagio und Agio der Hypothenbanken" in der „Monatsschrift für Handelsrecht und Bankwesen" herausgegeben von Dr. Holeheim. VII. 1898 S. 263.

zinsen« geprägt hat und das sogenannte Agio mit dem Ausdrucke »der diskontierte Betrag der zukünftig zu zahlenden Zinsteile« umschreibt.

Es handelte sich nun für den Gesetzgeber darum, den richtigen Modus zu finden, durch welchen der ganzen Natur der Vorgänge genügend Rechnung getragen wurde.

Vor dem Inkrafttreten des R. H. G. wurde die Verbuchung von Posten fraglicher Art bei den Banken in sehr verschiedenartiger Weise gehandhabt, weil feste gesetzliche Normen hierfür nur den preussischen Instituten gegeben waren. Es lag daher besonders für schwächere Institute die Versuchung sehr nahe, dass von ihnen der augenblickliche Verlust am Kurse überhaupt nicht verbucht, dagegen der doch nur scheinbare Gewinn sofort in vollem Umfange den Aktionären zugeführt wurde, und beides hätte unter Umständen von verhängnisvoller Wirkung auf Aktienkapital und Reserve sein können.

Hier drängt sich uns nun zunächst die Frage auf, ob denn nicht überhaupt die Verzinsung der Pfandbriefe so eingerichtet werden kann, dass die Emission derselben zu pari erfolgt und hierdurch Vorgänge der beschriebenen Art gänzlich in Fortfall kommen.

Dieser Fall kann aber nur infolge eines zufälligen Zusammentreffens eintreten, da es nämlich den börsenmässigen Usancen zuwiderläuft, als Zinsfuss für die Pfandbriefe gerade diejenige meist komplizierte Bruchzahl festzusetzen, welche dem Pari-Kurse für derartige Papiere entsprechen würde. Es lässt sich allenfalls auf eine Verkleinerung der Differenzen bezw. der Abweichungen vom Parikurse hinarbeiten, und in dieser Richtung hat wohl ein Vorschlag recht anregend gewirkt, welchen der »Deutsche Oekonomist« im Jahre 1898 gemacht hat, nämlich den, die Zinssätze nicht, wie bis dahin allgemein üblich nach halben, sondern nach $^1/_4$ Prozenten abzustufen.[1])

Es kommt noch hinzu, dass die Hypothekenbanken bei Normierung des Zinsfusses auch gewissen, beinahe nach Art der Mode wechselnden Neigungen des Kapitalistenpublikums Rechnung zu tragen haben.

[1]) a. a. O., Jahrg. 1898, S. 604.

Jedenfalls musste der Gesetzgeber sich mit dem Gedanken vertraut machen, dass derartige Vorgänge in mehr oder minder hohem Masse nach wie vor in die Erscheinung treten würden.

Es hätte nun meines Erachtens recht nahe gelegen, bei der gesetzlichen Regelung in beiden Fällen von demselben Grundprinzip auszugehen, doch ist dieses, wie wir sehen werden, nicht geschehen.

Die Materie ist nämlich in der folgenden Weise geordnet worden.

Zunächst bestimmt der § 25 des R. H. G., dass, »wenn Hypothekenbriefe zu einem geringeren Betrage als dem Nennwerte ausgegeben werden, in die Aktiven der Bilanz ein Betrag aufgenommen werden darf, welcher vier Fünfteilen des Mindererlöses gleichkommt; von dem Mindererlöse ist der Gewinn abzuziehen, welchen die Bank durch den Rückkauf von Hypothekenpfandbriefen zu einem geringeren Betrage als dem Nennwerte erzielt. Der demgemäss in die Bilanz eingestellte Aktivposten muss jährlich zu mindestens einem Vierteile abgeschrieben werden.

In keinem Jahre dürfen aber die nach den vorstehenden Vorschriften in die Bilanz aufgenommenen Aktivposten zusammen mehr betragen als das Doppelte des Ueberschusses, den die Hypothekenzinsen für das Bilanzjahr ergeben, wenn von ihnen die Pfandbriefzinsen und ausserdem $^1/_4$% der Gesamtsumme der Hypotheken abgezogen werden; auch dürfen die bezeichneten Aktivposten zusammen nicht den Betrag des ausschliesslich zur Deckung einer Unterbilanz bestimmten Reservefonds übersteigen. Die durch die Ausgabe der Hypothekenpfandbriefe entstandenen Kosten mit Einschluss der für die Unterbringung gezahlten Provisionen sind ihrem vollen Betrage nach zu Lasten des Jahres zu verrechnen, in welchem sie entstanden sind. Ansprüche der Bank auf Jahresleistungen der Hypothekenschuldner für die auf das Bilanzjahr folgende Zeit dürfen nicht in die Aktiven der Bank aufgenommen werden.«

Die Bank darf also auf Grund dieser Bestimmungen den »Mindererlös« im ersten Jahre noch zu $^4/_5$ unter die die Aktiven der Bank aufnehmen. Erst nach weiteren 4 Jahren ist dieser durch die jährlich auf $^1/_5$ des ursprünglichen Betrages festgesetzten Abschreibungen gänzlich beseitigt. Ausserdem ist die Verbuchung des betreffenden Aktivpostens noch beschränkt worden durch die weiteren Vorschriften, deren Tendenz hauptsächlich dahin geht, dass durch die den Banken zugestandene Freiheit im allerschlimmsten Falle der Reservefonds, niemals aber das Aktienkapital eines Instituts absorbiert werden kann.

Immerhin ist der Umstand, dass auch schon der Reservefonds überhaupt gefährdet werden kann, gravierend genug, um den vom Gesetzgeber hier eingeschlagenen Weg als unrichtig erscheinen zu lassen.

Eine derartige Befürchtung ist nämlich nicht etwa nur als eine rein theoretische aufzufassen; sie ist auch in der Praxis gar nicht einmal so fernliegend, als auf den ersten Blick scheinen könnte.

Nehmen wir an, es handle sich um eine erst relativ kurze Zeit bestehende Bank, welche aus irgendwelchen Gründen ihren Abschluss in einem bestimmten Jahre recht günstig erscheinen lassen möchte, vielleicht um Stimmung für die Emission neuer Aktien zu machen. Es würde einer solchen Anstalt hierzu auf Grund der gesetzlichen, eben erörterten Vorschriften der Weg durchaus nicht verschlossen sein, in dem betreffenden Jahre andauernd Pfandbriefe unter pari zu emittieren, welche sie aussergewöhnlich niedrig zu verzinsen hätte, während sie hingegen von dem bei der Ausgabe entstandenen Mindererlöse in die Jahresbilanz nur $^1/_5$ als Passivum aufzunehmen verpflichtet wäre. Infolge dieser Lizenz könnte die Dividende an die Aktionäre in dem betreffenden Jahre recht hoch normiert werden. Da nun aber der Ausgleich des Mindererlöses, wie dargelegt ist, erst allmählich durch die Zahlung der niedrigeren Zinsen an die Pfandbriefgläubiger während der durchschnittlich 10 Jahre betragenden Laufzeit der Pfandbriefe erfolgen kann, so müssten die Barmittel zur Zahlung der höheren Dividende für das betreffende Jahr dem Reservefonds entnommen werden.

Tritt nun vielleicht schon nach 1—2 Jahren der Konkurs

der Bank ein, so können Summen in Höhe der Reserven zu den geschilderten unlauteren Zwecken verbraucht sein, ohne dass gegen die gesetzlichen Vorschriften dem Buchstaben nach irgendwie verstossen zu sein brauchte.

Richtiger wäre es daher meines Erachtens gewesen, einen anderen Modus zu wählen, durch welchen derartigen und ahnlichen Möglichkeiten von vornherein ein Riegel vorgeschoben wäre. Dieses hätte folgendermassen geschehen können.

Es hätte die Vorschrift erlassen werden müssen, dass $^{9}/_{10}$ des Mindererlöses der Pfandbriefe in dem Entstehungsjahre als Passivum zu verbuchen seien, dass dagegen in jedem der folgenden 9 Jahre ein weiteres Zehntel des ursprünglichen Mindererlöses unter die Aktiven aufgenommen werden dürfte. Ich nehme bei diesem Vorschlage wiederum eine wohl als die normale zu bezeichnende Laufzeit der Pfandbriefe in der Höhe von 10 Jahren an.

Durch eine derartige Handhabung würde dann im Laufe von 10 Jahren der betreffende Posten seiner Entstehungsursache gemäss seine Erledigung gefunden haben, ohne dass aus dieser Regelung auch für die Aktionäre irgendwelcher Nachteil entstanden wäre, wiewohl gegebenen Falls die Interessen dieser hinter denen der Pfandbriefgläubiger naturgemäss zurückstehen müssten.

Eine Lösung der Frage in dem von mir vorstehend beschriebenen Sinne hätte um so näher gelegen, als der Gesetzgeber in dem anderen Falle, der Ausgabe von Pfandbriefen über pari, einen ähnlichen Weg eingeschlagen und dadurch die Frage hier in durchaus befriedigender Weise erledigt hat.

Es giebt uns hierüber § 26 Aufschluss, welcher lautet: »Sind Hypothekenpfandbriefe zu einem höheren Betrage als dem Nennwerte ausgegeben worden, und hat die Bank auf das Recht verzichtet, die Hypothekenpfandbriefe jederzeit zurückzuzahlen, so ist der Mehrerlös, soweit er den Betrag von eins vom Hundert des Nennwertes übersteigt, in die Passiven der Bilanz einzustellen. Die Bank darf über ihn während der Jahre, für welche die Rückzahlung der Hypothekenpfandbriefe ausgeschlossen ist, alljährlich nur zu einem der Zahl dieser Jahre entsprechendem Bruchteile verfügen. Die Verfügung ist ausgeschlossen, so lange ein Mindererlös der im § 25 bezeichneten Art als Aktivposten in der Bilanz steht. Zur Tilgung eines solchen Mindererlöses sowie zur Deckung des Verlustes, der für die Bank durch den Rückkauf von Hypothekenpfandbriefen zu einem den Nennwert übersteigenden Betrage entstanden ist, darf der Mehrerlös jederzeit verwandt werden.«

Es ist schon erwähnt, dass man der hiermit gegebenen Regelung in allen Punkten beipflichten kann. Denn für den Fall, welcher ausdrücklich ausgenommen wird, dass nämlich die Bank auf das Recht nicht verzichtet hat, die betreffenden Pfandbriefe jederzeit zurückzuzahlen, kann ihr nach der durchaus richtigen Ansicht Hilligs[1]) ruhig überlassen bleiben, über den Mehrerlös nach ihrem Belieben zu verfügen, weil sie sich ja durch Kündigung von höher verzinslichen Pfandbriefen jederzeit auch von der Verpflichtung der höheren Zinsleistungen losmachen kann.

Bezüglich des kleinen Bruchteils von 1⁰/₀ des Nennwertes der emittierten Pfandbriefe ist die Bank in der Verfügung nicht beschränkt worden, weil dieser nach der Ansicht des Gesetzgebers erfahrungsgemäss[2]) erforderlich ist, um die Kosten der Pfandbriefausgabe zu decken.

Es haben auch in § 26 die weniger glücklichen Vorschriften über den Mindererlös bezüglich ihrer Wirkungen eine kleine Abschwächung dadurch erfahren, dass irgendwelche Dispositionen über den Mehrerlös überhaupt ausgeschlossen sind, so lange noch ein Mindererlös im Sinne von § 25 vorhanden ist. Doch kann dieser Zusatz die eventuellen schädlichen Folgen der Bestimmungen über den Mindererlös aus dem Grunde nicht völlig aufheben, weil es sehr wohl denkbar ist, dass seitens einer Bank andauernd nur Pfandbriefe unter pari zur Emission gelangen, sie also stets mit Mindererlösen zu rechnen hat.

---

1) Hillig a. a. O., S. 73.

2) Begründung zu § 26 a. a. O., S. 946.

Nach der Besprechung der allgemeinen grundlegenden Bestimmungen sowie der dem Schutze von Aktienkapital und Reserve gewidmeten speziellen Vorschriften bleibt mir noch in diesem Kapitel die Aufgabe, zu untersuchen, in welcher Weise der Gesetzgeber für die Durchführung der bezüglichen Massnahmen Sorge getragen hat. In unmittelbarem Zusammenhange hiermit ist die Frage zu prüfen, ob die staatliche Ueberwachung eine derartige ist, dass durch diese solchen allgemeinen destruktiven Tendenzen, wie sie in Gestalt der mannigfachen Machinationen der Leiter jener von der Krisis des Jahres 1900 betroffenen Banken zu Tage getreten sind, von vornherein das Wasser abgegraben wird.

Den §§ 3 und 4 des R. H. G. liegt der Gedanke zu Grunde, eine allgemeine staatliche Aufsicht herbeizuführen.

Zunächst wird hier der Grundsatz ausgesprochen, dass die Aufsicht dem Bundesstaate zusteht, in welchem die Bank ihren Sitz hat (§ 3). Diese Kontrolle kann sich auf den ganzen Geschäftsbetrieb der Bank erstrecken und dauert auch nach deren Auflösung bis zur Beendigung der Liquidation fort.

Der § 4 des Gesetzes führt diese Generalvollmacht etwas näher aus. Es soll hiernach die Aufsichtsbehörde namentlich berechtigt sein, jederzeit die Bücher und Schriften der Bank einzusehen, die Kassenbestände zu prüfen, von den Verwaltungsorganen der Bank Auskünfte zu verlangen, an den Generalversammlungen und Sitzungen teilzunehmen, solche eventuell selbst zu berufen, in diesen Anträge zu stellen sowie endlich alle rechts- und satzungswidrigen Beschlüsse zu untersagen.

Ausserdem wird die Aufsichtsbehörde ausdrücklich ermächtigt, Kommissare zu bestellen, welche unter ihrer Oberleitung die Kontrolle ausüben. Für die Tätigkeit dieser Mandatare kann von der Bank eine behördlich festzusetzende Vergütung verlangt werden, die direkt an die Staatskasse abzuführen ist. —

Wie notwendig und von wie grosser Bedeutung die der Aufsichtsbehörde durch das R. H. G. eingeräumten weitgehenden Kompetenzen waren, zeigte sich sofort bei Eintritt der ersten

Anzeichen, welche den Katastrophen des Jahres 1900 vorausgingen.

Die Aufsichtsbehörden waren hierdurch in Preussen und in Mecklenburg-Strelitz sofort in der Lage, genaue Revisionen durch besondere Kommissionen anzuordnen, vor allem aber weitere Schädigungen der Pfandbriefgläubiger dadurch zu verhindern, dass bei den betreffenden Instituten sofort die Dividenden »gesperrt«, das heisst, die weitere Auszahlung von solchen suspendiert und dass ferner die weitere Ausgabe von Pfandbriefen sistiert wurde.

Dagegen hat sich die Ausgestaltung der Aufsicht im einzelnen, wie sie insbesondere in Preussen vorgenommen war, als ungenügend erwiesen. Es war nämlich den staatlichen Organen dort nicht gelungen, der Misswirtschaft, wie sie in der geschilderten vielgestaltigen Form zu Tage trat, auf die Spur zu kommen, geschweige denn diese vorher aufzudecken.

Dieser mangelhafte Ausbau der Aufsicht resultierte zum Teil daraus, dass man in Preussen in Uebereinstimmung mit den auch vom Gesetzgeber in der Begründung[1]) gegebenen Intentionen die allgemeine staatliche Aufsicht wohl als ein Recht, nicht aber als eine Pflicht der Regierung ansah; ferner aber wurde eine intensivere Ausgestaltung dieser Kontrolle wiederum auch deshalb nicht für erforderlich erachtet, weil man, gestützt auf das schon mehrfach erwähnte grosse Vertrauen zu den Banken, den Geschäftsbetrieb der Institute in ja an sich dankenswerter Weise nicht allzusehr beeinträchtigen wollte.

Wir wollen nun zunächst, jedoch nur in grossen Zügen betrachten, nach welchen Gesichtspunkten die staatliche Aufsicht heute im allgemeinen geordnet ist, um dann hieran eine kurze Kritik knüpfen zu können.

In den meisten Bundesstaaten ist die Zuständigkeit, die Oberaufsicht über die Hypothekenbanken auszuüben, den Ministerien des Innern übertragen worden. In Preussen ist diese Angelegenheit in etwas eigenartiger Weise derart geregelt, dass

---

[1]) Begründung zum Entwurfe a. a. O., S. 932.

die Kontrolle dort gewissermassen in zwei Instanzen stattfindet. Die höchste Instanz bildet hier nicht das Ministerium des Innern, sondern das Landwirtschaftsministerium. Dieses erklärt sich aus der historischen Entwicklung, weil, wie wir wissen, sich die Banken in Preussen ganz speziell auf den Landschaften aufbauten, was dort sogar so weit ging, dass die Banken zunächst dazu ausersehen waren, in erster Linie überhaupt nur die Tätigkeit der Landschaften ergänzende Funktionen und zwar in der Weise auszuüben, dass sie erforderlichen Falls zweitstellige Beleihungen landwirtschaftlicher Grundstücke hinter den Landschaften vornahmen. Doch habe ich bereits an anderer Stelle hervorgehoben, dass die Banken sich sehr bald auch in Preussen wie überall von der Pflege des landwirtschaftlichen Immobiliarkredits abwandten und sich weit überwiegend der Beleihung städtischer Grundstücke widmeten. Es erscheint daher auch in diesem Staate ihre Unterstellung unter das Landwirtschaftsministerium nicht mehr recht durch die tatsächlichen Verhältnisse gerechtfertigt. Man hat sich denn auch besonders in der Presse hierüber lebhaft ereifert, doch scheint mir dieses nicht recht verständlich, da ich nicht einzusehen vermag, weshalb ein Dezernent im Landwirtschaftsministerium sich nicht ebenso gut in die Materie einzuarbeiten im stande ist, wie ein solcher im Ministerium des Innern.

Man sollte daher die Entscheidung in dieser mehr sekundären und rein formellen Frage ruhig der preussischen Regierung überlassen. In dieser Ansicht werde ich überdies durch schon vorher berührte Tatsache bestärkt, dass in Preussen bei der Aufsicht noch eine zweite Instanz mitwirkt. Diese bildet in den Provinzen der Regierungspräsident, in Berlin das dortige Königliche Polizeipräsidium. Die Befugnisse der beiden Instanzen sind an sich vielleicht nicht ganz scharf abgegrenzt worden; sie sollen sich aber im allgemeinen wohl in der Weise ergänzen, dass das Ministerium über die tiefer eingreifenden Fragen allein befindet, während die Präsidien der Exekutive und zwar in der Weise dienen, dass sie die unmittelbar bei der Kontrolle tätigen Organe bestellen und direkt mit diesen verkehren.

Vor Eintritt der Katastrophen des Jahres 1900 war in Preussen zur Ausübung der zuletzt genannten unmittelbaren Aufsicht nur ein einziger Funktionär, welcher den Namen Bankinspektor führt, für die sämtlichen 11 preussischen Institute bestellt. Wir haben bereits genügend zu konstatieren Gelegenheit gehabt, wie unzulänglich sich diese Art der Regelung zu jener Zeit erwiesen hat. Nach Eintritt der Krisen wurde denn auch die Zahl der Inspektoren auf drei erhöht, welche sämtlich im Hauptamte tätig sind und den Fachkreisen entnommen zu werden pflegen. Sie nehmen häufige eingehende Revisionen der Banken vor, beobachten den ganzen Geschäftsbetrieb — neuerdings sogar unter häufigem Austausch der Bezirke[1]) — und stellen auch nich selten Stichproben an, um die Richtigkeit der Beleihungstaxen zu prüfen.

Ich halte im Prinzip die jetzt in Preussen zur Einführung gelangte Staatsaufsicht für die richtige, allerdings mit der Einschränkung, dass, wie schon ausführlich nachgewiesen ist, die zuletzt erwähnte Nachprüfung der Schätzungen durch Stichproben allein auch nicht im entferntesten genügt, um die Zuverlässigkeit der Taxen zu gewährleisten.

Auch die »Frankfurter Zeitung« beurteilt die jetzt in Preussen in Geltung befindliche allgemeine Staatsaufsicht grundsätzlich günstig,[2]) doch möchte sie die Kontrolle durch 2 Massnahmen noch intensiver gestaltet wissen. Einmal möchte sie für jede Bank besonders einen Inspektor im Hauptamte ernannt haben und zwar unter Ausstattung mit dem Range eines hohen Beamten und entsprechender Besoldung. Das Blatt veranschlagt die Kosten für einen solchen auf M 5—6000 jährlich, welche von der betreffenden Bank aufgebracht und an die Staatskasse abgeführt werden sollen, um durch diese als Dienstgehalt an den Beamten gezahlt zu werden. Ich möchte es bezweifeln, ob eine derartige Massregel in dem vollen Umfange, in welchem sie gefordert wird, auch als wirklich notwendig erscheint. Um dieses beurteilen zu können,

---

[1]) »Frankfurter Zeitung«, Handelsblatt vom 12. Dezember 1906.

[2]) »Frankfurter Zeitung«, Handelsblatt vom 12. Dezember 1906.

wäre vor allem notwendig, genau festzustellen, wieviel Zeit durch eine gewissenhafte Revisionstätigkeit bei jedem einzelnen Institute absorbiert wird, da hierin naturgemäss je nach dem Geschäftsumfange der betreffenden Bank ganz bedeutende Unterschiede obwalten werden. Erst, nachdem dieses festgestellt ist, könnte man sich über die Vorschläge der »Frankfurter Ztg.« definitiv entscheiden. Jedenfalls würde es aber keineswegs erforderlich sein, bei jedem, auch dem kleinsten Institut, einen besonderen Kommissar anzustellen; wenn dieses sich auch vielleicht als opportun bei einzelnen der grössten Banken erweisen würde, so würde zweifellos die Anstellung eines Kommissars für mehrere kleinere Institute als ausreichend erscheinen.

Der Verfasser des obigen Artikels tritt ferner für die Schaffung von Zentralstellen ein, welche dazu dienen sollen, eine gewisse Einheitlichkeit in der Kontrolltätigkeit zu gewährleisten sowie Superrevisionen herbeizuführen bezw. solche abzuhalten. Am liebsten würde er die Einführung einer Zentralbehörde von Reichs wegen nach dem Vorbilde des Reichsaufsichtsamtes für Privatversicherung sehen; falls dieses nicht zu erreichen sei, so würde er sich auch mit der Einführung von Landeszentralstellen begnügen.

Ich halte die Einführung einer oder mehrerer Zentralinstanzen bei der relativ geringen Zahl von Hypothekenbanken (40) nicht für erforderlich. Gewisse einheitliche Gesichtspunkte würden sich auch durch obligatorisch einzurichtende, jährlich 1 bis 2 mal stattfindende Konferenzen der Kommissare und Inspektoren feststellen lassen, aus deren Resultaten sich die vorgesetzten Behörden ihr Urteil und ihre Stellungnahme in möglichst einheitlicher Form unschwer bilden könnten. Nochmalige, sogenannte Superrevisionen würden sich aber nach richtiger Durchführung der von uns befürworteten Massnahmen unter allen Umständen vermeiden lassen.

Es würde sich durch die vorher vorgeschlagenen Konferenzen der Kommissare auf eine relativ leichte Art der kostspielige Apparat umgehen lassen, welchen zweifellos die Schaffung besonderer Zentralbehörden mit sich bringen würde,

Im Versicherungswesen liegt die Sache denn doch ganz wesentlich anders, da es sich in diesem um eine ungleich grössere Anzahl von Anstalten handelt, welche noch dazu auf den verschiedensten Gebieten der so vielseitigen Branche tätig sind.

Was die Regelung der unmittelbaren Kontrolle in den anderen Bundesstaaten anbetrifft, so ist hier vorweg zu sagen, dass diese in den meisten Staaten der jetzt in Preussen durchgeführten Methode noch nicht ganz gleichwertig ist. In diesen hat man teilweise von einer durch § 51 des R. H. G. zugelassenen Bestimmung Gebrauch gemacht und die Stellung der schon vor Erlass des Gesetzes von den betreffenden Regierungen bei den Banken angestellten Staatskommissare mit der neu geschaffenen des Treuhänders vereinigt. Der betreffende Beamte übte in manchen Fällen seine Funktionen ausserdem nur nebenamtlich aus, und hierin ist auch nach der Kombinierung der Aemter eine Aenderung nicht erfolgt. Nun ist meines Erachtens schon an sich eine derartige Verbindung wenig erwünscht; diese würde sich aber vollends nach Einführung der von uns angestrebten Erweiterung der Aufgaben des Treuhänders als gänzlich untunlich erweisen. — Bei einigen ausserpreussischen Banken sind zwar je ein Treuhänder und ein Staatskommissar für das einzelne Institut, aber beide im Nebenamte angestellt; bei anderen Anstalten sind zwei derartige Beamte für mehrere Banken zusammen und trotzdem nur nebenamtlich in Funktion.

Ich möchte in allen diesen Fällen die Anstellung von Staatskommissaren im Hauptamte nach dem Vorbilde Preussens empfehlen und zwar je nach der Grösse des Geschäftsbetriebs für eine Bank allein oder für mehrere Institute zusammen, wie dieses bereits früher ausgeführt ist; in der Mehrzahl der Fälle dürfte der letztere Modus ausreichen.

Dagegen müsste die Stellung des Treuhänders, wie ich gleichfalls schon hervorgehoben habe, bei jeder Anstalt durch durch einen besonderen Beamten im Hauptamte wahrgenommen werden, und nur für diejenige eines Stellvertreters dieses Funktionärs würde eine nebenamtliche Tätigkeit genügen.

Die Besoldungen auch für diese Kommissare müssten

wie bisher von den Banken aufgebracht werden, jedoch ebenfalls unter allgemeiner Einführung der Vorschrift, dass die betreffenden Beträge an die Staatskasse abzuführen und durch diese an die ausschliesslich vom Staate zu ernennenden Persönlichkeiten zu zahlen seien.

Vorgänge aus neuerer Zeit scheinen den Boden für eine entsprechende Regelung zu ebnen bezw. deren Entwicklung zu beschleunigen.

Es teilt nämlich die »Frankf. Zeitg.« in ihrer Ausgabe vom 6. März 1907 mit, dass in neuerer Zeit in Bayern und zwar bei der »Würzburger Bodenkreditanstalt« Tatsachen zu Tage getreten seien, welche eine Aenderung der dort hinsichtlich der Staatsaufsicht bestehenden Verhältnisse angezeigt erscheinen liessen. Die »Münchener Allgemeine Zeitung« habe vor kurzem berichtet, dass die betreffende Bank von ihrer Gründung an unter dem Einflusse einer »skrupellosen« privaten Bankfirma gestanden habe und dass auch die leitenden Persönlichkeiten bei diesem Institute in »nicht gerade anmutender Weise« auf ihren privaten Vorteil bedacht gewesen seien, ohne dass der betreffende Staatskommissar die Sachlage erkannt habe.

Derartige Erfahrungen scheinen mir ein deutlicher Hinweis darauf zu sein, dass es für die übrigen bundesstaatlichen Regierungen geboten ist, sobald wie möglich an die Aufgabe heranzutreten, auch die Staatsaufsicht bei den ihnen unterstellten Instituten einer entsprechenden Revision zu unterziehen.

II. Unterabschnitt.

Die Behandlung von Materien im R. H. G., welche gleichfalls die Interessen der Pfandbriefgläubiger berühren, jedoch nicht in den Krisen von 1900 hervorgetreten sind.

V. Kapitel.

Die Amortisationsdarlehen.

Ich habe mich in meinen bisherigen Untersuchungen nur nur mit denjenigen Fragen beschäftigt, welche die Interessen der Pfandbriefgläubiger berührten und gleichzeitig durch die Ereignisse des Jahres 1900 in den Brennpunkt der öffentlichen Aufmerksamkeit getreten waren.

Es sind aber im R. H. G. noch einige Gegenstände enthalten bezw. einer Regelung unterzogen, welche, wiewohl ebenfalls äusserst wichtig für die Pfandbriefbesitzer, in jener Zeit nicht hervorgetreten sind. Es ist dieses die Materie der Amortisationsdarlehen sowie diejenigen der Kommunalobligationen und der Kleinbahnobligationen. Die letzteren beiden Gegenstände gaben aus dem Grunde bei Gelegenheit der Krisen keinen Anlass zur Diskussion, weil sich keine der notleidenden Banken mit diesen Geschäftszweigen befasst hatte. Bei den Amortisationsdarlehen war dieses auch nur in geringem Masse der Fall gewesen; ausserdem aber lag es in der Natur der besonders grossen Langfristigkeit dieser Art von Hypotheken, welche es erschwerte, Licht- und Schattenseiten der reichsgesetzlichen Regelung dieser Materie bei jener Gelegenheit zu erkennen.

Ich wende mich zunächst der Behandlung der Amortisationsdarlehen zu.

Diese Art von Darlehen stellen eine eigenartige Form dar, in welcher Beleihungen von den Anstalten vorgenommen werden können. Dieses geschieht in solchen Fällen derart, dass in dem Darlehensvertrage dem Schuldner zur Bedingung gemacht wird, ausser den regelmässig zu entrichtenden Zinsen gleichzeitig jährlich einen bestimmten Prozentsatz vom Kapital an die Bank abzutragen.

Durch dieses Verfahren wird bewirkt, dass die ganze Schuld in einer Reihe von Jahren amortisiert, das heisst, getilgt ist. Aus diesem Hergange ergiebt sich, dass das Risiko, welches der Gläubiger bei der Gewährung eines solchen Darlehens eingegangen ist, in dem Masse geringer wird, in welchem sich die Darlehenssumme verkleinert. Hierdurch ist auch bei der Natur der Darlehen als Deckungshypotheken der Zusammenhang mit den Interessen der Pfandbriefgläubiger gegeben. Die Pfandbriefe erscheinen nämlich um so besser gesichert, je mehr Amortisationshypotheken sich unter den Unterlagen befinden.

Wie ist nun diese Frage bei den einzelnen Geschäftszweigen der Banken geregelt? Ich fasse hier die Behandlung bei den erst später zu besprechenden Materien der Kommunalobligationen und der Kleinbahnobligationen zuerst ins Auge, weil sich der Gegenstand bei diesen relativ schnell erledigen lässt. Den Kommunalobligationen ist zwar durch das R. H. G. eine Tilgung nicht zur Bedingung gemacht worden; diese ist aber dennoch hier als stehend zu betrachten, da die Bundesregierungen in der Regel nur unter der Voraussetzung einer regelmässigen Amortisation die Genehmigung zur Aufnahme kommunaler Anleihen erteilen. Es ist dieses ein Moment, welches in wesentlichem Masse die Sicherheit der Kommunalobligationen zu erhöhen geeignet ist. — Bei den Kleinbahndarlehen ist zwar weder eine diesbezügliche Vorschrift des R. H. G. noch auch ein indirekter Zwang zur Tilgung vorhanden, doch ist es als höchst wahrscheinlich anzunehmen, dass auch hier die Aufsichtsbehörde die ihr einzureichenden Anweisungen nur unter der Bedingung genehmigt, dass die bezüglichen Darlehen in der Form von Amortisationshypotheken erteilt werden. Es bestärkt mich in dieser Voraussetzung der Umstand, dass sich diese Klausel in dem einzigen, hinsichtlich dieses Geschäftes bisher vorliegendem Statut, dem der Preussischen Pfandbriefbank, gleichfalls findet.

Wie aber, so haben wir jetzt zu fragen, stellt sich hier der Gesetzgeber zu der Gewährung von Hypotheken, da ich im Laufe meiner Erörterungen noch Gelegenheit haben werde, nachzuweisen, dass die beiden vorher genannten Geschäftszweige bisher nur in verschwindend kleinem Umfange Gegenstände der Tätigkeit der Hypothekenbanken bilden?

Der weitaus grösste Teil der Tätigkeit wird naturgemäss durch ihr Hauptgeschäft, die Beleihung von Grundstücken unter Emission einer entsprechenden Anzahl von Pfandbriefen, beansprucht. Daher hat auch die Amortisationsfrage hinsichtlich unseres Gebietes für die Pfandbriefgläubiger sicherlich eine wesentlich höhere Bedeutung als bei den beiden anderen Geschäftszweigen.

Wir wollen daher untersuchen, ob das R. H. G. in dieser Richtung irgendwelche zwingende Vorschriften erlassen hat. Die Frage ist um so wichtiger, als es sich hier für den Gesetzgeber nicht allein um die Interessen der Pfandbriefgläubiger, sondern noch um ein weiteres Moment von kaum minder grosser volkswirtschaftlicher Bedeutung handelt. Es betrifft dieses die zweite Gefahr, auf welche ich in der Einleitung hingewiesen habe, die darin besteht, dass durch die Tätigkeit der Hypothekenbanken eine übermässige Verschuldung des Grundbesitzes herbeigeführt werden kann.

Es ist einleuchtend, dass ein durch das Gesetz für alle Hypotheken festgesetzter Tilgungszwang ein fester Damm gegen eine stärker werdende Verschuldung gewesen sein würde.

Wird sich aber, und dieses wird uns eingehend zu beschäftigen haben, der gewiss gute Gedanke auch mit den Forderungen in Einklang bringen lassen, welche die Praxis an die Hypothekenbanken stellt?

Oder, sollte dieses nicht der Fall sein, lässt sich nicht vielleicht doch der Grundgedanke der Amortisation durch eine irgendwie geartete Regelung staatlicherseits unterstützen?

Was zunächst das R. H. G. anbetrifft, so sind in diesem obligatorische Vorschriften auf diesem Gebiete erlassen, aber nur hinsichtlich einer Art von Hypotheken, nämlich derjenigen, welche auf landwirtschaftliche Grundstücke erteilt werden. Dagegen ist hier den Banken bezüglich städtischer Darlehen völlig freie Hand gelassen worden. Dieses ist prima facie deshalb zu bedauern, weil, wie wir wissen, gerade die letzteren den Hauptgegenstand der Tätigkeit der Banken bilden. Wir haben gesehen, dass die ländlichen Hypotheken Ende 1897 nur etwa 8% des gesamten Hypothekenbestandes der Institute ausmachten. Hierzu bemerkt noch überdies Professor Schanz, dass unter dieser Quote sich nicht nur die Beleihungen auf landwirtschaftliche Grundstücke im eigentlichen Sinne befinden, sondern alle überhaupt in den Bezirken der Landgemeinden erteilten Darlehen. Die Zahl der ersteren sei daher noch geringer und ausserdem mit alleiniger Ausnahme der Hypotheken bei den bayerischen Banken in dauernder Abnahme begriffen.[1]) —

Also nur für die Entschuldung des landwirtschaftlichen Besitzes hat der Gesetzgeber gewisse Massnahmen treffen zu können geglaubt. Diese sind in § 6 Absatz 2 des R. H. G. enthalten. Hiernach müssen die zur Deckung verwandten Hypotheken an landwirtschaftlichen Grundstücken mindestens zur Hälfte aus Amortisationshypotheken bestehen, bei denen der jährliche Tilgungsbetrag des Schuldners nicht weniger als ein Viertel vom Hundert des Hypothekenkapitals betragen darf.

Dieses ist wiederum so zu verstehen, dass ebenso wie wir bei den Kommunaldarlehen sehen werden, für diese jährliche Quote,

---

[1]) Artikel von Professor G. Schanz im »Bank-Archiv« vom 1. XI. 1906. Seite 29.

das heisst für das Kapital sowohl wie für die Zinsen, zusammen die Annuität genannt, stets die Höhe des anfänglichen Betrages beibehalten wird, wodurch bewirkt wird, dass das Kapital in relativ kurzer Zeit getilgt ist. An dieser Stelle sind gleichzeitig gewisse Massnahmen zu Gunsten der Schuldner von Amortisationshypotheken getroffen worden, auf welche ich aber erst in dem Abschnitte über die im Interesse der Darlehensnehmer im allgemeinen angeordneten Vorschriften einzugehen haben werde.

Der Gesetzgeber hat wohl den Gedanken erwogen auch dem städtischen Grundbesitz eine Amortisationspflicht aufzuerlegen. Doch kam er zu dem Resultate, dass es untunlich sei, demselben in dieser Beziehung Fesseln anzulegen, weil die Amortisationshypotheken ganz entschiedener Abneigung in den Kreisen der Darlehensnehmer begegneten.[1]) Diese erkläre sich aus den wirtschaftlichen Verhältnissen und aus den Bedürfnissen eines grossen Teils der städtischen Grundbesitzer sowie aus den Zwecken, zu welchen die Darlehen bestimmt seien.

Der »Deutsche Oekonomist« stimmt diesen Ansichten zu[2]) und meint, dass Amortisationsdarlehen nur anwendbar und zweckmässig seien für Grundstücke, welche — wie im allgemeinen die landwirtschaftlichen Liegenschaften — bestimmt seien, in einer Familie resp. in der Hand eines Besitzers zu bleiben. Bei städtischen Grundstücken sei dieses nur ganz selten der Fall. Es sei zwar an sich anzuerkennen, dass die Behörde ihre Aufmerksamkeit der Verringerung der auf dem Grundbesitz ruhenden Schuldenlast in der Weise zuwende, dass sie die Schuldner in der Form von Amortisationsdarlehen zur Sparsamkeit und Wirtschaftlichkeit anhalten wolle. Aber es sei, so warnt der Verfasser des betreffenden Artikels, auf diesem Wege grosse Vorsicht geboten. Denn, wenn jemand zum Beispiel M 100 sparen könne, so solle man ihn nicht zwingen M 500 abzutragen, da dann die Gefahr entstehe, dass

---

[1]) Begründung zu § 6, a. a. O., S. 937.

[2]) »Deutscher Oekonomist«, Jahrg. 1898, S. 166.

er die M 400 anderwärts leihen müsse und zwar eventuell unter erschwerten Kosten und Bedingungen. Es entstehe also dann für ihn in solchen Fällen ein grosses Loch, um ein kleines zu stopfen.

Man kann sich der Richtigkeit der angeführten Gründe nicht verschliessen. Vor allem kann das zuletzt vom »Oekonomist« angeführte Moment eine besonders bedrohliche Form für den städtischen Grundbesitz annehmen und hierdurch in hohem Masse die gesamte Produktion beeinträchtigen und schädigen.

Dieses wird uns besonders aus den jetzt bei uns herrschenden Zeitverhältnissen klar und verständlich. Ein grosser Teil der städtischen Grundbesitzer rekrutiert sich aus Gewerbetreibenden wie Fabrikanten, Kaufleuten und Handwerkern aller Branchen, welche den weitaus grössten Teil ihrer Mittel in ihre Unternehmungen selbst zu den verschiedensten Zwecken investiert haben. Diese Betriebe würden in den meisten Fällen auf das empfindlichste durch fortgesetzte Entnahmen von Barsummen zum Zwecke der Hypothekentilgung geschwächt und an einer Weiterentwicklung gehindert werden. Noch schlimmer aber liegt die Sache, wenn ein Herausziehen von Kapitalien aus dem Geschäfte in einem bestimmten Zeitpunkte überhaupt nicht möglich ist, und die Tilgungsverpflichtung den Darlehnsnehmer zwingt, Geld auf Kredit zu entnehmen, eine Möglichkeit, welche ja auch der »Oekonomist« als eine sehr naheliegende ansieht. Es können für den Schuldner hieraus bei dem nicht selten sehr hohen Stande des Zinsfusses leicht grosse Verluste entstehen. Ja bei sogen. kleinen Leuten ist der Fall durchaus nicht ausgeschlossen, dass ihnen überhaupt Kredit oder doch ein solcher in der erforderlichen Höhe nicht zur Verfügung steht, woraus sich dann für sie noch ernstere Schwierigkeiten ergeben. Jedenfalls können alle diese Umstände mit der Zeit zum Niedergange, ja zu dem Ruin vieler an sich gesunder Existenzen führen. Es lässt sich hier eine gewisse Analogie dieser Verhältnisse mit der bekannten Hauptschattenseite der direkten Steuern nicht verkennen, welche darin besteht, dass die fälligen Beträge bei Gefahr der Exekution an den bestimmten Terminen aufgebracht werden müssen, wobei in unserem Falle noch gefahrerhöhend in das Gewicht fällt, dass im allgemeinen die aufzubringenden Summen noch höher wie bei jenen Steuern sein werden. Diese und ähnliche Motive sind auch bestimmend dafür gewesen, dass selbst bei Instituten, bei denen ohne gesetzlichen Zwang früher die Amortisationshypothek den herrschenden Typus bildete, sich hierin mehr und mehr ein grosser Umschwung vollzieht.

Professor Schanz konstatiert dieses an der Hand einer Statistik über die Beleihungen der bayerischen Hypothekenbanken, von welchen diese Darlehnsform zum Teil noch bis in die allerjüngste Zeit hinein mit besonderer Vorliebe gepflegt wurde. Ich habe den bezüglichen Tabellen einige Daten entnommen, welche nachstehend folgen.[1])

Professor Schanz teilt zunächst mit, dass noch im Jahre 1895 die Bayerische Hypotheken- und Wechselbank in München, bekanntlich das bedeutendste bayerische Institut, unter bezw. nach Hervorhebung der Vorzüge der unkündbaren Amortisationshypothek in ihrem Rechenschaftsbericht pro 1894 folgende Erklärung abgegeben habe: »Mancher Schuldner zieht die wirtschaftlich weniger rationelle Darlehnsform der kündbaren Kapitalien vor, um sich die Annuitätenzahlungen zu ersparen. Wir haben uns nicht entschliessen können, einem Kreditsystem Konzessionen zu machen, welches von der Schuldentilgung in Form von Annuitäten Abstand nimmt, werden vielmehr unbekümmert um die jeweilige Zeitströmung konform den in unserem letzten Rechenschaftsberichte entwickelten Grundsätzen unverrückt dem Annuitätensystem treu bleiben.«

Aber nur zu bald sah sich auch dieses Institut genötigt von seinen so lobenswerten Prinzipien abzugehen, und diesem Beispiele folgten auch die übrigen Banken, soweit sie nicht bereits vorangegangen waren.

Von den Jahren 1895 bis 1904 sank der Bestand an amortisablen Darlehen bei den verschiedenen Instituten in der folgenden Weise:[2])

---

[1]) Schanz a. a. O., S. 30 ff.

[2]) Schanz a. a. O., S. 30.

Bei der Bayer. Hypotheken- u. Wechselbank	von	99%	auf	72%
Bei der Bayerischen Handelsbank	von	91%	auf	60%
Bei der Bayerischen Vereinsbank	von	100%	auf	55%
Bei der Süddeutschen Bodenkreditbank	von	61%	auf	31%

Eine noch deutlichere Sprache reden die Zahlen, welche Professor Schanz für einen noch längeren Zeitraum liefert, indem er hierbei die Darlehnsbestände bei sämtlichen bayerischen Banken zusammengezogen hat.[1])

Von den Darlehen waren:

Amortisabel:	Nicht amortisabel:
Im Jahre 1887 = 92,11%	Im Jahre 1887 = 7,89%
Im Jahre 1900 = 38,05%	Im Jahre 1900 = 61,95%
Im Jahre 1902 = 56,21%	Im Jahre 1902 = 43,49%

Wir sehen hieraus, wie gross die Konzessionen waren, welche die Anstalten der nun einmal herrschenden Zeitströmung notgedrungen machen mussten.

Aus den Schwankungen der Jahre 1900 und 1902, unter denen das erste Jahr den tiefsten Stand der amortisablen Darlehen zeigt, können wir allerdings gleichzeitig entnehmen, dass die bayerischen Institute, die wackeren Vorkämpfer auf diesem Gebiete, ihre Sache durchaus noch nicht völlig verloren gegeben haben. Es ist dieses ein Vorgehen, welches ihnen vom volkswirtschaftlichen Standpunkte aus nicht hoch genug angerechnet werden kann. Nichtsdestoweniger ist dieses nur ein kleiner Lichtpunkt. Wir dürfen uns nicht verhehlen, dass auch in Bayern infolge der immer dringender werdenden Wünsche der Grundbesitzer das städtische Amortisationsdarlehen in absehbarer Zeit mehr und mehr von der Bildfläche verschwinden wird.

Bei dieser Lage der Dinge könnte man fast daran verzweifeln, auf dem Wege der Amortisation der wachsenden Verschuldung des städtischen Grundbesitzes steuern zu wollen, wiewohl sich denken lässt, dass Theoretiker wie Praktiker nicht müde geworden sind, eine Lösung dieses schwierigen Problems zu versuchen.

---

[1]) Schanz a. a. O., S. 32.

Unter den mannigfachen Vorschlägen, welche dieses Ziel erstreben, möchte ich hier nur derjenigen gedenken, welche von Dr. Felix Hecht und Professor Dr. G. Schanz geäussert worden sind.

Dr. Hecht schlägt vor[1]), den städtischen Grundbesitz dadurch allmählich zu entschulden, dass den Schuldnern bei Erteilung des Darlehens die Aufnahme einer Lebensversicherung zur Pflicht gemacht, deren Betrag nach ihrem Ableben zu einer partiellen oder gänzlichen Tilgung der betreffenden Hypothek benutzt werden soll.

Es soll hier also scheinbar keine jährliche Abzahlung stattfinden, doch ist dieses tatsächlich dennoch der Fall. Die regelmässig von dem Schuldner zu entrichtenden Versicherungsprämien sind im Grunde genommen auch nur derartige Teilzahlungen. Dieser Modus ist aber unter Umständen noch wesentlich ungünstiger für den Darlehnsnehmer als der andere, weil bei etwa eintretendem Unvermögen des Versicherten, die Prämien weiter zu zahlen, was bekanntlich nicht gerade selten vorkommt, demselben die bereits entrichteten Beträge und deren Zinsen ganz oder teilweise verloren gehen, während diese Eventualität bei den eigentlichen Annuitätsdarlehen doch niemals eintritt.

Hierzu kommen noch zwei weitere, die Ausführung des Hechtschen Vorschlags gleichfalls erschwerende Momente. Einmal ist nämlich nicht jeder Darlehnsnehmer zur Aufnahme in eine Lebensversicherung seines Alters oder seiner körperlichen Konstitution wegen geeignet, und andererseits sind für viele taugliche aber schon in vorgerückterem Lebensalter stehende Personen die zu zahlenden jährlichen Prämien derartig hohe, dass sich ihnen aus diesem Grunde der Eintritt in die Versicherung verbietet.

Es soll natürlich hier nicht etwa die volkswirtschaftlich überaus nützliche und segenbringende Institution der Lebensversicherung als solche bekämpft werden.

Nur ist hinsichtlich dieser ein jeder Zwang vom Uebel. Diese Einrichtung kann nur Gutes stiften, wenn jemand die

---

1) „Deutscher Oekonomist", Jahrg. 1905, S. 350.

Versicherung abschliesst, sobald ihm der Zeitpunkt hierfür geeignet erscheint, und ihm vor allem aus der Höhe der zu zahlenden Prämien keinerlei Schwierigkeiten erwachsen können.

Professor Schanz[1]) will bei seinen Propositionen an der bisher üblichen Form der Amortisationsdarlehen festhalten. Da aber auch er vollkommen einsieht, dass die städtischen Grundbesitzer diesen Modus nun einmal in ihrer grossen Mehrheit perhorreszieren, so hat er sich nach Mitteln umgesehen, durch welche ihnen die Annuitätsdarlehen annehmbarer gemacht werden könnten. Für Bayern hält er zu diesem Zwecke die Heraufsetzung der dort noch bestehenden Beleihungsgrenze von $^5/_{10}$ auf $^6/_{10}$ der Taxe für geeignet. Er meint, dass sich nach Einführung der letzteren Grenze die Grundbesitzer eher zu Amortisationshypotheken verstehen würden.

Wenn auch zugegeben werden soll, dass dieses vielleicht in der ersten Zeit des Bestehens der neuen Einrichtung bei manchen Schuldnern zutreffen würde, so würde man sich im allgemeinen doch binnen kurzem in die veränderten Verhältnisse ebenso wie in Preussen und anderen Staaten derartig eingelebt haben, dass der Widerstand gegen die Amortisationshypothek wieder die Oberhand gewinnen würde.

Ebensowenig würde meines Erachtens ein zweites von Professor Schanz in Vorschlag gebrachtes Mittel von dauerndem Erfolge sein.[2]) Er meint nämlich, man könne etwaige Konvertierungen der Pfandbriefe, wie sie in den Jahren 1885/1886 und 1895/1896 vorgenommen seien, Tilgungszwecken dienstbar machen. Er weist bei dieser Gelegenheit auf die interessante Tatsache hin, dass die ganze Institution der Amortisationsdarlehen einer Konvertierung ihre Entstehung verdanke, indem nämlich die preussischen Landschaften in den 1830er Jahren, als der Zinsfuss von 4% auf $3^1/_2$% gesunken sei, das ersparte $^1/_2$% als Zwangstilgung eingeführt hätten. Schanz vertritt daher die Ansicht, dass dieses auch jetzt mit denjenigen Hypothekenschuldnern vereinbart werden

---

1) Schanz a. a. O., S. 31.

2) Schanz a. a. O., S. 31.

könne, welchen infolge der Konvertierung der Pfandbriefe auf einen niedrigeren Satz ein entsprechend billigerer Hypothekenzinsfuss eingeräumt werden könnte. Es müssten diesen, um sie noch mehr zu dem Abschlusse von Amortisationsdarlehen in einem solchen gelegenen Zeitpunkte zu bestimmen, nach Möglichkeit noch weitere Vergünstigungen gewährt werden.

Auch dieses kann meines Erachtens nur als ein vorübergehendes Expeditiv angesehen werden. Sobald der neue Zinsfuss sich nämlich allgemein eingebürgert hat, ist auch der besondere Anreiz zur Amortisation verschwunden. Wir dürfen hierbei nicht ausser acht lassen, dass man sich in unserem schnellebigeren Zeitalter neuen Verhältnissen in gutem und schlechtem Sinne in weit kürzerer Zeit anzupassen gewöhnt hat, als es bei der in den 1830er Jahren lebenden Generation der Fall war. —

Meines Erachtens kommen wir also mit allen diesen Vorschlägen niemals oder doch nur für ganz kurze Zeit über die Abneigung hinweg, welche nun einmal der städtische Grundbesitz — und, wie wir gesehen haben, durchaus nicht ohne einige innere Berechtigung — gegen die Amortisationshypothek empfindet.

Ich halte aber die ganze Frage sowohl vom Standpunkte der Pfandbriefgläubiger aus als auch in Ansehung der grossen Gefahr einer andauernd und rapide steigenden Verschuldung des Grundbesitzes für so wichtig, dass ich trotz aller Schwierigkeiten weiter nach gewissen Anhaltspunkten suchen möchte, welche uns zum wenigsten dem angestrebten Ziele näher führen könnten.

Meiner Ansicht nach leuchtet uns nun auf diesem Wege ein helles Licht entgegen. — Ich erblicke dieses in Bestrebungen, welche in den letzten Jahren mehr und mehr hervorgetreten sind, wenn diese auch ihren Ursprung anderen Motiven verdanken. Es hat nämlich die immer mehr, besonders in den Grosstädten um sich greifende Wohnungsnot[1]), dazu geführt,

[1]) Näheres über diese Frage vergleiche u. a. in den Schriften von Karl Johannes Fuchs »Zur Wohnungsfrage«, Leipzig 1906, und Rudolf Eberstadt »Rheinisches Wohnungswesen«, Jena 1903. und derselbe »Die Spekulation im neuzeitlichen Städtebau«, 1907, sowie Karl Joh. Fuchs Artikel »Die Wohnungsfrage« im H. W.

nach Auswegen zu suchen, um den dort herrschenden, geradezu unerträglichen Verhältnissen ein Ende zu machen.

Eine der wirksamsten Formen der Bekämpfung ist auch nach Professor Fuchs in der in erfreulichem Wachsen begriffenen Bildung von sogen. gemeinnützigen Baugenossenschaften zu erblicken.

In Preussen besonders hat auch der Staat die letzteren in tatkräftiger Weise unterstützt.

Dieses geschah zunächst dadurch, dass Vereinigungen von im Dienste des Staates stehenden Beamten und Arbeitern von seiten der Regierung Kapitalien zu sehr billigem Zinsfuss zugänglich gemacht wurden. Bald ging man aber auch dazu über, zahlreichen Baugenossenschaften von nicht im Staatsdienste tätigen Personen insbesondere Arbeitern ähnliche Beihilfen zu teil werden zu lassen.[1])

Ferner wurde durch einen Ministerialerlass vom 19. März 1901[2]) in Preussen auch den Gemeinden warm an das Herz gelegt, in gleichem Sinne zu verfahren.

An dieser Stelle ist nun meines Erachtens einer der Schlüssel zur Lösung der Amortisationsfrage zu finden.

Es gehört nämlich zu den grundlegenden Prinzipien aller bisher begründeten gemeinnützigen Baugenossenschaften, eine regelmässige obligatorische Tilgung der von ihnen aufgenommenen Darlehen statutenmässig festzusetzen.

Hier sind nämlich nicht die von mir erwähnten Schwierigkeiten wie bei dem einzelnen Darlehnsnehmer vorhanden, da jeder Genosse in der Regel nur mit einem oder doch nur ganz wenigen und immer ihren Beträgen nach niedrigen Anteilen engagiert ist, vor allem aber auch, weil von derartigen Genossenschaften keine sog. Dividendenpolitik getrieben wird.

Es liegt nunmehr auch die Nutzanwendung auf unsere Materie klar zu Tage. Dieselbe besteht darin, dass die Hypothekenbanken veranlasst werden müssen, in möglichst grosszügiger und umfangreicher Weise das gemeinnützige Bau-

---

1) Karl Johannes Fuchs a. a. O., S. 45.

2) Abgedruckt im »Deutschen Oekonomist«, Jahrg. 1901, S. 590.

genossenschaftswesen zu unterstützen. Wie wir gesehen haben, würde dieses gleichzeitig die Erteilung von amortisablen Darlehen involvieren. Es würde daher hierdurch die Verschuldung des Grundbesitzes in ein immer ruhigeres Fahrwasser kommen, indem ja nach einer bestimmten Anzahl von Jahren die betreffenden Darlehen sämtlich abgetragen sein würden. Diese Entschuldung würde also in dem gleichen Masse eintreten, in welchem sich die Banken der oben gekennzeichneten Tätigkeit widmeten.

Den Weg hierzu ebnet ein Vorschlag, welchen der Landrat Dr. Heydweiller auf einem Wohnungskongresse gemacht hat, der im Jahre 1904 in Frankfurt am Main stattgefunden hat.[1])

Wie Heydweiller wohl nicht alle von aufgestellten Forderungen in unmittelbarer Beziehung zu dem Hypothekenbankwesen stehen, so gebe ich die Thesen wegen des grossen Interesses, das sie für das gesamte Beleihungswesen haben, ungekürzt wieder.

Die gemeinnützigen Baugenossenschaften sollen nach ihm durch folgende Massregeln unterstützt werden:

»a. Die Baugelder sind zur Vermeidung doppelter Arbeit grundsätzlich unter Sicherheitshypothek nach Massgabe der fortschreitenden Anlagen von dem späteren Hypothekengläubiger zu geben.

b. Der gemeinnützige Wohnungsbau im erweiterten Sinne (das heisst alle Baugenossenschaften dieser Art) muss für die erste Hypothek bis zu 60% des Anschaffungswertes den allgemeinen Kapitalmarkt aufsuchen und denjenigen Preis zahlen, welcher auf diesem jeweilig für Anlagewerte gleichen Ranges gezahlt wird.

---

[1]) Der Bericht über die Verhandlungen des Kongresses findet sich im »Deutschen Oekonomist«, Jahrg. 1904, S. 578. Aehnliche Vorschläge auch schon in dem Referat, welches Landesrat Brandts auf der Generalversammlung des »Vereins für Sozialpolitik« in München (1901) gehalten hat, enthalten. Vgl. Schriften des Vereins für Sozialpolitik, Bd. 98, S. 71 ff.

c. Zur Beschaffung der nach b erforderlichen Kapitalien sind nach dem Vorbilde von Hessen-Darmstadt etwa für den Umfang einer preussischen Provinz privilegierte Hypothekenbanken anzulegen.

d. Die Gewährung von Baugeldern bezw. hypothekarischen Darlehen erfolgt auf Befürwortung durch örtliche, nach Massgabe der Gemeindeverfassungsgesetze zu bildende Kommissionen, welche die Bedürfnisfrage, den Voranschlag und die Abrechnung zu prüfen und unter Heranziehung der genossenschaftlichen Selbsthilfe den soliden Wohnungsbau zu überwachen und zu fördern haben.

e. Hierdurch soll den Landesversicherungsanstalten die Sicherheit gegeben werden, unbedenklich in den nach c und d gestatteten Fällen das weiter benötigte Baukapital von 60—85% herzugeben.

Dieses gegen hypothekarische Eintragung und eventuell eine Hypothekenversicherung unter Verwendung des für die zweite Hypothek nach privatkapitalistischem Grundsatze zu berechnenden Mehrzinses als Versicherungsprämie.«

Die Forderung auf Tilgung der Darlehen ist in dem sub c aufgestellten Satze implizite enthalten, wo die Gründung von privilegierten Hypothekenbanken nach Art der Hessischen Landeshypothekenbank angeregt wird. Dieses erst vor einigen Jahren gegründete Institut gewährt nämlich auf Grund seiner Statuten ausschliesslich Amortisationsdarlehen.

Die von Dr. Heydweiller statuierten Grundprinzipien verdienen die grösste Beachtung. Nur in einem Punkte stimme ich mit denselben nicht ganz überein, und gerade dieser ist es, durch welchen wir einen Fingerzeig zur Lösung der Amortisationsfrage bei den bestehenden Hypothekenbanken erhalten.

Im Gegensatze zu Dr. Heydweiller halte ich es nämlich für angezeigt, bevor etwa ohne weiteres zur Errichtung von neuen privilegierten Hypothekenbanken geschritten wird, zu versuchen, die bereits bestehenden Hypothekeninstitute in den Dienst der guten Sache zu stellen.

Ich zweifle nicht daran, dass auch diese sich dazu verstehen werden, den gemeinnützigen Baugenossenschaften unter den von Dr. Heydweiller aufgestellten Bedingungen hypothekarische Darlehen zur ersten Stelle zu gewähren.

Erst, wenn man bei den bestehenden Anstalten wider Erwarten nicht die Bereitwilligkeit hierzu bezw. das wünschenswerte Entgegenkommen finden würde, dürfte zur Errichtung besonderer Institute geschritten werden.

Unter allen Umständen dürfte aber den in Rede stehenden Genossenschaften nur die Genehmigung zu ihrer Tätigkeit erteilt werden, wenn sie sich gemäss dem Heydweillerschen Vorschlage verpflichteten, ihre sämtlichen Schuldaufnahmen vermittels einer mindestens $^1/_2$ Prozent des ursprünglichen Kapitals betragenden jährlichen Quote zu tilgen. Schon dieser Satz würde, wie auch noch an anderer Stelle ausgeführt werden wird, genügen, um eine relativ schnelle Amortisation herbeizuführen; es würde nämlich, eine durchschnittliche Verzinsung von $4^0/_0$ angenommen, bei einem Satze von $^1/_2{}^0/_0$ des Anfangskapitals jedes Darlehen in ca. 56 Jahren gänzlich getilgt sein.

Sehr glücklich ist ferner der Gedanke, die Gemeinden zu veranlassen, sowohl die Bildung von gemeinnützigen Baugenossenschaften nach Massgabe des vorhandenen Bedürfnisses zu unterstützen, als auch bei der gesamten Tätigkeit dieser Genossenschaften kontrollierend mitzuwirken.

Durch alle Massnahmen der geschilderten Art würde aber nicht nur der Gefahr einer übermässigen Verschuldung des Grundbesitzes, sondern gleichzeitig auch der dritten in unserer Einleitung hervorgehobenen Gefahr, also derjenigen einer Ueberspekulation in Grundstücken mit der besten Aussicht auf Erfolg entgegengetreten werden können.

Ich habe schon an anderer Stelle hervorgehoben, dass diesem Umstande auch schon durch eine solidere Taxierung der Grundstücke vorgebeugt wird, sodass beide Momente hier in günstigster Weise zusammenwirken würden.

Aber nicht allein einer Ueberspekulation würde durch eine so geartete Tätigkeit der Hypothekenbanken die Spitze abgebrochen werden, sondern es würde auch durch die beabsichtigte Mitwirkung der Gemeinden jene andere gewissenlose Spekulation in Grundstücken im Keime erstickt werden können, welche, wie Professor Dr. Fuchs überzeugend nachgewiesen hat,[1]) im Vereine mit der übermässigen Verschuldung zu einer überaus schweren Schädigung des überwiegenden Teiles der Bevölkerung geführt hat. Wir würden mit anderen Worten hier eines der wirksamsten Mittel zur Bekämpfung des Wohnungswuchers besitzen, wie er besonders in den Grosstädten zu einem Krebsschaden im wahren Sinne des Wortes ausgewachsen ist. Durch denselben werden ganz offensichtlich die günstigen Folgen auch der eifrigst betriebenen Sozialpolitik zu einem grossen Teile illusorisch gemacht.

Was nützen alle Steuererleichterungen, welche den wirtschaftlich schwächeren Elementen gewährt werden, wie kann das so überaus gesunde Prinzip eines »gerechten Opferausgleichs« (Prof. Neumann) und das einer gemässigten Steuerprogression jemals zur vollen Entfaltung gelangen, wenn den wenig bemittelten Klassen durch das rücksichtslose Emportreiben der Wohnungsmieten ein immer grösser werdender Prozentsatz ihres gesamten Einkommens genommen wird.

Unter den Vertretern der Wissenschaft hat, wie schon berührt, besonders scharf Dr. Eberstadt die Bedeutung einer Reform des Hypothekenwesens für die Gestaltung der Wohnungsverhältnisse hervorgehoben. Auch Fuchs bezeichnet mit vollem Rechte die Wohnungsfrage vor allem als eine Kreditfrage und zwar in positivem wie in negativem Sinne, indem die Bestrebungen zu einer Sanierung der Wohnungsverhältnisse die Erleichterung des soliden und die Erschwerung des unsoliden Kredits als Grundlagen haben müssten.[2])

Es ist hier nicht der Ort näher auf diese Ausführungen einzugehen, doch habe ich es gerade an dieser Stelle für geboten gehalten, wenigstens darauf hinzuweisen, in wie enger Beziehung auch die richtige Regelung des Wohnungswesens und eine gute Hypothekenbankgesetzgebung zu einander stehen.

---

[1]) Karl Johannes Fuchs a. a. O., S. 65.

[2]) Karl Johannes Fuchs a. a. O., S. 78.

VI. Kapitel.

Die Kommunalobligationen.

Ich komme nun zu der zweiten Materie, welche ebenso wie die soeben behandelte mit den Interessen der Pfandbriefgläubiger auf das engste verknüpft ist, ohne jedoch durch die Krisen von 1900 ein Gegenstand der Beachtung geworden zu sein. Es handelt sich hier um die sogenannten Kommunalobligationen. Ich wende mich jetzt der Betrachtung zu, in welcher Weise der Gesetzgeber auf diesem Gebiete den Hypothekenbanken Raum für eine Betätigung geschaffen hat.

Ich habe bereits bei der Aufzählung der den Banken durch das Gesetz erlaubten Geschäfte sowie bei der Normierung des Pfandbriefumlaufs dieses Gegenstandes Erwähnung getan.

Der Sitz der Materie ist der § 41 des R. H. G., welcher folgendes bestimmt: »Werden von einer Hypothekenbank auf Grund nicht hypotharischer Darlehen, die an inländische Körperschaften des öffentlichen Rechts oder gegen Uebernahme der Gewährleistung durch eine solche Körperschaft gewährt sind, Schuldverschreibungen ausgegeben, so finden auf diese und die ihnen zu Grunde liegenden Darlehnsforderungen die Vorschriften des § 6 Absatz 1, 4 und der §§ 8, 9, 22, 23, 25, 26, 29 bis 38 entsprechende Anwendung.«

Mit vollem Rechte hat der Gesetzgeber die Hypothekenbanken in die Lage versetzt sich auf dem Gebiete des Kommunalkredits zu betätigen. Es waren hauptsächlich zwei Gründe, welche hierfür massgebend waren.

Der eine ist von der allgemeinsten volkswirtschaftlichen Bedeutung und gipfelt in dem Wunsche, dazu beizutragen, den Gemeinden und anderen Körperschaften des öffentlichen Rechts für die wichtigen, ihnen zugewiesenen Aufgaben Mittel auf dem Wege des Kredits zuzuführen, soweit diese Mittel produktiven Zwecken zu dienen haben, jedoch nicht durch Anwendung der Steuerschraube aufzubringen sind.

Dieser wichtige Beweggrund fand aber seine Ergänzung in einem zweiten Umstande, nämlich dem eigentlichen Leitmotiv des R. H. G., der Rücksichtnahme auf die Sicherheit der Obligationsbesitzer.

Man kann dem Gesetzgeber nur darin beipflichten, wenn er die letztere voll garantiert zu sehen glaubte durch die gesamte Steuerkraft einer Gemeinde.

Dass er diese noch als eine bessere Sicherung für die Pfandbriefinhaber als eine hypothekarische Eintragung auf ein Grundstück betrachtete, resultiert schon daraus, dass laut § 41 Absatz 2 der Gesamtumlauf der Pfandbriefe anstatt des 15fachen das 18fache des Aktienkapitals und der der Reserven betragen darf, unter der Voraussetzung, dass hierunter das 3fache aus Kommunalobligationen besteht.

Es geht nun aus der Verschiedenartigkeit der Geschäfte zunächst hervor, dass das Kommunaldarlehnsgeschäft von dem Hypothekengeschäft völlig getrennt geführt werden muss. Es sollen daher gegen die an Gemeinden gewährten Darlehen eigene hier mit dem Namen Kommunal-Schuldverschreibungen oder -Obligationen bezeichnete Papiere ausgegeben werden. Auch für den Fall des Konkurses einer Bank bilden die Kommunalobligationen eine besondere Masse.

Das Privilegium der Banken, sich auch diesem Geschäftszweige zu widmen, hat nun eine besonders grosse Bedeutung für die kleineren und mittleren Gemeinden. Denn auch auf diese können in mehr oder minder hohem Masse die treffenden Ausführungen angewandt werden, mit welchen Professor Silbergleit die heutigen Ziele der kommunalen Tätigkeit im allgemeinen charakterisiert:[1]) »Zu rein wirtschaftlichen

[1]) Vergl. Aufsatz im »Bank-Archiv« Nr. 19. vom 1. Juli 1906 „Die Entwicklung der deutschen Kommunalanleihen", Seite 217. Verfasser Prof. Silbergleit.

Aufgaben, für welche in der technisch-industriellen Entwicklung des vorigen Jahrhunderts der Boden geebnet war, treten hygienische, sozial- und verkehrspolitische, ästhetische, künstlerische, und es erweitern und vermehren sich diejenigen, die sich aus der Eigenschaft der Gemeinden als örtliche Mandatare der Staatsverwaltung ergeben: eine lange, auch heute noch bei weitem nicht abgeschlossene Reihe von Ansprüchen, deren Befriedigung mit den regelmässigen Einkünften des Haushaltplans nicht möglich wird, aber auch nicht unbedingt geboten ist, soweit es sich um Veranstaltungen zu Nutz und Frommen späterer Geschlechter handelt.«

Niemand wird bezweifeln, dass derartige Aufgaben in steigendem Masse auch an kleine und mittlere Kommunen herantreten. Man kann sich aber auch gleichzeitig die Augen nicht dagegen verschliessen, dass diesen die erforderlichen Mittel nicht in dem entsprechenden Verhältnisse zur Verfügung stehen bezw. zufliessen wie den grossen Städten. Während die Anleihen der letzteren infolge des Klanges ihrer Namen und ihrer rapide zunehmenden Entwicklung in den Kapitalistenkreisen in der Regel bereitwillige Aufnahme finden und infolgedessen durch die grossen Banken und Bankkonsortien gerne übernommen oder vermittelt werden, lässt sich das gleiche von den Kreditansprüchen der ersteren nicht sagen. Es findet dieses seine Erklärung auch darin, dass die Schuldverschreibungen der Grosstädte bei ihrer grossen Zahl häufig an die Börse kommen und dadurch zu bekannten Handelspapieren werden, welche jederzeit Abnahme finden. Da letzteres bei den Obligationen kleinerer Gemeinden nicht der Fall ist, so giebt uns eben auch dieses einen Schlüssel für die geringe Unterstützung, welche derartigen Anleihen in Bankierkreisen zu teil wird.

In der richtigen Erkenntniss obiger Verhältnisse haben die Reichsregierung sowohl wie die Landesregierungen schon mannigfache Schritte getan, um eine Besserung herbeizuführen.

Wie Dr. Kähler in seinem Buche[1]) »Die preussischen

[1]) Kähler „Die preussischen Kommunalanleihen". Jena 1897, ff S. 8.

Kommunalanleihen« berichtet, wurde zu diesem Zwecke das Reichsgesetz vom 23. Mai 1873 erlassen. Auf Grund desselben wurde der Reichsinvalidenfonds, welcher bekanntlich aus der französchen Kriegsentschädigung stammt, den Zwecken des kommnnalen Kredits dienstbar gemacht. Nach Kählers Angaben sind in den Jahren 1873—1893 nahezu 256 Millionen Mark aus diesem Fonds als Darlehen an 291 verschiedene deutsche kommunale Verbände erteilt und hierdurch ist zweifellos manchem dringenden Bedürfnisse der Gemeinden abgeholfen worden.

Aus der gleichen Veranlassung ist, so glaubt der »Oekonomist«[1]) seit den 1890er Jahren in Preussen auch die Kgl. Seehandlungssozietät bewogen worden, sich für die Pflege des Kommunalkredits zu interessieren. Doch meint unser Gewährsmann, dass die Tätigkeit dieses Instituts vorwiegend wiederum nur den Grosstädten zu gute gekommen sei.

In bezug auf die frühere Tätigkeit der Hypothekenbanken auf dem in Rede stehenden Gebiete teilt Kähler[2]) mit, dass zwar schon 20 Hypothekenbanken auf Grund ihrer Statuten berechtigt gewesen seien, das Kommunalkreditgeschäft zu betreiben, dass aber bis zum Jahre 1897 es nur vier tatsächlich ausgeübt hätten. Unter diesen war infolge der Anregung der preussischen Regierung mit den weitaus stärksten Ziffern die Preussische Zentral-Bodenkredit-Aktiengesellschaft beteiligt. Die Tätigkeit des letzteren Institutes wurde aber auch noch dadurch besonders segensreich, dass sich dieses mit ganz besonderem Eifer für den Kredit der kleineren Städte interessierte. Einen Beweis hierfür erblickt Kähler mit Recht darin, dass der Durchschnitt einer Anleihe bei dieser Bank z. B. im Jahre 1897 bei den Kreisen M 200,000, bei den Städten und Landgemeinden aber sogar nur M 80,000 betragen habe. Auch habe die Bank in vielseitigster und dankenswertester Weise ihre Aufmerksamkeit auch den Ansprüchen anderer Körperschaften des öffentlichen Rechts, so Deich-

---

1) „Deutscher Oekonomist", Jahrg. 1899, S. 584.

2) Kähler a. a. O., S. 105 ff.

verbänden, Deich-, Wasser- und Meliorations-Genossenschaften, Religionsgemeinschaften, Schulgemeinden und Gesamtarmenverbänden zugewandt.[1])

Ein weiterer Schritt zur Unterstützung und Ermöglichung der Anleihen kleinerer Gemeinden erfolgte von seiten des Reiches in dem durch das R. H. G. nunmehr allen Hypothekenbanken erteilten Recht zur Ausgabe von Kommunalobligationen auf Grund von Kommunaldarlehen. Auch hier ist die Förderung des Staates nicht ohne Erfolg geblieben. Professor Silbergleit[2]) konstatiert, dass sich seit dem Erlasse des R. H. G. der Bestand der Hypothekenbanken an derartigen Darlehen von Jahr zu Jahr in erfreulichster Weise gehoben habe. Dieselben hätten betragen im Jahre:

1900 = M 130,541,000
1901 = M 145,293,000
1902 = M 169,605,000
1903 = M 201,523,000
1904 = M 223,311,000.

Die Steigerung betrug also in 4 Jahren ca. 70%, und anstatt der 4 Banken im Jahre 1897 waren im Jahre 1904 nicht weniger als 14 Institute in diesem Geschäftszweige tätig. Erleichtert wird den Banken diese Betätigung auch hier ganz besonders durch die ihnen für den Vertrieb von Kommunalobligationen ebenfalls zugestandene Befugnis, ihre eigene Papiere zurückkaufen zu können, wodurch der Kurs derselben auch bei stärkerem Zurückströmen auf einen gleichmässigerem Niveau gehalten wird.

Allerdings erscheinen die obigen Zahlen klein im Vergleich zu den ca. 9 Milliarden, welche im Hypothengeschäft investiert sind. Es steht aber den Banken auch auf dem Gebiete des Kommunalkredits besonders deshalb noch ein recht weites Feld offen, weil sie sich ja keineswegs, wie dieses im allgemeinen bisher geschehen ist, auf kleinere oder mittlere Kommunen zu beschränken brauchen.

---

1) Kähler a. a. O., S. 107 ff.
2) Silbergleit a. a. O., S. 219.

Vielmehr würde es vom volkswirtschaftlichen Standpunkte aus nur zu begrüssen sein, wenn den bis jetzt bei den Anleihen grosser Städte fast allein beteiligten Banken und Bankkonsortien in manchen Fällen eine gewisse Konkurrenz entstände.

Professor J. Jastrow konstatierte im Laufe eines auf seine Veranlassung am 12. September 1899 in Nürnberg zusammengetretenen Kongresses städtischer Verwaltungen, welcher sich speziell mit dem Anleihewesen der Städte beschäftigte, auf Grund eigener Erfahrung, dass es schon vorgekommen sei, dass ein Bankkonsortium eine gewisse Monopolstellung erlangt habe, welche es in stand gesetzt habe, einer grossen Gemeinde, in casu Charlottenburg, die Bedingungen bei der Aufnahme einer Anleihe einfach zu diktieren.[1]) Der fragliche Vorfall wurde zwar von einigen der anwesenden Herren durch andere Gründe zu erklären gesucht; vor allem wurde eine daraus gefolgerte allgemeine Tendenz mit dem Hinweise auf die ganz zweifellos bedeutenden Verdienste der Effektenbanken und anderer grosser Bankinstitute um die Hebung des städtischen Kredits als unrichtig bezeichnet. Immerhin liegen aber Konstellationen ähnlich dem von Professor Jastrow beschriebenen Falle, also einer Art tatsächlichen Monopols, nicht aus dem Bereiche der Möglichkeit.

Es ist ferner zu beachten, dass durch eine Beteiligung der Hypothekenbanken an dem Wettbewerbe um die Unterbringung kommunaler Anleihen dem Bankiergewerbe als solchem kein Schaden erwachsen würde, weil ja doch anderen Angehörigen desselben die Gewinne aus der Plazierung der Kommunalobligationen der Hypothekenbanken unter allen Umständen zufliessen. Es dürfte der letztere Modus den Bankiers dem Gesamtbetrage nach infolge vielfach höherer Provisionen sogar grössere Verdienste zuführen und vor allem den Vorteil haben, dass sich diese Verdienste infolge der zumeist von

---

[1]) Professor J. Jastrow „Verhandlungen der Besprechungen über kommunale Anleihen in Nürnberg am 12. September 1899." Berlin 1900. S. 4 ff.

den Hypothekenbanken eingeschlagenen Taktik auf eine grössere Zahl einzelner Bankhäuser verteilen, eine Entwicklung, welche man doch im allgemein volkswirtschaftlichem Interesse nur als günstig ansehen könnte.

Allerdings lässt sich nicht verkennen, dass hier grosse Schwierigkeiten zu überwinden sind, und dass eine derartige Konkurrenz gerade in der engen Verbindung der Hypothekenbanken mit dem Bankiergewerbe behufs des Absatzes der Pfandbriefe eine starke Schranke findet.

Wie ausserordentlich gering aber noch die Beteiligung der Hypothekenbanken an den Kommunalanleihen im Verhältnisse zu deren gesamter Höhe ist, beweisen einige Zahlen, welche auch hier Professor Silbergleit[1]) für diese Höhe angegeben hat. Es waren die Beträge für die bei den deutschen Börsen zugelassenen Anleihen von Provinzen, Städten u. s. w. in den Jahren 1901—1904 die nachstehenden:

1901 rund 431 Millionen Mark
1902 rund 339 Millionen Mark
1903 rund 366 Millionen Mark
1904 rund 548 Millionen Mark

Dagegen betrug die Zunahme der Kommunaldarlehen bei den Hypothekenbanken für die gleiche Periode in den Jahren:

1901 = M 14,752,000
1902 = M 24,312,000
1903 = M 31,918,000
1904 = M 20,788,000

Die Zahlen bedürfen wohl keines weiteren Kommentars.

Es soll mit diesem Eintreten für eine noch regere Tätigkeit der Hypothekenbanken auf diesem Gebiete nicht etwa einer Beförderung der Aufnahme von weniger notwendigen Anleihen der Städte das Wort geredet werden. Derartiges ist schon deshalb kaum zu befürchten, weil wohl selten oder nie solche Schulden ohne wirkliches Bedürfnis seitens der kollegialen Organe der Gemeinden gutgeheissen werden. Ein zweites Gegengewicht aber gegen eine etwaige übermässige

---

[1]) Silbergleit a. a. O., S. 221.

Verschuldung bildet die schon von mir im vorigen Kapitel gestreifte, von den Bundesstaaten fast durchgängig für die Kommunalanleihen vorgeschriebene Verpflichtung, die letzteren durch eine durchschnittlich $^1/_2$ bis $1^1/_2$% betragende jährliche Quote der Schuldsumme zu amortisieren. Die grosse Bedeutung, welche eine solche Bestimmung auch für die Pfandbriefgläubiger hat, habe ich schon an anderer Stelle gewürdigt.

Ich gehe nunmehr auf die Vorschriften des R. H. G. im einzelnen ein, um an Hand derselben zu prüfen, ob die Regelung des Gesetzes in bezug auf den vorliegenden Gegenstand als eine in jeder Beziehung einwandsfreie anzusehen ist.

Wie bereits erwähnt, ist in § 41 des R. H. G. auf eine Anzahl von Paragraphen bezuggenommen, welche allgemeinere Vorschriften enthaltend auf das Kommunaldarlehnsgeschäft gleichfalls zur Anwendung kommen sollen.

Der Inhalt derselben ist uns, soweit er die Interessen der Pfandbriefgläubiger angeht, bereits aus meinen bisherigen Erörterungen bekannt, sodass es sich für mich erübrigt, auf diese Bestimmungen nochmals einzugehen.

Es sei nur ganz allgemein zu dieser Regelung folgendes bemerkt.

Es sind vom Gesetzgeber natürlicherWeise in § 41 nicht auch die §§ 10—19 mit aufgezählt, weil diese nur das eigentliche Hypothekengeschäft zum Gegenstande der Behandlung haben.

Als Ersatz hierfür auch besondere Bedingungen für das Kommunaldarlehnsgeschäft als solches aufzustellen, hat der Gesetzgeber nicht für erforderlich gehalten.

Er ging hierbei von der Voraussetzung aus, dass derartige Vorschriften nur nach der Lage des einzelnen Falles festgesetzt werden könnten.[1]

Man vermag allerdings ohne weiteres einzusehen, dass die Verhältnisse bei den einzelnen Gemeinden zu verschiedenartig liegen, um völlig einheitliche Normen für alle aufstellen zu können.

---

[1]) Begründung zu § 41 a. a. O., S. 953.

Immerhin hat die Aufsichtsbehörde meines Erachtens hier doch die Verpflichtung, durch den Kommissar einen jeden Darlehnsvertrag vor Ausführung des Geschäfts einer Durchsicht unterziehen zu lassen, um einem grundsätzlichen Zuwiderlaufen desselben mit den Interessen der Pfandbriefgläubiger rechtzeitig entgegentreten zu können.

Eine derartige Sachlage könnte unter anderem in einem Missverhältnis der Darlehns- zu den Obligations-Zinsen zu Tage treten, welches besonders bei fortgesetzter Dauer dazu führen würde, dass die Zinsen aus den Anleihen nicht ausreichten, um die Obligationszinsen zu decken, was wiederum eine finanzielle Erschütterung der Bank zur Folge haben könnte. Eine gewisse Kontrolle erscheint hier umsomehr geboten, als der Gesetzgeber die Banken auch von den Vorschriften der §§ 24, 27, 28, welche die Bilanzierung und die Aufstellung der Geschäftsberichte betreffen, für das Kommunaldarlehnsgeschäft entbinden zu können geglaubt hat. Eine Beaufsichtigung in der von mir angedeuteten Art kann sehr wohl stattfinden, ohne irgendwie störend auf den Betrieb der Banken einzuwirken; es sollen auch den Kontrahenten keine Vorschriften in bezug auf die ganze Ausführung des Geschäftes gemacht, sondern nur etwaige wirkliche Auswüchse der erwähnten Natur zu verhindern gesucht werden. —

Die geschilderte Gefahr ist aber als eine leichte im Vergleiche mit einer anderen anzusehen, welche in noch weit höherem Grade eine Schädigung der Pfandbriefgläubiger nach sich zu ziehen geeignet ist.

Es handelt sich hier um die Unmöglichkeit, einen rechtlich wirksamen Mitgewahrsam der Obligationsunterlagen durch den Treuhänder herbeizuführen.

Zwar hat dieser Funktionär seine gesamte Tätigkeit auch auf das Kommunaldarlehnsgeschäft auszudehnen. Doch sind auch hier die schon von mir angeführten Schattenseiten der Buchhypothek hinsichtlich der Qualität der Unterlagsdokumente bei den in Frage kommenden Papiere in vollem Umfange als vorhanden anzusehen.

Es sind diese Dokumente im vorliegenden Falle allerdings mehr als blosse Benachrichtigungen, da wir es hier mit richtigen Schuldanerkennungen zu tun haben.

Doch ist der rechtliche Effekt für die Pfandbriefbesitzer hier wie dort, der gleiche — es sind ebenfalls die Möglichkeiten einer Pfändung bezw. einer Beschlagnahme der Forderungen durch Gläubiger der Bank, sowie die einer unbefugten Geltendmachung durch die Bank selbst ohne Wissen des Treuhänders gegeben, indem auch in letzterem Falle nach Ausfertigung einer Quittung, welche nach erfolgter Zahlung durch die Bank ausgestellt wird, das in dem Gewahrsam des Treuhänders befindliche Dokument völlig wertlos wird.

Wir müssen uns daher die Frage vorlegen, ob nicht auch diesen Gefahren durch geeignete Massregeln begegnet werden kann.

Was den ersten Punkt, die Beschlagnahme durch Gläubiger anbetrifft, so lässt sich hier eine radikale Abhülfe kaum schaffen. Immerhin kann eine derartige, an sich in der Praxis schon recht fernliegende Gefahr noch dadurch stark abgeschwächt werden, dass durch eine richtig geordnete allgemeine Staatsaufsicht eine unbedingte Gewähr für die Erhaltung von Aktienkapital und Reserven der Banken geschaffen wird. Es würden dann etwaige Ansprüche Dritter im allgemeinen regelmässig aus diesen Fonds gedeckt werden können.

Wir ersehen hieraus wiederum, wie überaus wichtig und notwendig die Durchführung einer durchaus wirksamen Staatsaufsicht besonders auch für den Fall ist, dass das Kommunalobligationengeschäft der Banken, wie ja an sich wünschenswert ist, eine noch grössere Ausdehnung wie bisher erfahren würde. —

Der zweiten Eventualität, einer Unterschlagung der von Gemeinden zurückgezahlten Beträge durch unredliche Bankleiter, wie sie nach den Erfahrungen des Jahres 1900 nicht a limine von der Hand gewiesen werden kann, lässt sich auf eine noch bessere Weise und zwar mit der sicheren Aussicht auf Erfolg entgegentreten.

Ich möchte zu diesem Behufe folgendes in Vorschlag bringen.

Es ist in den mit den Gemeinden abzuschliessenden Darlehnsverträgen stets die Klausel einzufügen, dass sämtliche Zahlungen der Kommunen, welche vom Kapitale einer Schuld abzuschreiben sind, immer an einen der zu bezeichnenden Notare unter gleichzeitiger Mitteilung an die Bank zu erfolgen haben. Die betreffenden Notare sind zu verpflichten, in allen derartigen Fällen den Treuhändern der betreffenden Banken gleichfalls sofort Mitteilung zu machen, damit diese über alle Veränderungen in der Deckungsmasse regelmässig und rechtzeitig orientiert sind. —

Der Vollständigkeit halber will ich hier noch bemerken, dass dass Kommunaldarlehnsgeschäft den Instituten in Preussen noch mehr erleichtert worden ist dadurch, dass die Kommunalobligationen dort im Gegensatz zu den Hypothenpfandbriefen, welche eine solche Qualität in diesem Staate nicht besitzen, auf Grund der preussischen Ausführungsbestimmungen[1]) zum Bürgerlichen Gesetzbuch für mündelsicher erklärt sind. Ich komme hierauf an anderer Stelle noch näher zurück. —

Um uns nun ein ungefähres Bild davon zu machen, unter welchen Grundbedingungen etwa Kommunaldarlehen zu stande kommen, gebe ich zum Schlusse einige Daten, welche dem Prospekte der Preussischen Pfandbriefbank zu Berlin, einem der ältesten preussischen Institute, entnommen worden sind.[2]) Ich führe die in betracht kommenden Stellen im Wortlaute an. Es heisst hier:

»Die Annuität der Kommunaldarlehen besteht aus den Zinsen, dem jährlichen Verwaltungskostenbeitrage und der Amortisationsquote. Diese Annuität ist von der Kommune vierteljährlich nachträglich zu entrichten. Ausserdem erhebt die Bank bei Ausführung des Geschäftes eine einmalige Abschlussprovision. Die Amortisation ist obligatorisch, die Quote

---

[1]) Preussisches Ausführungsgesetz zum B. G. B. vom 20. 9. 1899.

[2]) Prospekt der Preussischen Pfandbriefbank zu Berlin für Kommunaldarlehen pro 1906.

derselben beträgt jährlich mindestens $^1/_2$ Prozent des Kapitals. Der Anfangstermin der Amortisation kann jedoch auf eine Reihe von Jahren — im höchsten Falle zehn — hinausgeschoben werden. In diesem Falle sind bis zum Beginne der Amortisation nur die vereinbarten Zinsen und der Verwaltungskostenbeitrag an die Bank zu zahlen. Der Betrag der Jahresleistung bleibt während der Dauer der Amortisation unverändert der gleiche. Die gezahlten Amortisationsquoten sowie die infolge der Herabminderung des Kapitals ersparten Zinsen kommen voll und ganz dem Darlehnsnehmer zu gute.«

Ich bemerke hier, dass infolge des letzteren Umstandes in Verbindung mit der vorerwähnten Verpflichtung der Gemeinde während der ganzen Dauer der Amortisation stets genau dieselbe Annuität zu entrichten, die Amortisationsquote natürlich in Wirklichkeit eine weit höhere ist als $^1/_2$ Prozent des Kapitals. So ist z, B. nach einer am Schlusse des Prospektes aufgestellten Tabelle ein zu 4% verzinsliches Kapital bei einer jährlichen Amortisationsquote von $^1/_2$% der ursprünglichen Summe bereits in ca. 56 Jahren völlig abgetragen; bei einer $^3/_4$prozentigen Quote ist dieses schon in 47 Jahren, bei einer 1prozentigen in 41 Jahren der Fall und so fort.

Der Prospekt fährt dann fort: »Die Kündigung eines Amortisationsdarlehns ist bei pünktlicher Zahlung der Jahresleistung für die Bank ausgeschlossen. Ebenso steht auch dem Darlehnsnehmer ein Kündigungsrecht der Regel nach nicht zu. Jedoch kann bei Abschluss elnes Darlehnsgeschäftes auf Wunsch des Darlehnsnehmers vereinbart werden, dass diesem nach Ablauf von 10 Jahren das einseitige Recht zustehen soll, das Kapital zur Rückzahluug nach 12 Monaten zu kündigen. Ist eine solche Vereinbarung getroffen und macht der Darlehnsnehmer von dem Kündigungsrechte Gebrauch, so hat er der Bank bei der Rückzahlung des Kapitals eine Entschädigung von 1% des entnommenen Darlehns zu zahlen.«

Es ist dieses eine durchaus gerechtfertigte Aequivalent für die Kosten, welche der Bank durch den infolge der vorzeitigen Kündigung notwendig werdenden Rückkauf einer ensprechenden Zahl von Kommunalobligationen in der

Regel entstehen. — Am Schlusse des Prospektes heisst es: »Der Termin für die Abnahme des Darlehns wird zwischen der Bank und dem Darlehnsnehmer vereinbart. Teilbeträge, welche nach diesem Termine zur Verwendung kommen sollen, können in der Zwischenzeit bei der Bank hinterlegt und entweder an einem festzusetzenden Zeitpunkte oder aber jederzeit nach achttägiger Kündigung abgehoben werden. Für derartige Teilbeträge vergütet die Bank Zinsen in derselhen Höhe, wie solche vom Darlehnsnehmer für das Darlehen zu zahlen sind.«

Rückblickend auf den Inhalt der Anweisung resumiere ioh mein Urteil über dieselbe dahin, dass die in ihr enthaltenen Bedingungen ihrer ganzen Tendenz nach den Forderungen der Billigkeit entsprechen und daher der wirtschaftlichen Bedeutung dieses Geschäftszweige angemessen und dienlich zu sein scheinen.

VII. Kapitel.

Die Kleinbahnobligationen.

Ich wende mich nunmehr dem dritten in der Einleitung des ersten Kapitels unseres Abschnittes aufgeführten Gegenstande, dem Kleinbahnobligationengeschäfte der Hypothekenbanken zu. Ich habe bereits an anderer Stelle hervorgehoben, dass dieses auf Grund von § 5 Ziffer 3 des R. H. G. zu den Geschäften gehört, deren Betrieb den Banken gestattet ist.

Ueber die näheren Bedingungen, welche die Grundlage desselben zu bilden haben, giebt uns der § 42 des R. H. G. Aufschluss. Dieser lautet:

»Werden von einer Hypothekenbank auf Grund von Darlehen, die an Kleinbahnunternehmungen gegen Verpfändung der Bahn gewährt sind, Schuldverschreibungen ausgegeben, so finden auf diese und die ihnen zu Grunde liegenden Darlehnsforderungen die in § 41 Absatz 1 angeführten Vorschriften entsprechende Anwendung.«

Es sind dieses, wie wir wissen, die Bestimmungen, welche für die Ausgabe von Kommunalobligationen aufgestellt sind. Es ist hiermit gleichzeitig gesagt, dass auch die auf Grund von Kleinbahndarlehen ausgegebenen Schuldverschreibungen ebenso wie die Kommunalobligationen von den Hypothekenpfandbriefen völlig getrennt zu behandeln sind.

Der Text des § 42 fährt dann fort:

»Die von der Hypothekenbank in der bezeichneten Weise ausgegebenen Schuldverschreibungen stehen im Sinne der Vorschriften des § 7 (betr. den Pfandbriefumlauf) und des § 41 Absatz 2 (enth. die. Bestimmung über die Erhöhung des gesamten Obligationsumlaufs bei Ausgabe von Kommunalobligationen) den Hypothekenpfandbriefen gleich.«

Es darf demnach der Umlauf an Hypothekenpfandbriefen und Kleinbahnobligationen zusammen nicht mehr als das 15fache des Aktienkapitals und der Reserven einer Bank betragen.

Der zweite Absatz des § 42 lautet:

»Die Satzung der Bank kann bestimmen, dass auf Grund der Forderungen aus den gemäss Absatz 1 gewährten Darlehen und auf Grund der Forderungen aus Darlehen, die an Kleinbahnunternehmungen gegen Uebernahme der Gewährleistung durch eine inländische Körperschaft des öffentlichen Rechts gewährt sind, Schuldverschreibungen einer und derselben Art ausgegeben werden, denen beide Arten von Forderungen zur Deckung dienen. In dem Geschäftsbericht oder in der Bilanz ist der Gesamtbetrag der Forderungen der einen und der anderen Art ersichtlich zu machen.«

Aus beiden Bestimmungen geht also hervor, dass Schuldverschreibungen ein und derselben Art in folgenden 3 Fällen gegeben werden dürfen:

1. gegen Verpfändung von Kleinbahnunternehmungen,
2. ohne eine derartige Verpfändung gegen Uebernahme der Gewährleistung durch eine inländische Körperschaft des öffentlichen Rechts.
3. gegen Verpfändung von Kleinbahnunternehmungen und gleichzeitiger Uebernahme der Gewährleistung durch eine inländische Körperschaft des öffentlichen Rechts.

In der Bilanz oder dem Geschäftsbericht sollen jedoch Geschäfte der sub 1 genannten Art von denen, welche sub 2 und 3 erwähnt sind, getrennt aufgeführt werden, weil, wie es in der Begründung wörtlich heisst,[1]) es »für die Beurteilung des Wertes der Kleinbahnobligationen von erheblicher Bedeutung ist, in welchem Umfange sie durch garantierte oder nur durch pfandrechtlich gesicherte Darlehnsforderungen gedeckt sind.«

---

[1]) Begründung zu § 42 a. a. O., S. 954.

Zum Schlusse des § 42 heisst es: »Im übrigen sind die für die Gewährung von Darlehen an Kleinbahnunternehmungen massgebenden Grundsätze von der Hypothekenbank festzustellen; die Grundsätze bedürfen der Genehmigung der Aufsichtsbehörde. Die Vorschriften des § 13 Absatz 2 finden entsprechende Anwendung«. Letzterer Absatz enthält die Bestimmung, dass, falls eine Bank hypothekarische Beleihungen auch in einem Bundesstaate vornimmt, in welchem sie nicht ihren Sitz hat, die Anweisung auch der Behörde dieses Bundesstaats zur Genehmigung einzureichen ist. Im Gegensatz zu dem Kommunaldarlehensgeschäft sind also bei dem Kleinbahndarlehen ebenso wie bei dem eigentlichen Hypothekengeschäft die Anweisungen vor Eröffnung des Geschäftsbetriebes der Aufsichtsbehörde vorzulegen.

Es liegt mir nunmehr ob, sämtliche vorstehend angeführte Bestimmungen in ihrer Tragweite vom wirtschaftlichen Standpunkte aus speziell daraufhin zu prüfen, ob auch durch sie die Interessen der Pfandbriefgläubiger genügend gewahrt sind.

Hierzu ist das richtige Verständnis der Materie selbst erforderlich und dieses ist wiederum nur zu gewinnen, wenn wir uns zunächst den Begriff von Kleinbahnunternehmungen im Sinne des R. H. G. völlig klar machen.

In erster Reihe ist es wohl selbstverständlich, dass nur Verhältnisse im deutschen Verkehrswesen hier in betracht kommen.

Wenn dieses auch in § 42 nicht ganz scharf zum Ausdruck kommt, so lässt doch der Satz, in welchem von der Garantie einer inländischen Körperschaft die Rede ist, und im übrigen die ganze Tendenz des R. H. G. nur eine derartige Schlussfolgerung zu.

Wir können nun in Deutschland zwischen einem Eisenbahnwesen im weiteren und einem solchen im engeren Sinne unterscheiden. Zum Eisenbahnwesen im weiteren Sinne gehörig sind Eisenbahnen jeder Art anzusehen, sobald bei ihnen das rollende Material auf festen Schienen läuft und die Bahnen dem öffentlichen Verkehr dienen.

Zu dieser Kategorie gehören auch die Kleinbahnen, um

welche es sich im R. H. G. handelt. Diese sind also nicht zu den Eisenbahnen im engeren Sinne zu zählen. Als solche werden nämlich nur Bahnen im Sinne der deutschen Reichsverfassung angesehen, und zwar zerfallen diese in sog. Hauptbahnen und sog. Nebenbahnen. Der Begriff derartiger Bahnen ist durch die Reichsverfassung durch eine Anzahl von Anforderungen festgestellt, welche in den §§ 41 bis 47 mit enthalten sind.

Diese Bestimmungen haben durch einen Erlass des Bundesrats »für deutsche Bahnen untergeordneter Bedeutung« vom 14. Juni 1878 ihre Ergänzung gefunden.[1])

Nur die Eisenbahnen im Sinne der R. V. geniessen innerhalb des ganzen Reiches eine Anzahl von Vergünstigungen, durch welche die Durchführung eines allgemeinen d. h. einen grösseren Bezirk umfassenden Verkehrs möglich wird. Hierzu dienen insbesondere die wichtigen Rechte der Expropriation und des Anschlusses an die übrigen Bahnen.

Es machte sich jedoch schon früh das Bedürfnis geltend ausser diesen Eisenbahnen im engeren Sinne auch andere Schienenwege für den öffentlichen Verkehr zu erbauen. Diese haben zwar kein Interesse für den eben gekennzeichneten allgemeineren, sondern nur für einen lokalen Verkehr, sind aber dennoch ebenfalls geeignet den Verhältnissen der inländischen Produktion in bedeutendem Umfange zu dienen. Man geht sogar kaum zu weit, wen man sagt, dass die durch derartige Bahnen geschaffenen Erleichterungen und Verbesserungen des Transportwesens für weite Kreise nicht sowohl der Industrie wie der Landwirtschaft geradezu eine Lebensfrage bilden. In einem sehr hohen Masse trifft dieser Umstand auf die Landwirtschaft besonders in der allerjüngsten Periode zu, in der diese infolge der Konkurrenz des Auslandes nur durch billigere Transportmittel zu einem grossen Teile überhaupt noch in nutzbringender Weise zu betreiben ist.

---

[1]) Die letztere Angabe habe ich der Abhandlung von Dr. M. Wächter »Die Kleinbahnen in Preussen«, Berlin 1902, entnommen.

Es ist ferner klar, dass ein Mangel an geeigneten Kommunikationsmitteln in Gemeinden am lebhaftesten empfunden wird, welche weit entfernt von den Zentren des grossen Verkehrs liegen, und dieses sind eben meistens Landstriche mit starker Agrikultur.

So überaus wichtig also die Erbauung derartiger Bahnen gerade für Distrikte mit grossen landwirtschaftlichen Betrieben ist, so wenig sind jedoch aber im allgemeinen dem Unternehmerkapital Chancen für eine günstige Verzinsung des in die Bahnen investierten Kapitals geboten. — Nur eine Art von Kleinbahnen hat in der Regel nicht unter diesem Mangel zu leiden, nämlich die Strassenbahnen in den Grossstädten, da diese infolge des in der Grosstadt herrschenden Riesenverkehrs bedeutend höhere Unternehmergewinne abwerfen als die übrigen Schienenwege dieser Gattung.

An der Erbauung von weniger gewinnbringenden, insbesondere also landwirtschaftlichen Kleinbahnen sind in erster Linie naturgemäss die Gemeinden interessiert, da auf der Leistungsfähigkeit ihrer Angehörigen auch die ganze finanzielle Kraft des Gemeinwesens beruht.

Wir finden daher häufig, dass die Kommunen derartige Unternehmungen tatkräftig unterstützen. Doch ist dieses immer nur in beschränktem Masse möglich. Es ist deshalb auch eine Pflicht des Staates diesen im Nachteile befindlichen Untertanen, soweit sie tatsächlich als wirtschaftlich schwächeren Elemente anzusehen sind, Rat und Hilfe angedeihen zu lassen. Am meisten ist sich bisher dieser Aufgabe die preussische Regierung bewusst gewesen. Es resultiert dieses hauptsächlich daraus, dass die von mir geschilderten unzulänglichen Verkehrsverhältnisse für die Landwirtschaft ganz besonders auf die nördlichen und östlichen Provinzen dieses Staates zutreffen. Ausser pekuniärer Beihilfe sind in Preussen die Kleinbahnen durch gesetzgeberische Massnahmen unterstützt worden. Hierdurch haben die preussischen Unternehmungen dieser Art eine gewisse Ausnahmestellung im Reiche erlangt.

Erst neuerdings ist auch in Württemberg der Anfang mit einer legislativen Unterstützung solcher Bahnen durch das

Gesetz »über die Bahneinheiten« vom 23. März 1906 gemacht worden, doch bedarf dasselbe noch durch weitere Massnahmen nach preussischem Muster einer Ergänzung, um für die eigentlichen Kleinbahnen voll wirksam sein zu können.

Wir verweilen also nur bei der in Preussen getroffenen gesetzlichen Regelung. Hier ist die sedes materiae das Gesetz »über Kleinbahnen und Privatanschlussbahnen« vom 28. Juli 1892[1]) und das Gesetz »betreffend das Pfandrecht an Kleinbahnen und Privateisenbahnen und die Zwangsvollstreckung in dieselben« vom 19. August 1895.[2]) Beide Gesetze blieben auf Grund des Artikel 112 desEinführungsgesetzes zum Bürgerlichen Gesetzbuches durch die Bestimmungen des Bürgerlichen Gesetzbuches unberührt.

Das Gesetz von 1892 unterwirft die Kleinbahnen der Konzessionspflicht und der Aufsicht durch die staatliche Eisenbahnbehörde, gewährt ihnen aber dafür eine Anzahl von wichtigen Privilegien, durch welche sie fast in eine Linie mit den Eisenbahnen im Sinne der Reichsverfassung rücken. Die bedeutendsten unter diesen Vergünstigungen bestehen darin, dass ihnen vom Könige das Expropiationsrecht verliehen werden kann, und dass ihnen auf ihr Verlangen der Anschluss an das übrige Eisenbahnnetz nicht versagt werden darf. Es liegt auf der Hand, dass durch eine derartige Unterstützung einerseits die Erbauung solcher Bahnen wesentlich erleichtert, andererseits aber auch der W e r t derselben infolge der Verbindung mit dem übrigen Schienennetze gehoben wurde. Hand und Hand mit dieser Wertsteigerung wurde eine leichtere Kapitalsbeschaffung ermöglicht. Diesem letzteren Zwecke soll aber ganz vorzugsweise das zweite Gesetz dienen und zwar dadurch, dass den Forderungen der Gläubiger auf Grund desselben durch hypothekarische Eintragung eine bedeutend grössere Sicherheit wie bisher gewährt werden kann. Es wurde nämlich durch dieses Gesetz bestimmt, dass eine Kleinbahn als solche eine E i n h e i t, die sogenannte »Bahneinheit«, bilden solle und zwar

---

[1]) Preussische Gesetzsammlung No. 25 Seite 225 ff.
[2]) „ „ „ 36 „ 499 ff.

mit ihren sämtlichen Mobilien und Immobilien. Für dieses so geschaffene rechtliche Ganze wurde die Möglichkeit von hypothekarischen Eintragungen in der Weise statuiert, dass Belastungen in ein besonderes, von dem zuständigen Amtsgericht zu führendes Grundbuch, das sogenannte »Bahngrundbuch« eingetragen werden können.

Auf derartige Hypotheken finden die Vorschriften des Bürgerlichen Gesetzbuches über das Hypothekenwesen in vollem Umfange Anwendung. Es ist hiermit also auch die Eventualität gegeben, Hypothekenbriefe mit der Eigenschaft derselben als »Wertpapiere mit Ordrequalität« auf Grund der Eintragung auszustellen.

Um den Bahnen die Erlangung von Kredit auch ohne Inanspruchnahme einzelner grosser Geldgeber zu ermöglichen, ist ihnen auf Grund des Gesetzes von 1895 ferner gestattet, unter zu Grundelegung von grundbuchamtlichen Eintragungen eigene, auf den Inhaber lautende Obligationen und zwar in einzelnen Teilen auszugeben. Es wird hierdurch das Risiko des einzelnen Kapitalisten ausserordentlich verringert, weil er sich nun auch mit relativ kleinen Beträgen an der Bahn beteiligen kann. Es vermag aber infolge dieser Einrichtung ausserdem das Privatkapital auch deshalb derartige Unternehmungen in erheblicherem Masse zu unterstützen, weil nun in grösseren Umfange an diesen auch besonders interessierte Personen sich beteiligen können, denen infolge ihrer beschränkteren Mittel eine Anteilnahme bisher verschlossen war. —

Was die Erfolge anbetrifft, welche durch diese beiden wohldurchdachten Gesetze erzielt sind, so können diese als geradezu glänzende für die Entwicklung des preussischen Kleinbahnwesens bezeichnet werden. Es wird dieses durch die folgenden Zahlen illustriert, von denen ich diejenigen bis zum 1. Oktober 1892 der Schrift von Wächter[1]) und diejenigen aus der späteren Zeit der »Zeitschrift für Kleinbahnen« entnommen habe.[2])

---

[1]) Wächter a. a. O., S. 17.

[2]) »Zeitschrift für Kleinbahnen«, Jahrg. 1904, S. 3.

Im Jahre 1880 war noch keine sogenannte nebenbahnähnliche Kleinbahn in Preussen im Betriebe, und am 1. Oktober 1892, also etwa bei Inkrafttreten des ersten der beiden vorerwähnten Gesetze bestanden nur 8 derartige Unternehmungen mit einer Schienenlänge von 145,3 km. Das gesamte in diese Bahnen investierte Kapital betrug zu dieser Zeit M 3,304,500. Obige Schienenlänge hatte sich bis zum 31. März 1903 auf nicht weniger als 7328,6 km gehoben, welche mit einem Kapitalaufwande von M 383,040,729 erbaut worden waren. Nach dieser Darstellung sind wir nunmehr im stande, die Frage, welche Arten von Kleinbahnunternehmungen auf Grund des R. H. G. für den Geschäftsbetrieb der Hypothekenbanken in betracht kommen, in völlig klarer Form zu beantworten. Wir kommen hier keineswegs aus mit der Definition, welche das Handelsgesetzbuch in § 473 Absatz 1 für den Begriff der Kleinbahn gegeben hat mit dem Wortlaut: »Eine Kleinbahn ist eine dem öffentlichen Verkehr dienende Bahnunternehmung, welche der Eisenbahnverkehrsordnung nicht unterliegt.«

Ebensowenig führen uns die Ausführungen zum Ziele, welche Dr. Felix Hecht zu dieser Materie geliefert hat,[1]) indem er lediglich konstatiert, dass Kleinbahnen unter dieser Bezeichnung nur in Preussen existierten, und dass es zweifelhaft sei, ob auch ähnliche Unternehmungen, welche in Süddeutschland, jedoch unter anderen Namen, betrieben würden, gleichfalls auf Grund des R. H. G. beliehen werden könnten.

Ich glaube, Dr. Hecht hat es übersehen, dass sich diese Frage nicht unter Zugrundelegung des einen Wortes »Kleinbahn«, sondern nur aus dem Gesamtinhalte des § 42 beantworten lässt.

Wir können aber den Begriff nicht einmal in die Form einer kurzen Definition giessen, sondern müssen auch hier zu etwas ausführlicheren Erörterungen schreiten.

Wie schon hervorgehoben ist, sind durch das R. H. G. drei Möglichkeiten von Darlehen an Kleinbahnunternehmungen gegeben.

[1]) Vergl. Artikel von Dr. Felix Hecht »Hypothekenbanken« im »Handwörterbuch der Staatswissenschaften«, S. 1250.

In dem ersten und in dem dritten Falle hat eine Verpfändung der Bahn stattzufinden. Da nur in Preussen bis vor kurzem eine hypothekarische Beleihung der Bahneinheiten möglich war, so kamen für die Praxis bisher nur Kleinbahnen in diesem Staate in betracht, soweit es sich um Fälle obiger Art handelte. Grundsätzlich ist aber die Beleihung hier durchaus nicht auf Preussen beschränkt. Vielmehr würden die Bestimmungen des R. H. G. sich auf entsprechende Unternehmungen in jedem Staate zur Anwendung bringen lassen, welcher die Möglichkeit einer grundbuchamtlichen Eintragung nach dem Vorbilde Preussens schafft, ohne dass hier etwa eine andere Bezeichnung für ein solches Unternehmen ein Hindernis bieten würde. So ist ja, wie schon erwähnt worden ist, Württemberg bereits in diesem Sinne vorgegangen.

Was aber den zweiten Fall anbetrifft, wo die Verpfändung einer Bahn überhaupt nicht in betracht kommt, in welchem vielmehr nur die Garantie seitens einer Körperschaft des öffentlichen Rechts vorgesehen wird, so ruht der Schwerpunkt offenbar hier ausschliesslich auf dieser Gewährleistung. Es sind daher derartige Darlehen streng genommen überhaupt nicht als an Kleinbahnen erteilte anzusehen, sie tragen vielmehr fast völlig den Charakter von Kommunaldarlehen. —

Nach dieser Klarstellung der in betracht kommenden Verhältnisse hat sich nunmehr meine Untersuchung darauf zu richten, ob die Kleinbahndarlehen im Sinne des R. H. G. in ihrer Eigenschaft als Pfandbriefunterlagen sämtlich den Obligationsbesitzern die volle Sicherheit für ihre Forderungen zu bieten geeignet sind.

Ich möchte hier im voraus bemerken, dass von der Befugnis, dieses Geschäft zu betreiben, bisher nur in einem recht bescheidenen Umfange von den Banken Gebrauch gemacht worden ist.

Es ist nämlich nur ein einziges Institut, die Preussische Pfandbriefbank zu Berlin, welches sich diesem Geschäftszweige und auch nur in wenig intensiver Weise gewidmet hat

Diese bisherige schwache Beteiligung der Banken[1]) lässt aber selbstverständlich die Möglichkeit nicht als ausgeschlossen erscheinen, dass auch für diese Art der Betätigung das Interesse derselben mit der Zeit mehr und mehr erwacht.

Wir haben daher diesem Gegenstande die gleiche Aufmerksamkeit wie den übrigen Materien zuzuwenden. —

Was nun die Sicherheit derartiger Darlehen vom Standpunkte der Pfandbriefgläubiger aus betrachtet angeht, so geht bereits aus meiner bisherigen Darstellung hervor, dass diejenigen Darlehen, welche ausschliesslich unter der Garantie einer Körperschaft des öffentlichen Rechts erteilt worden sind, nur als eine Art von Kommunaldarlehen anzusehen sind und daher gleich gut fundiert wie diese erscheinen.

Dasselbe gilt auch von der sub 3 genannten Form, bei der neben der Verpfändung noch eine solche Gewährleistung stattfindet. Ja ich möchte den Wert dieser Art von Darlehen noch etwas höher als den der erstgenannten veranschlagen, indem ich hierbei das Moment der mehr oder minder wirksamen Aufbewahrung durch den Treuhänder berücksichtige. Sobald nämlich bei den sub 3 erwähnten Darlehen die Ausstellung von Hypothekenbriefen vereinbart ist, was in jedem Falle geschehen müsste, so ist die Verfügung über die eigentliche Unterlage ohne Hinzuziehung des Treuhänders ausgeschlossen. Subsidiär tritt dann ausserdem noch die mehrerwähnte Garantie ein.

Dagegen haben bei den lediglich gegen eine Bürgschaft der erwähnten Art erteilten Darlehen bezüglich der Mitverwahrung durch den Treuhänder dieselben Bedenken, wie sie bei den reinen Kommunaldarlehen zur Sprache gebracht sind, Geltung, Bedenken, die ja allerdings, wie gleichfalls schon hervorgehoben wurde, nicht allzuschwer einzuschätzen sind.

---

[1]) Nach den Angaben des »Deutschen Oekonomist«, Jahrgang 1907, Seite 434, betrug die Gesamtsumme, welche das oben genannte Institut Ende 1906 in Kleinbahngeschäfte investiert hatte, M 7,268,754.

Es kommen also, nachdem diese beiden Geschäftsformen ausgeschieden sind, für unsere Untersuchung nur diejenigen Darlehen in Frage, welche ich sub 1 aufgeführt habe. Diese betreffen, wie wir wissen, die hypothekarische Beleihung der Bahneinheit ohne eine weitere Sicherheitsleistung.

Da sich dieser Modus bis in die allerneueste Zeit hinein nach Lage der Gesetzgebung nur in Preussen zur Anwendung bringen liess, so liegt es nahe, dass wir, um uns ein Urteil über den Wert dieser Art von Darlehen als Pfandbriefunterlagen bilden zu können, eine Untersuchung darüber anstellen, wie sich die Prosperität derartiger Unternehmungen in diesem Staate gestaltet hat.

Es ist dieses deshalb besonders wichtig, weil im Falle eines Konkurses die Kleinbahn- ebenso wie die Kommunaldarlehen völlig getrennte Massen bilden und in keinerlei Beziehung zu den eigentlichen Hypothekendarlehen stehen, sodass jede einzelne Masse ihre Sicherheit nur in sich selbst findet. Es steht uns nun behufs Berechnung der Rentabilität der sogen. »Kleinbahnunternehmungen mit nebenbahnähnlichem Charakter» für Preussen ganz authentisches Material zur Verfügung, da wir dieses einer Zeitschrift entnehmen können, welche vom preussischen Ministerium der öffentlichen Arbeiten herausgegeben wird. In dieser »Zeitschrift für Kleinbahnen« werden u. a. in grösseren Zwischenräumen die Geschäftsergebnisse der uns interessierenden Unternehmungen zusammengestellt. Ich benutze für unseren Zweck die Zahlen, welche hier für das Betriebsjahr vom 1. April 1902 bis zum 31. März 1903 veröffentlicht sind.[1])

Wie schon erwähnt, betrug die Schienenlänge der betreffenden Kleinbahnen in Preussen am 31. März 1903 = 7328,6 km. Es sind hierbei Schienenstränge innerhalb der grösseren Städte, sogen. Strassenbahnen, nicht mit berücksichtigt. Diese kommen nämlich für unsere Frage wenig oder garnicht in betracht, da sie schon, wie berührt, im allgemeinen dem Privatkapital genügend Chancen für dessen Beteiligung bieten.

[1]) »Zeitschrift für Kleinbahnen«, Jahrg. 1904, S. 3 ff.

Die obige Kilometerzahl verteilte sich auf 226 verschiedene Unternehmungen, und das gesamte in dieselben investierte Kapital belief sich auf M 383,040,729.

Die Form der Unternehmung war in 144 Fällen die Gesellschaftsunternehmung, bei 74 Bahnen waren Kommunalverbände die Unternehmer, und 8 Bahnen befanden sich in den Händen von Privatpersonen.

Von dem gesamten Anlagekapital sind oder werden aufgebracht:

1. vom Staate (und zwar aus einem besonderen Kleinbahnunterstützungsfonds)	M	52,366,395
2. von den Provinzen	M	47,279,794
3. von den Kreisen	M	84,694,983
4. von den zunächst beteiligten Personen	M	36,834,489
5. in sonstigen Weise	M	161,865.068
	M	383,040,729

Bei der Feststellung der Rentabilität sind zunächst auszusondern alle diejenigen Bahnen, welche noch nicht voll oder erst kurze Zeit (noch nicht 1 Jahr) im Betriebe waren; ferner diejenigen, welche in der Hauptsache nur dem Privatinteresse des Eigentümers dienen, oder deren »Reingewinn« nicht zuverlässig festgestellt werden konnte. Unter »Reingewinn« wird hier auf Grund näherer Erläuterung die Gewinnquote für das Anlagekapital verstanden, welche sich aus dem Ueberschusse der Betriebseinnahmen über die Betriebsausgaben einschliesslich der Rücklagen in etwaige Erneuerungs- und Spezialreservefonds sowie der gewöhnlichen Abschreibungen ergiebt, jedoch ausschliesslich der Zinsen und der Tilgungsbeträge für den im Anleihewege beschafften Teil des Anlagekapitals. Als letzteres gilt der für die Herstellung und Ausrüstung der Bahnen insgesamt aufgewandte Betrag; bei Bahnen, welche ganz oder auch teilweise auf eigenem Bahnkörper angelegt sind einschliesslich der Grunderwerbskosten.

Nach Abzug der laut obigen Angaben ausscheidenden Bahnen, deren Zahl 66 betrug, bleiben für unsere Berechnung noch 160 Bahnen zur Verfügung. Von diesen haben 50 oder 31,25% in dem vorliegenden Betriebsjahre überhaupt keinen Reingewinn abgeworfen.

Für die übrigen ergaben sich die nachstehenden Resultate:

Bei	18	oder	11,25%	betrug	der	Reingewinn	bis zu	1%
„	24	„	15,—%	„	„	„	„ „	2%
„	31	„	19,37%	„	„	„	„ „	3%
„	14	„	8,75%	„	„	„	„ „	4%
„	13	„	8,13%	„	„	„	„ „	5%
„	7	„	4,38%	„	„	„	mehr als 5% bis zu	10%
„	3	„	1,87%	„	„	„	über	10%

Das Fazit, welches wir aus der obigen Aufstellung zu ziehen haben, ist das folgende.

Wir müssen konstatieren, dass nur ein verschwindend kleiner Teil der Unternehmungen auf Grund seiner Prosperität überhaupt einen wirklichen Wert besitzt.

Wir haben hierbei noch zu berücksichtigen, dass ja von den obigen Ueberschüssen noch die Zinsen für die erheblichen auf dem Anleihewege aufgebrachten Kapitalien abgehen, abgesehen davon, dass vertragsmässig in den meisten Fällen auch noch die regelmässige Amortisation der Anleihefonds übernommen ist.

Wir können daher als rentierend höchstens nur diejenigen Bahnen bezeichnen, welche einen »Reingewinn« von mehr als 4% ergeben haben, und dieses sind nur 14,38% der Gesamtzahl. Alle übrigen 85,62% bieten durch hypothekarische Verpfändung der Bahneinheiten keine Sicherheit für die dem Unternehmen vorgestreckten Beträge. Vielmehr ist es als nicht unwahrscheinlich anzusehen, dass bei einer grossen Zahl derselben bei dem gänzlichen Fehlen oder der minimalen Höhe der Ueberschüsse die Annuitäten für die geliehenen Kapitalien aus den eigenen Grundkapitalien der Bahnen genommen werden müssen. Es können hierdurch schliesslich derartige Defizits entstehen, dass nach Absorbierung sämtlicher Betriebsmittel eine Weiterführung des Unternehmens unmöglich wird. Es liegt auf der Hand, dass in einem solchen Stadium auch die hypothekarische Eintragung nicht vor den schwersten Verlusten schützen kann, da dann die Baulichkeiten und das rollende Material nur äusserst geringen Wert haben und die Schienen lediglich denjenigem von altem Eisen besitzen.

Es ist daher auch nicht schwierig, aus unserer Statistik die Nutzanwendung für das Kleinbahndarlehensgeschäft der Hypothekenbanken zu ziehen.

Die vom Gesetzgeber den Banken eingeräumte Befugnis, den Kleinbahnunternehmungen Darlehen allein gegen hypothekarische Verpfändung der Bahneinheiten zu gewähren und auf Grund derselben Obligationen zu emittieren, involviert so schwere Gefahren für die Inhaber der letzteren, dass nicht dringend genug vor diesem Geschäfte gewarnt werden kann. Wiewohl die Frage zur Zeit wegen der geringen Engagements der Banken in diesem Geschäftszweige nur eine untergeordnete Bedeutung besitzt, so ist dennoch ein Amendement des Gesetzes zu empfehlen, durch welches eine Beseitigung der obigen Lizenz bewirkt wird. — Dagegen verdient, wie schon berührt, die Gewährung von Kleinbahndarlehen unter Garantie von Körperschaften des öffentlichen Rechts in den beiden auf Grund des Gesetzes möglichen Formen von seiten der Banken die wärmste Berücksichtigung. Hierbei würde sich aus schon angeführten Gründen empfehlen, den dritten Modus, die Mitverpfändung der Bahn, obligatorisch zu machen, soweit eine hypothekarische Eintragung auf Grund der bestehenden gesetzlichen Einrichtungen möglich ist.

Ich gehe bei der Befürwortung der genannten Formen von der wohl im allgemeinen berechtigten Annahme aus, dass eine Gemeinde sich zu einer solchen Gewährleistung nur dann verstehen wird, wenn ein wirklich dringendes öffentliches Bedürfnis für den betreffenden Bahnbau im Interesse der überwiegenden Zahl der Gemeindemitglieder vorhanden ist, und setze ferner voraus, dass die betreffenden Körperschaften derartige Verpflichtungen nur unter richtiger und genauer Einschätzung ihrer finanziellen Leistungsfähigkeit eingehen werden.

Es erscheint ausserdem gerechtfertigt, den Banken für die auf Grund dieser beiden Geschäftsformen ausgegebenen Kleinbahnobligationen bezüglich der Höhe des gesamten Umlaufs in Obligationen die gleiche Vergünstigung wie für die eigentlichen Kommunalobligationen zu gewähren. —

II. Abschnitt.

Der Schutz der Darlehensnehmer.

In meinen bisherigen Ausführungen habe ich mich mit der kritischen Betrachtung der im R. H. G. zum Schutze der Pfandbriefgläubiger getroffenen Bestimmungen beschäftigt.

Es war dieses die erste und, wir können wohl sagen, auch die dringendste unter den in meiner Einleitung bezeichneten Aufgaben, welche einen Gegenstand der legislativen Fürsorge zu bilden hatten.

Wir haben gesehen, dass die zwei weiteren Desiderate, nämlich die Massregeln gegen eine zu starke Verschuldung des Grundbesitzes und diejenigen gegen eine übermässige Spekulation in Grundstücken hinsichtlich ihrer Behandlung bzw. Erledigung in so unmittelbaren Zusammenhang mit der erstgenannten Materie zu bringen waren, dass sich bezüglich derselben eingehendere Erörterungen in der Form besonderer Abschnitte erübrigten.

Es bleibt mir daher für meine Untersuchung nur noch ein letztes Thema. Dieses betrifft die Verpflichtung des Gesetzgebers Kautelen zum Schutze der Darlehensnehmer zu ziehen, durch welche diese vor einer etwaigen systematischen Uebervorteilung seitens der Hypothekenbanken gesichert erscheinen.

Es kann und soll sich natürlich eine derartige Regelung nicht bis in die kleinsten Details des Geschäftsbetriebes ausdehnen. Aber es erscheint dennoch vom volkswirtschaftlichen Standpunkte aus als eine kategorische Notwendigkeit, den Banken auch hier gewisse grundsätzliche Direktiven zu erteilen, nach welchen sie unter allen Umständen zu verfahren haben.

Es ergibt sich diese Forderung ganz besonders daraus, dass die Darlehenssucher sich sehr häufig in einer gewissen Zwangslage befinden, in welcher sie genötigt sind, sich den Bedingungen der Institute widerstandslos zu fügen. Es ist daher die Gefahr nicht von der Hand zu weisen, dass das Recht des Stärkeren von manchen Banken in ergiebiger Weise ausgenutzt würde, wodurch schwere allgemeine Schädigungen des kreditbedürftigen Grundbesitzes herbeigeführt werden könnten.

Wenn wir uns nun das R. H. G. in bezug auf diesen Gegenstand betrachten, machen wir zunächst schon rein äusserlich die Wahrnehmung, dass der Gesetzgeber demselben seine Aufmerksamkeit in einem relativ reichen Masse zugewandt hat.

In einer Anzahl von nicht weniger als 8 Paragraphen (§§ 14—21) ist eine Reihe von Bestimmungen getroffen worden, welche alle das von mir genannte Ziel erstreben. Wir können nun hier eine Differenzierung nach zwei leitenden Gesichtspunkten vornehmen.

Der erste Teil der Vorschriften enthält nämlich die Anordnungen über die Zahlung der sogenannten Darlehensvaluta, dagegen stellt der zweite Teil die principiellen Vorschriften fest, auf Grund deren überhaupt die Darlehen an die Schuldner gewährt werden dürfen.

In dem einleitenden Paragraphen 14 werden die zuerst genannten Bestimmungen getroffen.

An der Spitze desselben finden wir den grundlegenden Satz: »Die hypothekarischen Darlehen sind in Geld zu gewähren.« Nur unter einer einzigen ganz bestimmten Voraussetzung ist eine Zahlung in anderen Werten erlaubt, aber auch in diesem Falle nur, wenn die Satzung der Bank dieses ausdrücklich zulässt. Es können nämlich die Darlehen auch in Hypothekenpfandbriefen der Bank und zwar unter Berechnung des Nennwertes derselben erteilt werden, jedoch nur, wenn der Schuldner hierzu seine ausdrückliche Genehmigung erteilt hat.

Bei der letzteren Anordnung ist jedoch der Gesetzgeber in seiner Fürsorge für die Darlehensnehmer noch nicht stehen geblieben.

Vielmehr hat er auch noch den Fall der Rückzahlung der Darlehen ins Auge gefasst, um die Schuldner vor jeder etwaigen Gefährung zu schützen.

Es ist nämlich durch das Gesetz bestimmt, dass dem Schuldner urkundlich das Recht eingeräumt werden muss, die Rückzahlung der Hypothek nach seiner Wahl in Geld oder in Hypothekenpfandbriefen der Bank, welche derselben Gattung wie die empfangenen angehören und zwar letztere gleichfalls unter Berechnung des Nennwertes zu bewirken. Das Recht, in Geld zurückzuzahlen, steht ihm also ausdrücklich auch für den Fall zu, dass er die Valuta in Pfandbriefen erhalten hat.

Der Gesetzgeber hat überdies noch eine genaue Erklärung beigefügt, was unter »Pfandbriefen derselben Gattung« zu verstehen ist, um allen anderweitigen Auslegungen vorzubeugen. Hierunter sind auf Grund des Gesetzes alle Pfandbriefe zu verstehen, welche bei der amtlichen Festsellung des Börsenpreises nicht unterschieden werden.

Diese genaue Definierung lässt mit Recht darauf schliessen, dass es sich hier darum handelte, gewissen Praktiken zu begegnen, wie sie vielleicht vor Inkrafttreten des B. G. B. von seiten mancher Banken zum Schaden der Darlehensnehmer vorgenommen wurden. Diese Annahme trifft in der Tat zu.

Zur näheren Erläuterung des bei der Zahlung der Valuta zugelassenen Ausnahmefalles, der Zahlung in Pfandbriefen, möge nämlich folgendes dienen.

Es war bereits früher einer grossen Anzahl von Banken auf Grund ihrer Statuten gestattet, die Zahlung des Darlehens in eigenen Pfandbriefen erfolgen zu lassen, doch wurde dieses Recht tatsächlich nur von wenigen und zwar von einigen süddeutschen Instituten ausgeübt.

Es steht der seltene Gebrauch dieses Rechtes im

Gegensatze zu dem Verfahren der preussischen Landschaften, welche Darlehen ausschliesslich in eigenen Pfandbriefen gewähren. Trotzdem also die Auszahlung in Geld schon früher bei den Hypothekenbanken die weitaus dominierende Form war, so glaubte der Gesetzgeber dennoch jenen anderen Modus nicht vollkommen ausschliessen zu dürfen. Vielmehr wurde die obige Ausnahme statuiert und zwar unter Berücksichtigung des Wunsches einiger bayerischer Institute.

Nach dem »Oekonomist«[1]) entspann sich über diesen Punkt bei den Vorbereitungen zum Gesetze zwischen dem als Sachverständigen hinzugezogenen Vertreter einer der interessierten bayerischen Banken einerseits und den Regierungsvertretern und einem anderen Experten andererseits eine lebhafte Diskussion.

Der zuerst genannte Fachmann machte geltend, dass seine Anstalt ihre Darlehen deshalb in Pfandbriefen auszahle, weil sie ja doch bei Zahlung in Geld das Risiko, welches sie durch den Selbstverkauf der Pfandbriefe eingehe, durch entsprechend höhere Zinsen oder sonstige Mehrleistungen der Schuldner decken müsse, indem sie sonst keine anderen Mittel habe, dieses auszugleichen. Es gereiche auch den Pfandbriefbesitzern die Verwendbarkeit der Pfandbriefe zur Rückzahlung der Darlehen nur zum Vorteil, weil dieser Umstand dem Kurse der Pfandbriefe einen erheblichen Grad von Stabilität verleihe. Der Vertreter des betreffenden Instituts trat daher für die bedingungslose Zulassung von sog. Pfandbriefdarlehen ein.

Diesen Gründen konnte zwar von der Gegenpartei die Richtigkeit nicht abgesprochen werden, es wurden aber von dieser andere gewichtige Momente in das Feld geführt, welche auch erhebliche Nachteile der Pfandbriefdarlehen erkennen liessen.

Erhalte nämlich der Schuldner sein Darlehen in barem Gelde, so wisse er genau, was er zu bekommen und was er zurückzuzahlen habe. Bei den Pfandbriefdarlehen sei dieses nicht der Fall. Bei den letzteren würde ferner, sobald die Pfandbriefe unter pari ständen, das Grundstück im Grundbuche

---

[1]) »Deutscher Oekonomist« Jahrgang 1898, Seite 635.

mit einem höheren Betrage belastet als tatsächlich darauf gezahlt sei, und hierdurch werde eine vollständige Ausnutzung des Realkredits erschwert.

Dem Schuldner selbst seien jedenfalls reine Gelddarlehen weit angenehmer. Einen unwiderleglichen Beweis hierfür liefere die Tatsache, dass der Modus der Pfandbriefdarlehen nur bei ganz wenigen Instituten zur Anwendung komme, während er doch statutenmässig einer grossen Anzahl von Banken gestattet sei.

An diesen Hinweis der Gegenpartei knüpft der »Oekonomist« in Anschluss an die obige Darstellung der Debatte eine recht interessante Auseinandersetzung, durch welche er die Abneigung der Schuldner gegen Pfandbriefdarlehen aus inneren Gründen zu erklären sucht. Er enthüllt damit gleichzeitig gewisse Motive, welche zwar niemals offen dargelegt zu werden pflegen, die aber wohl hie und da doch nicht so ganz ohne Einfluss auf die Erteilung von Pfandbriefdarlehen gewesen sind.

Allerdings nimmt das genannte Fachblatt von vornherein die unmittelbar beteiligten beiden bayerischen Banken gegen derartige Vorwürfe in Schutz. Bei diesen beruhten die Pfandbriefdarlehen auf gewissen individuellen Eigentümlichkeiten, welche sowohl auf seiten des bayerischen Publikums als der Banken selbst lägen.

Im übrigen aber seien diese Darlehen vielfach nur eine Fiktion, welche dazu dienen solle, die Fährlichkeiten des Geldmarktes für längere Zeit vom Darlehensnehmer tragen zu lassen.

Es sei allerdings richtig, dass sich die Bank für das Risiko, welches sie dem Schuldner durch die Erteilung von Bardarlehen abnähme, irgendwie ein Aequivalent verschaffen müsse. Doch sei mit der Gewährung von Pfandbriefdarlehen nicht selten ein direkter besonderer Nachteil für den Schuldner verbunden, der auf andere Weise zu erklären sei und sich keineswegs durch obiges Motiv rechfertigen lasse.

Der Darlehensnehmer empfinge bei diesen nämlich in Wirklichkeit nicht die Pfandbriefe in natura, sondern ebenfalls bares Geld. Der Hergang hierbei sei folgender.

Wenn der Grundbesitzer beispielsweise am 1. Oktober ein grösseres Darlehen gebrauche, so wende er sich schon im Juni mit seinem Beleihungsgesuche an die Bank. Diese liesse ihn ein Antragsformular unterschreiben, welches die hauptsächlichsten Darlehensbedingungen enthalte, darunter auch diejenige, dass das Darlehen nach Wahl der Bank in barem Gelde oder in Pfandbriefen auszuzahlen sei. Seien nun die Pfandbriefe zur Zeit der Darlehenszahlung über pari verkäuflich, so zahle die Bank die Darlehenssumme in barem Gelde aus und verkaufe die Pfandbriefe für ihre eigene Rechnung. Entstehe aber bei dem Pfandbriefverkaufe ein Verlust, so würden die Pfandbriefe so berechnet, wie man sie verkauft habe, und der Netto-Erlös würde dem Darlehensnehmer bar ausgezahlt. Der letztere trüge also für längere Zeit, nämlich vom Abschlusse des Vertrages an bis zur Auszahlung des Darlehens die ungünstigen Chancen des Geldmarktes.

Träten in dieser Zeit zufällig schwierige Verhältnisse ein, infolge welcher die Pfandbriefe stark im Kurse fielen, so könnten dem Schuldner dadurch, dass die Darlehenssumme nicht voll ausbezahlt würde, neben erheblichen Verlusten auch noch ernstliche Schwierigkeiten entstehen.

Wenn wir also zu den übrigen von den Gegnern der Pfandbriefdarlehen angeführten Gründen noch die vorstehende Darstellung des Fachorgans nehmen, so würden auch wir uns keinesfalls für eine völlig in das Belieben der Banken gestellte Zulassung von Pfandbriefdarlehen aussprechen können.

Wir können vielmehr die Lösung, welche der Gesetzgeber für diese Frage gefunden hat, als eine recht glückliche bezeichnen.

Es sind nach Abwägung aller Momente die Bardarlehen zweifellos als der für die Schuldner günstigere Modus anzusehen. Es ist daher dem Schuldner auf Grund des R. H. G. das Recht verliehen worden, grundsätzlich die Zahlung der Valuta in bar verlangen zu können. Andererseits ist mit Rücksicht auf die erwähnten lokalen und sonstigen Verhältnisse die Gewährung von Pfandbriefdarlehen mit ausdrücklicher Einwilligung des Schuldners nicht völlig ausgeschlossen worden. Würde aber vielleicht eine Bank versuchen, andauernd eine Pression auf die Darlehensnehmer dahin auszuüben, dass sie sich formell zu Pfandbriefdarlehen bereit erklärten, ohne wirklich einen solchen Wunsch zu haben, so würde dieses sehr bald dazu führen, das Renommée des betreffenden Insituts zu schädigen und dadurch den Geschäftsbetrieb desselben empfindlich zu stören.

Ausserdem wird noch bei den Pfandbriefdarlehen der vom »Oekonomist« geschilderten Gefahr der Risiko-Ueberwälzung des Geldmarktes auf den Darlehensnehmer durch jene Vorschrift des R. H. G. nachdrücklichst vorgebeugt, nach welcher es in der Wahl des Schuldners steht, das Darlehen in jedem Falle in Pfandbriefen oder in Geld zurückzuzahlen. Es ist dem Schuldner hierdurch auch die Möglichkeit gegeben, Pfandbriefe eventuell zum Kurse unter pari aufzukaufen und die letzteren der Bank sodann im Original unter Anrechnung des Nennwertes in Zahlung zu geben. Hier begegnen wir auch der bereits angedeuteten Ursache, auf Grund deren der Gesetzgeber es für nötig befunden hat, eine so präzise Erklärung dafür zu geben, was unter Pfandbriefen derselben Gattung zu verstehen ist. Es sollte hierdurch Einwänden der Banken bei der Rückzahlung in Pfandbriefen eine bestimmte Schranke gesetzt werden. Es war sonst die Möglichkeit vorhanden, diesen Begriff recht verschieden auszulegen. Der Gesetzgeber weist darauf hin,[1]) dass unter Pfandbriefen der gleichen Gattung mancherlei verstanden werden könne, zum Beispiel Pfandbriefe, welche den Besitzern genau dieselben Rechte, namentlich in bezug auf die Höhe der Zinsen sowie den Modus und die Zeit der Rückzahlung gewährten; ferner solche, welche einer regelmässigen Verlosung unterlägen und solche ohne planmässige Tilgung u. a. m. Alle solche Zweifel sind durch die Bestimmung des R. H. G. beseitigt worden, dass unter den Begriff der gleichen Gattung alle Pfandbriefe

---

[1]) Begründung zu § 14 a. a. O., S. 941.

fallen sollen, welche nicht bei der amtlichen Feststellung des Börsenpreises unterschieden werden. —

Wie bereits von mir hervorgehoben ist, betrifft der zweite Teil der gesetzlichen Regelung zu Gunsten der Darlehensnehmer die Bedingungen, welche die Banken den Schuldnern gegenüber in jedem Falle zu erfüllen haben.

Ganz allgemein ist hier zunächst die Tatsache festzustellen, dass es sich der Gesetzgeber zur prinzipiellen Aufgabe gemacht hat, auf diesem Gebiete die vollste Klarheit zu schaffen.

Auf Grund des § 15 des R. H. G. bedürfen zunächst die von der Hypothekenbank festgestellten Grundzüge der Bedingungen für die hypothekarischen Darlehen der Genehmigung der Aufsichtsbehörde.

Es wird mit dieser Prüfung hauptsächlich der Zweck verfolgt, zu verhindern, dass den Schuldnern irgendwelche rigorose Auflagen gemacht werden.

Es ist daher in den Bedingungen nach der Vorschrift des Gesetzes namentlich genau zu bestimmen, welche Nachteile die Schuldner bei nicht rechtzeitiger Zahlung treffen, sowie unter welchen Voraussetzungen die Bank befugt ist, die vorzeitige Rückzahlung der Hypothek zu verlangen.[1])

---

[1]) Ueber den näheren Inhalt der Bedingungen spricht sich Dr. Hillig in der folgenden Weise aus (Hillig a. a. O. Seite 42): Die Grundzüge müssen vor allem den Vorschriften der §§ 17—21 entsprechen und die von den gesetzlichen Bestimmungen zulässiger Weise abweichenden Bedingungen der Bank insbesondere über Zinszahlung (§ 608 B. G. B.) und Kündigung (§ 609 B. G. B.) enthalten. Ferner bedürfen der Festsetzung die Bestimmungen über die Art der Auszahlung der Darlehen (§ 16), über die Versicherung des Pfandgrundstücks, über Bergschäden, über den Umfang der von dem Schuldner zu tragenden Kosten, über dessen sonstige Nebenleistungen, bei Amortisationshypotheken über die Zeit der Tilgung (vgl. besonders § 20), auch welche Art von Hypotheken ob Buchhypothek oder Briefhypothek verlangt wird, die Fälle, in denen dem Schuldner noch vor Ablauf der Unkündbarkeitsfrist eine völlige oder teilweise Rückzahlung gestattet ist sowie die Tatsachen, welche die Bank zur Erhöhung des Zinsfusses, zur Erhebung einer Konventionalstrafe und zur vorzeitigen Rückforderung des Kapitals berechtigen «

In vorsichtiger Weise hat der Gesetzgeber auch der Aufsichtsbehörde eines Bundesstaates, in welchem die Bank zwar nicht ihren Sitz hat, in dessen Gebiet sie aber ebenfalls Beleihungen vornimmt, das Recht eingeräumt verlangen zu können, dass auch ihr die Grundzüge der Darlehensbedingungen zur Begutachtung von der betreffenden Bank eingereicht werden. Ferner kann die Behörde eines solchen Bundesstaates fordern, dass ihr von der Bank jährlich ein Verzeichnis der hypothekarischen Beleihungen eingereicht wird, welche das betreffende Institut in dem Gebiete des Staates vorgenommen hat. Ueber die Einrichtung und den Inhalt solcher Verzeichnisse ist der Bundesrat befugt Bestimmungen zu erlassen. Durch diese, auch den Behörden anderer Bundesstaaten eingeräumten Rechte, gelangt die beabsichtigte Kontrolle über die Bedingungen erst zu voller Wirkung für den gesamten Bereich des Reiches. —

Nach Erlass dieser wichtigen Vorschriften, welche ganz allgemein eine allzu harte Behandlung der Schuldner *ausschliessen* sollen, werden in den folgenden Paragraphen für einzelne besonders relevante Punkte der Darlehensbedingungen eine Anzahl zwingender *positiver* Leitsätze gegeben.

Die in den §§ 16—18 gegebenen Direktiven tragen insofern gleichfalls noch einen mehr generellen Charakter, als sie für Hypotheken jeder Art gültig sind; dagegen beschäftigen sich die §§ 19—21 mit einigen Regeln, welche speziell bei Amortisationshypotheken innezuhalten sind. Im folgenden gehe ich auf den Inhalt der einzelnen Paragraphen näher ein.

In § 16 sorgt das Gesetz dafür, dass der *Darlehenssucher* seitens der Bank *genau* über die Leistungen orientiert wird, zu welchen er sich bei Erhalt eines Darlehens verpflichten muss. Es wird in dieser Beziehung den Banken vorgeschrieben, dass in ihren Darlehens-Prospekten und Antragsformularen alle Bestimmungen über die Art der Auszahlung der Darlehen, über Abzüge zu Gunsten der Bank, über die Höhe und Fälligkeit der Zinsen und der sonst dem

Schuldner obliegenden Leistungen, über den Beginn einer eventuellen Amortisation sowie über die Kündigung und Rückzahlung klar ersichtlich gemacht werden.

Es folgen nun eine Anzahl weiterer überaus bedeutungsvoller Schutzvorschriften zu Gunsten der Schuldner.

Der § 17 des Gesetzes lautet wörtlich: »Im Falle einer Verschlechterung des beliehenen Grundstücks oder seiner Zubehörstücke, der ein unwirtschaftliches Verfahren[1]) nicht zu Grunde liegt, finden zu Gunsten der Hypothekenbank die Vorschriften der §§ 1133 und 1135 des B. G. B. über das Recht des Gläubigers auf sofortige Befriedigung aus dem Grundstücke nur in Ansehung des Betrages Anwendung, für welche in dem verminderten Werte des Grundstücks nicht mehr die nach dem Gesetze oder der Satzung erforderliche Deckung vorhanden ist. Ueber diesen Betrag hinaus darf sich die Bank für den Fall einer Verminderung des Wertes des Grundstücks das Recht, die vorzeitige Rückzahlung der Hypothek zu verlangen, nicht ausbedingen.«

---

[1]) Den wichtigen Begriff des »unwirtschaftlichen Verfahrens« betreffend gibt Dr. Hillig folgende näheren Ausführungen: (Hillig a. a. O. S. 45) Als ein unwirtschaftliches Verfahren des Besitzers ist anzusehen: Der Abbruch von zur Bewirtschaftung notwendigen Baulichkeiten, ohne dass Ersatz dafür geschafft wird, das Verfallenlassen von Gebäuden, die Unterlassung von zur Erhaltung derselben notwendigen Ausbesserungen, sowie das Unterlassen der Weiterversicherung der Baulichkeiten gegen Feuer.« Dagegen sei eine Verschlechterung des beliehenen Grundstücks ohne »unwirtschaftliches Verfahren« denkbar durch »elementar Ereignisse, durch die trotz aller Sorgfalt nicht zu vermeidende regelmässige Abnutzung der Baulichkeiten, ferner, hinsichtlich der Lage, infolge veränderter Richtung des Verkehrs z. B. der Lage eines Wirtshauses an einer Landstrasse durch den Bau einer Eisenbahn.«

Die Entscheidung ob und bis zu welchem Grade eine Verschlechterung bezw. ein unwirtschaftliches Verfahren des Besitzers vorliege, sei Sache des richterlichen Urteils.

»Die Bank darf sich für den Fall, dass ein Teil des Grundstücks veräussert und die Unschädlichkeit der Veräusserung für die Berechtigten nach Massgabe der Landesgesetze von der zuständigen Behörde festgestellt wird, keine weiteren als die ihr gesetzlich zustehenden Rechte auf Sicherstellung oder Befriedigung vorbehalten. Es darf nicht bedungen werden, dass die Bank im Falle ihrer Auflösung die vorzeitige Rückzahlung der Hypothek verlangen kann.«

Die klare und präzise Fassung des Gesetzes machen hier jeden Kommendar überflüssig. Aehnliches lässt sich auch von den Bestimmungen des § 18 sagen. Derselbe handelt von dem Rechte des Schuldners auf Kündigung und Rückzahlung der Hypothek.

Auf Grund von § 18 ist dem Schuldner urkundlich das Recht einzuräumen, das Darlehen ganz oder teilweise kündigen und zurückzahlen zu dürfen. Hierdurch will ihm der Gesetzgeber prinzipiell die Möglichkeit sichern, die Vorteile, welche sich ihm etwa in Gestalt eines billigeren Zinsfusses oder anderweitiger günstigerer Darlehensbedingungen im Laufe der Zeit bieten, ungehindert auszunutzen.

Jedoch glaubte der Gesetzgeber hier gleichzeitig eine gewisse Einschränkung dieses jederzeitigen Kündigungsrechtes des Darlehensnehmers zu Gunsten der Bank eintreten lassen zu müssen.

Er hielt es nämlich nicht für gefahrbringend für den ersteren, wenn er auf dieses Recht für einen gewissen Zeitraum verzichten muss. Als eine solche Frist hat das Gesetz eine Periode von 10 Jahren festgesetzt. Ich habe bereits an anderer Stelle angedeutet, aus welchem Grunde den Banken diese Konzession gemacht ist. Es ist dieses mit Rücksicht auf die Bestimmung des § 8 Absatz 2 geschehen, nach welcher die Banken auf das Recht auf jederzeitige Rückzahlung der Hypothekenpfandbriefe höchstens für einen Zeitraum von gleichfalls 10 Jahren verzichten dürfen. Von dieser Berechtigung werden sie, wie ebenfalls schon erwähnt ist, in der Regel besonders in Hinblick auf die Vorliebe der Kapitalisten für Anlagen, welche auf längere Zeit unkündbar sind, Gebrauch machen. Es wird ihnen aber die Erfüllung der für die Frist von 10 Jahren den Pfandbriefinhabern gegenüber eingegangenen Verpflichtung, diesen Kapitalisten Zinsen in einer ganz bestimmten, vorher festgesetzten Höhe zu zahlen, nur möglich, wenn sie sich gleichzeitig für denselben Zeitraum durch eine mindestens gleiche Anzahl von Hypotheken gedeckt haben, welche ihnen zu einem dem Pfandbriefzinsfusse entsprechenden Satze verzinst werden. Aus diesem Grunde also ist die Beschränkung des Rückzahlungsrechtes der Schuldner erfolgt. — Es scheint mir dieses besonders aus dem Grunde wenig bedenklich zu sein, weil den Schuldnern hierfür in der Regel das Aequivalent geboten wird, dass von ihnen das Darlehen ebenfalls für den Zeitraum von 10 Jahren seitens der Bank nicht zurückgefordert werden darf. Es liegt hierin zweifellos ein grosser Vorteil für die Darlehensnehmer, weil sie sich, worauf ich schon bei anderer Gelegenheit hingewiesen habe, hierdurch für eine längere Reihe von Jahren vor den meistens recht erheblichen Kosten einer Neubeschaffung und Umschreibung der Hypothek unbedingt gesichert wissen.

Von der obigen Ausnahme abgesehen, darf also das Kündigungsrecht des Schuldners nicht beschränkt werden; als gesetzliche Frist für die Kündigung ist der Zeitraum von 9 Monaten festgesetzt worden. Der Gesetzgeber hat noch hinzugefügt, dass sich die Bank eine Rückzahlungsprovision oder die Bestellung einer Sicherheit bei der Kündigung nur für den Fall ausbedingen darf, dass sich der Schuldner eine frühere Rückzahlungsfrist vorbehalten habe als ihm die Bank auf Grund der obigen Bestimmungen einzuräumen verpflichtet sei.

Es folgen nunmehr diejenigen Pharagraphen (19—21), welche, wie schon erwähnt, der Festsetzung besonderer bei Amortisationshypotheken zu beobachtender Vorschriften gewidmet sind.

Hinsichtlich dieser Art von Darlehen bestimmt zunächst § 19, dass bei ihnen ein Kündigungsrecht zu Gunsten der Bank niemals ausbedungen werden darf.

Selbstverständlich wird hiervon — dieses hebt das Gesetz ausdrücklich hervor — eine Vereinbarung nicht berührt, welche der Bank das Recht einräumt, aus besonderen in dem Verhalten des Schuldners liegenden Gründen die Rückzahlung der Hypothek auch vor der bestimmten Zeit zu verlangen.

Nach einer weiteren Vorschrift des § 19 soll die Jahresleistung des Schuldners nur die bedungenen Zinsen und den Tilgungsbeitrag enthalten.

Hierdurch ist also den Banken die Erhebung besonderer Verwaltungskostenbeiträge während der Dauer der Amortisation verboten, da dieses nach Ansicht des Gesetzgebers doch nur verschleierte Zinsen wären.[1])

Hierbei ist aber folgendes zu beachten. Auf Grund von § 20 kann der Beginn der Amortisation für einen gewissen Zeitraum hinausgeschoben werden, welcher jedoch die Frist von 10 Jahren nicht überschreiten darf. Während dieser Periode dürfen von dem Schuldner seitens der Bank gewisse besondere Gebühren erhoben werden, wobei aber gleichzeitig bestimmt wird, dass diese in der Darlehensurkunde ersichtlich gemacht werden müssen. Die Berechtigung, während dieser Zeit Extrabeiträge zu erheben, geht aus folgender Erwägung hervor. Die Möglichkeit eines späteren Anfangs der Amortisation ist zweifellos zunächst im Interesse der Banken zugelassen worden, um ihnen die Emission von Pfandbriefen zu ermöglichen, welche von ihnen für die Dauer von 10 Jahren nicht gekündigt zu werden brauchen. Andererseits glaubte der Gesetzgeber auch für die Schuldner hierin keineswegs einen Nachteil erblicken zu können.[2])

Es müssten zwar nach seiner Ansicht für diesen Zeitraum die obigen besonderen Gebühren erhoben werden und zwar, um ein häufig bei der Ausgabe von Pfandbriefen entstehendes Disagio zu decken. Gemeint ist hier ein reeller Verlust, also nicht ein solcher, welcher, wie an anderer Stelle ausgeführt ist, als aus einer niedrigeren Verzinsung gegenüber der sonst üblichen herrührend, während der Dauer der Laufzeit wieder ausge-

---

[1]) Begründung zu § 19, Seite 944.

[2]) Begründung zu § 20, a. a. O., Seite 944.

glichen wird. — Würde aber, so meint der Gesetzgeber weiter, vorgeschrieben werden, dass die Amortisation unter allen Umständen sofort ihren Anfang zu nehmen habe, so wären die Banken genötigt, sich für eine längere Reihe von Jahren oder gar für die ganze Dauer der Amortisation höhere Jahresleistungen auszubedingen, wobei die Schuldner noch schlechter fahren würden, da den Banken bei der Ausgabe von jederzeit kündbaren Pfandbriefen sicherlich grössere Unkosten erwachsen würden als bei solchen, bei denen eine Kündigung seitens der Banken wenigstens auf den Zeitraum von 10 Jahren ausgeschlossen werden könnte. Ich erinnere auch hierbei an die schon von mir wiederholt berührte Vorliebe des derartige Anlagen kaufenden Publikums für Papiere, welche solange wie möglich unkündbar sind.

Endlich ist in § 20 noch die Anordnung getroffen worden, dass von dem Beginne der Amortisation an die Jahreszinsen von keinem höheren Betrage als von dem sich für den Schluss des Vorjahrs ergebenden Restkapitale berechnet werden dürfen. Der Mehrbetrag der Jahresleistung muss mit zur Tilgung verwandt werden. Hierdurch soll verhindert werden, dass irgendwelche Nachteile für die Schuldner daraus entstehen, dass wie es üblich ist, die Jahresleistung von Anfang bis zum Schluss der Amortisation von ihnen stets in der gleichen ursprünglichen Höhe entrichtet wird, ein Modus, welcher bekanntlich die Wirkung hat, die Dauer der Tilgung ganz wesentlich abzukürzen.

Der Schlussparagraph zu dieser Materie (§ 21) behandelt hauptsächlich das Rückzahlungsrecht der Schuldner bei Amortisationshypotheken.

Wir haben bei der Besprechung von § 18 festgestellt, dass dieses Rückzahlungsrecht bis auf eine wichtige Einschränkung grundsätzlich von allen Schuldnern stets in Anspruch genommen werden darf. Für Annuitätsdarlehen unterliegt jedoch diese Berechtigung noch gewissen weiteren Modifikationen. Es kann bei dieser Art von Hypotheken, wie es heisst, »das Recht des Schuldners zur teilweisen Rückzahlung in der Weise beschränkt werden, dass eine Zahlung von der Bank nur angenommen zu werden braucht, wenn die Zahlung dazu bestimmt und geeignet ist, die Tilgungszeit unter Beibehaltung der bisherigen Höhe der Leistungen um ein Jahr oder um mehrere Jahre abzukürzen.«

Diese Massregel ist im Interesse der Banken getroffen worden, da diesen anderenfalls recht grosse Schwierigkeiten daraus entstehen würden, dass sie schon auf Grund relativ geringfügiger Rückzahlungen jedes Mal den ganzen ursprünglich aufgestellten Tilgungsplan umstossen und einen neuen festsetzen müssten.

Diese Anordnung ist also durchaus verständlich und berechtigt, zumal ihr gleichzeitig wieder zu Gunsten der Darlehensnehmer sofort eine Grenze gesetzt worden ist.

Es heisst nämlich weiter in § 21:

»Diese Vorschrift findet jedoch keine Anwendung, wenn der Betrag der Zahlung den 10. Teil des Restkapitals erreicht, und der Schuldner verlangt, dass die späteren Jahresleistungen unter Beibehaltung der ursprünglichen Tilgungszeit herabgesetzt werden; in diesem Falle darf bei den in § 6 Absatz 2 bezeichneten Hypotheken (das heisst bei solchen auf landwirtschaftliche Grundstücke) der jährliche Tilgungsbeitrag weniger als ein Viertel vom Hundert des ursprünglichen Kapitals betragen; die Bank hat einen neuen Tilgungsplan aufzustellen.«

Die letzten Sätze des § 21 enthalten noch einige allgemeine Vorschriften zu Gunsten der Schuldner von Amortisationshypotheken. Durch diese soll bewirkt werden, dass die Schuldner nicht nur stets zu ihrem Rechte kommen, sondern, dass sie auch über den jeweiligen Stand bzw. die Höhe ihrer Darlehen von der Bank immer auf dem Laufenden erhalten werden.

Es ist zu diesem Zwecke folgendes bestimmt worden: »Die Bank darf sich von der Verpflichtung, in Ansehung des amortisierten Betrages die ihr behufs der Berichtigung des Grundbuchs, der Löschung der Hypothek oder der Herstellung eines Teilhypothekenbriefes nach den Vorschriften des bürgerlichen Rechts obliegenden Handlungen vorzunehmen, im voraus nicht befreien. Die Bank hat nach Veröffentlichung der Jahresbilanz jedem Schuldner auf Verlangen mitzuteilen, welcher Betrag der Hypothek am Schlusse des Vorjahrs amortisiert war.«

Hiermit hat auch dieser Teil der gesetzlichen Vorschriften seinen Abschluss gefunden.

Rückblickend auf die gesamten zum Schutze der Darlehensnehmer im R. H. G. getroffenen Bestimmungen können wir unser Urteil dahin zusammenfassen, dass es der Gesetzgeber verstanden hat, unter verständnisinniger Schonung der berechtigten Interessen der Hypothekenbanken die Rechte der Schuldner in vollem Umfange zu wahren, und diese selbst daher vor Uebergriffen zu schützen.

Wir sind am Ende.

Der Rest des R. H. G. wird ausgefüllt durch eine Anzahl von Strafbestimmungen und Uebergangsvorschriften, welche eines Kommentars vom volkswirtschaftlichen Standpunkte aus nicht bedürfen.

Ich möchte jedoch meine Ausführungen nicht schliessen, ohne noch in Kürze eines von einem grossen Teile der Hypothekenbanken besonders eifrig erstrebten, aber nur von einer relativ kleinen Anzahl von ihnen erreichten Desiderates zu gedenken.

Es handelt sich um die Erhebung der Hypothekenpfandbriefe zu sogenannten mündelsicheren Anlagewerten.

Die Qualität der Puppillarität blieb auf Grund des § 1807 des E. G. zum B. G. B. zwar den Pfandbriefen derjenigen Hypothekenbanken erhalten, welchen dieselbe bereits vor Inkrafttreten des B. G. B. von den betreffenden Landesregierungen verliehen worden war. Doch war dies nur bei einer recht geringen Zahl, nämlich 11 unter den 40 Instituten, der Fall.

Auf Grund des R. H. G. ist daher den Pfandbriefen der übrigen 29 Banken die Eigenschaft der Mündelsicherheit vorenthalten geblieben.

Unter denjenigen Instituten, deren Pfandbriefe diese Qualität nicht zu teil wurde, befanden sich auch fast sämtliche preussische Banken, trotzdem dieselben dieses Ziel noch im richtigen Zeitpunkte, nämlich im Jahre 1899, zu erreichen versuchten und in einer an das preussische Abgeordnetenhaus gerichteten Petition[1]) ausführlich dargelegt hatten, wie sehr ihre Papiere durch das Fehlen des Attributs der Mündelsicherheit gegenüber den mit dieser Qualität versehenen Pfandbriefen anderer Banken benachteiligt wären. Das Parlament lehnte trotzdem diese Forderung ab, besonders beeinflusst durch den Inhalt der von mir schon zitierten Broschüre von Paul Voigt »Hypothekenbanken und Beleihungsgrenze«.

Die Ereignisse des Jahres 1900 haben leider das Misstrauen dieses nur zu früh dahingegangenen, bei jener Gelegenheit überaus scharf angegriffenen Gelehrten bei einem Teile der Hypothekenpfandbriefe und zwar gerade der preussischen als nur zu gerechtfertigt erscheinen lassen.

Man kann es daher sicherlich als einen erfreulichen Umstand begrüssen, wenn zu jener Zeit die Mündelsicherheit den Pfandbriefen jener preussischen Anstalten versagt geblieben ist.

Wenn ich hier noch einmal diese Frage aufrolle, so habe ich hierbei eine besondere Absicht im Auge.

Wie bereits mehrfach hervorgehoben ist, wollen sich die Banken mit einem Teile der von uns vorgeschlagenen Reformen, besonders der wichtigsten Massregel, der Vornahme der Grundstücksschätzungen durch Gemeindetaxämter, nicht recht befreunden.

Sie motivieren dieses bekanntlich damit, dass hierdurch die Bankleitungen zu sehr in ihrer Bewegungsfreiheit und Selbstständigkeit gehemmt würden.

Ich kann mich, wie erwähnt, nicht zu dieser Ansicht bekennen. Trotzdem habe ich schon im Laufe meiner Erörterungen auf zwei Punkte aufmerksam gemacht, bei denen nach meiner Auffassung den Banken gewisse Erleichterungen ihres Geschäftsbetriebes nach Einführung der Reformen gewährt werden konnten; es handelte sich um die Erhöhung der Beleihungsquote sowie um eine Erweiterung des für Bau-

---

[1]) Die Petition ist abgedruckt in der Broschüre von F. Guttmann »Die Mündelsichrerheit der deutschen Hypothekenpfandbriefe«. 1899, Anlage 1 S. 37 ff.

gelddarlehen zugelassenen prozentualen Anteils an den Deckungshypotheken. Ich möchte nun noch weiterhin den Gedanken anregen, den Hypothekenpfandbriefen sämtlicher Banken nach völliger Durchführung der von mir in Vorschlag gebrachten Massregeln die Qualität der Mündelsicherheit von Reichs wegen einzuräumen.

Rein äusserlich würde sich dieses, und zwar auf Grund des § 1807 Ziffer 4 des B. G. B., durch Beschluss des Bundesrats relativ leicht ermöglichen lassen.

Es würde diese Konzession für die Banken eine ganz wesentliche Förderung bedeuten.

Bestimmend zu diesem Vorschlage wirkt für mich neben letzterem Umstande die Erwägung, dass man, es soweit irgendwie angängig, vermeiden müsste, den Banken nach unbedingter Sicherung der Pfandbriefunterlagen Rechte vorzuenthalten, welche den analog gesicherten Anlagen verliehen sind, da dieses sonst als Ungerechtigkeit und unnötige Härte erscheinen würde.

Zwar lässt sich hiergegen vom Standpunkte des Staates aus der Einwand geltend machen, dass er hiedurch seinen eigenen Anleihen eine neue Konkurrenz schaffen würde. Doch glaube ich nicht, dass man eine derartige Gefahr allzuhoch einzuschätzen braucht. Ich folgere dieses einmal daraus, dass sich schon mehrere Staaten, wie Bayern und auch Preussen, zu der Gewährung der Mündelsicherheit an einzelne Hypothekenbanken und zwar grade an die grössten Institute verstanden haben. Ausserdem hat die Erfahrung gelehrt, dass in normalen Zeiten staatliche Anleihen oft vielfach überzeichnet werden. Man greift aber wohl nicht fehl in der Annahme, dass die Möglichkeit vorhanden ist, im allgemeinen für die Ausgabe von Staatspapieren die geeigneten Termine zu wählen.

Literatur-Verzeichnis.

1. „Handwörterbuch der Staatswissenschaften". Artikel: „Hypothekenbanken", „Landwirtschaftliches Kreditwesen", Wohnungsfrage".
2. Schönberg: „Handbuch der politischen Oekonomie", Abhandlungen 9 und 14. 4. Auflage 1896.
3. Stenographische Berichte über die Verhandlungen des Reichstages. 10. Legislaturperiode, I. Session 1898/1900. Begründung zum Entwurfe eines Hypothekenbankgesetzes. Anlageband II, Seite 924--973.
4. Stenographische Berichte dito der Kommission und der Hauptverhandlung. Anlageband III, Seite 2156—2173.
5. „Der Deutsche Oekonomist" (Spezialorgan für das Hypothekenbankwesen), Herausgeber: W. Christians. Jahrgänge 1883—1907.
6. „Veröffentlichungen des Kaiserlichen Aufsichtsamtes für Privatversicherung." Berlin. Jahrg. 1902—1905.
7. „Berliner Statistik". Herausgegeben vom Berliner Statistischen Büro. Berlin. Jahrgang 1903.
8. „Statistisches Jahrbuch der Stadt Berlin." 1905.
9. „Begründung des Entwurfes eines Reichsgesetzes für die privaten Versicherungsunternehmungen": 10. Legislaturperiode, II. Session. Anlageband.
10. „Zeitschrift für Kleinbahnen". Herausgegeben im Ministerium der öffentlichen Arbeiten. Berlin. 1903—1905.
11. Karl Knies: „Geld und Kredit". Berlin 1885.

12. Adolf Wagner: „Bankbrüche und Bankkontrollen" in der deutschen Monatsschrift für das gesamte Leben der Gegenwart. Berlin 1901.

13. Rehm: „Die Bilanzen der Aktiengesellschaften". 1904.

14. Fuchs: „Zur Wohnungsfrage". 1904.

15. Buchenberger „Agrarwesen und Agrarpolitik". 2 Bde. 1892—1893.

16. v. d. Goltz: „Agrarwesen und Agrarpolitik". 2. Auflage 1904.

17. „Schriften des Vereins für Sozialpolitik: Die Störungen im deutschen Wirtschaftsleben während der Jahre 1900 ff". Berlin 1903. (Ernst Kritzeler und Felix Hecht.)

18. Jakob Riesser „Zur Kritik der Gesetzentwürfe betreffend das Hypotkenbankwesen nnd die gemeinsamen Rechte der Inhaber von Schuldverschreibungen in der „Zeitschrift für das gesamte Handelsrecht" Stuttgart 1898.

19. Felix Hecht: „Bankwesen und Bankpolitik" in den süddeutschen Staaten 1819—1875. Jena 1880.

20. Felix Hecht: „Die deutschen Hypothekenbanken". Leipzig 1903.

21. Hch. v. Poschinger: „Bankwesen und Bankpolitik in Preussen". Berlin 1878—1879.

22. Justus Budde: „Beiträge zum Reichhypothenbankgesetze". 2 Bde. Berlin 1905 und 1906.

23. C. Hillig: „Hypothekenbankgesetz vom 13. Juli 1899". Leipzig 1900.

24. Walter Koch: „Kapitalanlage in Hypotheken". Leipzig 1900.

25. Walter Koch: „Das Verhältnis des Verkaufswertes eines Grundstückes zu seinem Kaufpreise" im „Grundstückarchiv". 1906.

26. Liman: „Ursachen der Krisis". 1901.

27. Gunz: „Die rechtliche Natur des Treuhänders". 1901.

28. B. Lehmann: „Bodenkredit nnd Hypothekenbanken". 1903.

29. M. Golodetz: „Die Staatsaufsicht über die Hypothekenbanken" in „Schmollers Jahrbuch". Berlin 1905.

30. Clement: „Reform des landwirtschaftlichen Kredits und seiner Interessen". 1901.

31. Johannes Croner: „Der Grundbesitzwechsel in Berlin und Vororten". Berlin 1906.

32. Felix Hecht: „Disagio und Agio" in der „Monatschrift für Handelsrecht und Bankwesen, herausgegeben von Dr. Holdheim". 1898.

33. Felix Hecht: „Das Reichshypothekenbankgesetz", ebendaselbst. 1898.

34. Felix Hecht: „Hypothekenbankrecht" in der „Enzyklopädie der Rechtswissenschaften", herausgegeben von Professor Dr. Josef Kohler. Berlin 1903.

35. Georg Haberland: „Baugewerbe und Bauschwindel". Berlin 1894.

36. Carl Fränken. „Der Staat nnd die Hypothekenbanken in Preussen". 1905.

37. J. Lützeler: „Die Schätzung von Grundstücken und ihre Beleihung" in „Schmollers Jahrbuch" 1902.

38. „Verhandlungen des 46. allgemeinen Genossenschaftstages" 1905.

39. Todtmann: „Der Hypothekenbankkrach" in den „Preussischen Jahrbüchern" 1901.

40. Heinrich Schmidt: „Die Normativbestimmungen für die preussischen Hypothekenbanken". Berlin 1883.

41. J. Goldschmidt: „Zur Kritik der deutschen Hypothekenbanken" in „Schmollers Jahrbuch 1901".

42. J. Goldschmidt: „Die deutschen Hypothekenbanken". Jena 1880.

43. Paul Voigt: „Hypothekenbauken u. Beleihungsgrenze". Berlin 1901.

44. Th. Müller-Führer: „Die Hypothekenbanken und die Sicherheit der Pfandbriefe". Berlin 1902.

45. Gamp: „Der landwirtschaftliche Kredit und seine Befriedigung". Berlin 1883.

46. Felix Hecht: „Mündelgelder und Hypothekenbanken". Berlin 1901.

47. F. Guttmann: „Mündelsicherkeit der deutschen Hypothenpfandbriefe". Berlin 1900.

48. H. Göppert: „Hypothekenbankgesetz". Berlin 1900.

49. Felix Hecht: „Die staatlichen und provinziellen Bodeninstitute in Deutschland". Leipzig 1890.

50. W. Spitta: „Der landwirtschaftliche Grundkredit in Württemberg, mit besonderer Berücksichtigung des Württembergischen Kreditvereins Stuttgart". Tübingen 1904.

51. J. Jastrow: „Verhandlungen über kommunale Anleihen". Berlin 1900.

52. Wittenberg: „Staatshypothekenbanken". Berlin 1901.

53. Guttmann: „Hypothekenbanken". Berlin 1901.

54. Robert Franz: „Die landwirtschaftlichen Kreditinstitute in Preussen". Berlin 1902.

55. Otto Warschauer: „Physiologie der deutschen Banken". Berlin 1903.

56. Eberstadt: „Rheinisches Wohnungswesen". Berlin 1903.
57. Kähler: „Die preussischen Kommunalanleihen". Jena 1897.
58. Bruno Stern: „Die Schuldverschreibungsgläubiger im Konkurse der Hypothekenbank". Berlin 1906.
59. Eberstadt: „Der deutsche Kapitalmarkt". Leipzig 1901.
60. Hch. v. Poschinger: „Zur Geschichte der Inhaberpapiere in Deutschland". Erlangen 1875.
61. „Verhandlungen des I. deutschen Hypothekenmaklertages" in der „Deutschen Immobilien-Zeitung" 1905.
62. Eberstadt: „Die Spekulation im neuzeitlichen Städtebau". 1907.
63. Josef Löhr: „Die volkswirtschaftliche Bedeutung der Hypothekenbanken". 1908.
64. T. Unger: „Kommt der Krach". Hannover 1894.
65. T. Unger: „Kommt die Wohnungsnot?". Hannover 1902.
66. C. J. Fuchs: „Zur neueren Literatur der Wohnungsfrage" in den „Jahrbüchern für Nationalökonomie und Statistik", herausgegeben von Professor Dr. J. Conrad. Jena 1906.
67. Verschiedene grössere Artikel und Abhandlungen der „Frankfurter Zeitung", des „Bankarchiv" und der „Bodenreform, deutsche Volksstimme". (Diese werden an den betreffenden Stellen näher bezeichnet.)
68. F. W. Hartmann: „Die Bewertung städtischer Grundstücke in Preussen." Berlin 1907.

Ich füge nachstehend eine Tabelle an, in welcher d
enthalten sind. — Diese ist aus Mitteilungen, welche im „Deuts
Ich habe die einzelnen Institute nach der Grösse i
ihres Aktienkapitals sowie des Vielfachen des Pfandbriefumlaufs

	Name der Bank
1.	* Bayerische Hypotheken- und Wechselbank
2.	* Preuss. Zentral-Bodenkredit-Aktiengesellschaft
3.	* Deutsche Hypothekenbank Meiningen
4.	* Hypothekenbank Hamburg
5.	* Süddeutsche Bodenkredit-Aktien-Bank
6.	* Rheinische Hypothekenbank Mannheim
7.	* Frankfurter Hypothekenbank
8.	* Bayerische Vereinsbank
9.	* Schlesische Bodenkredit-Aktien-Bank
10.	* Pfälzische Hypothekenbank
11.	* Preussische Bodenkredit-Aktien-Bank
12.	Preussische Hypotheken-Aktien-Bank
13.	* Vereinsbank Nürnberg
14.	* Preussische Pfandbriefbank
15.	Frankfurter Hypotheken-Kredit-Verein
16.	* Bayerische Handelsbank
17.	* Deutsche Grundkreditbank Gotha

einzelnen Hypothekenbanken nebst einigen wichtigen Angaben
ıist", Jahrg. 1906, S. 473 ff. gegeben sind, zusammengestellt.
ımlaufs geordnet und gleichzeitig die Angaben über die Höhe
zum Aktienkapital gemacht. —

umlauf k	Aktienkapital Mark	Vielfaches	Neueste Zahlen für den Pfandbriefumlauf für Eude 1907 laut „Oekonomist" vom 25. VI. 1908, 2. Beilage. Pfandbriefumlauf
,000	49,286,000	18,0	957,105,600
,000	35,946,000	19,5	752,482,350
,000	22,624,000	18,3	464,179,800
‘000	24,000,000	17,1	462,058,400
,000	24,000,000	16,7	435,997,800
,000	18,000,000	21,5	443,881,600
,000	18,000,000	21,2	429,769,700
,000	37,500,000	8,8	364,837,600
,000	20,400,000	15,5	388,023,700
,000	16,000,000	19,7	358,200,100
,000	30,000,000	9,9	347,101,700
,000	50,599,000	5,3	283,629,200
,000	15,000,000	16,7	273,155,700
,000	18,000,000	13,6	305,214,000
,000	12,000,000	18,9	291;046,900
,000	27,172,000	7,9	255,706,900
,000	15,000,000	12,3	245,827,500

18.	* Rheinisch-Westphälische Bodenkredit-Bank
19.	* Braunschw.-Hannov. Hypothekenbank
20.	* Deutsche Hypothekenbank Berlin
21.	* Württembergische Hypothekenbank
22.	* Akt.-Ges. für Boden- und Kommunal-Kredit
23.	Berliner Hypothekenbank Aktien-Gesellschaft
24.	* Bayerische Bodenkredit-Anstalt
25.	* Leipziger Hypothekenbank
26.	* Sächsische Bodenkredit-Anstalt
27.	* Mecklenburger Hypotheken und Wechselbank
28.	* Westdeutsche Boden-Kredit-Anstalt.
29.	* Norddeutsche Grund-Kreditbank
30.	* Mitteldeutsche Bodenkredit-Anstalt
31.	* Schwarzburger Hypothekenbank
32.	Hannoversche Bodenkreditbank
33.	* Hessische Landeshypothekenbank
34.	Württembergische Vereinsbank
35.	Kommunalbank des Königreichs Sachsen
36.	Allgemeine Deutsche Kredit-Anstalt Leipzig
37.	Mecklenburg-Strelitzer Hypothekenbank
38.	Anhalt-Dessauer Landesbank
39.	Landwirtschaftliche Kreditbank
40.	Grundkreditbank Königsberg

* Anmerkung: Laut den Angaben von Ober-Regierungsrat die Pfandbriefe der oben mit einem Stern versehenen Banken gelassen, oder sie werden von der Reichsbank in Klasse I be identisch, es können aber solche Papiere zur Anlage der Geld im ganzen 29 Banken mit einem Pfandbriefumlauf von Mark

,000	13,918,000	12,9	202,548,200
,000	10,200 000	15,3	169,759,800
,000	12,000,000	12,8	209,175.000
,000	11,000,000	13,9	160,850,100
,000	7,200,000	19,6	159,213,300
,000	16,500,000	7,7	143,338,700
,000	7,500,000	15,6	137,646,900
,000	10,000,000	11,5	140,395,300
,000	10,000,000	10,5	129,367,400
,000	9,000,000	10,9	113,057,300
,000	8,000,000	9,6	93,143,400
,000	7,500,000	8,1	70,591,000
,000	7,500,000	7,3	59,119,400
,000	2,750,000	10,8	45,055,000
,000	2,000,000	13,3	41,186,300
,000	9,000,000	2,9	89,296,300
,000	18,000,000	1,3	31,956,300
,000	2,250,000	9,5	
,000	75,000,000	0,2	12,818,500
,000	1,165,000	12,7	9,574,300
,000	9,000,000	0,5	185,100
,000	795,000	4,8	4,610,000
,000	600,000	5,9	4,560,900
illionen		Sa.	9,085,667,050

siehe dessen Artikel im „Bankarchiv" vom 1. Juli 1907, Seite 250) sind nach landesgesetzlichen Vorschriften zur Anlegung von Mündelgeld zu- ztere Eigenschaft ist nach Unzner zwar nicht mit der Mündelsicherheit nossenschaften etc. benutzt werden (vgl. obigen Artikel). Es snd dieses a. 92%).

Buch- und Werkdruckerei
Paul Bihler
— Gönningen. —

FSC
www.fsc.org
MIX
Papier | Fördert gute Waldnutzung
FSC® C083411

Kolibri 360 GmbH
Ferdinand-Jühlke-Straße 7
99095 Erfurt, Deutschland
produktsicherheit@kolibri360.de